SCHORCH

GRUNDSCHULPÄDAGOGIK – EINE EINFÜHRUNG

STUDIENTEXTE ZUR GRUNDSCHULPÄDAGOGIK UND -DIDAKTIK

Herausgegeben von
Rainer Rabenstein

In dieser Reihe (bisher Studientexte zur Grundschuldidaktik*) sind außerdem lieferbar:*

Maria-Anna Bäuml-Roßnagl: Sachunterricht. Bildungsprinzipien in Geschichte und Gegenwart. Bad Heilbrunn, 3., überarbeitete und mit didaktischen Cartoons angereicherte Auflage 1995.

Herbert F. Bauer / Walter Köhnlein (Hrsg.): Problemfeld Natur und Technik. Bad Heilbrunn 1984.

Wolfgang Einsiedler / Rainer Rabenstein (Hrsg.): Grundlegendes Lernen im Sachunterricht. Bad Heilbrunn 1985.

Wolf Engelhardt (Hrsg.): Erdkunde in der Grundschule. Bad Heilbrunn 1978.

Wolf Engelhardt / Hans Glöckel (Hrsg.): Wege zur Karte. Bad Heilbrunn, 2. Auflage 1977.

Edith Glumpler: Interkulturelles Lernen im Sachunterricht. Bad Heilbrunn 1996.

Hartmut Hacker: Vom Kindergarten zur Grundschule. Theorie und Praxis eines kindgerechten Übergangs. Bad Heilbrunn. 2., erweiterte und aktualisierte Auflage 1998.

Rosemarie Holzheuer (Hrsg.): Musik- und Bewegungserziehung in Kindergarten und Grundschule. Bad Heilbrunn 1980.

Joachim Knoll (Hrsg.): Biologieunterricht in der Grundschule. Bad Heilbrunn 1979.

Kurt Meiers: Lesen lernen und Schriftspracherwerb im ersten Schuljahr. Ein Studienbuch. Bad Heilbrunn 1998.

Gertrud Ritz-Fröhlich (Hrsg.): Lesen im 2.–4. Schuljahr. Bad Heilbrunn 1981.

Detlef H. Rost (Hrsg.): Psychologie für die Grundschule.
Band 1: Entwicklungspsychologie für die Grundschule. Bad Heilbrunn 1980.
Band 2: Unterrichtspsychologie für die Grundschule. Bad Heilbrunn 1980.
Band 3: Erziehungspsychologie für die Grundschule. Bad Heilbrunn 1982.

Otto Schober (Hrsg.): Deutschunterricht für die Grundschule. Bad Heilbrunn 1998.

Günther Schorch (Hrsg.): Schreibenlernen und Schriftspracherwerb. Bad Heilbrunn, 3., aktualisierte Auflage 1995.

Annemarie Seybold (Hrsg.): Sportunterricht in der Grundschule. Bad Heilbrunn 1981.

Hartmut Voit (Hrsg.): Geschichtsunterricht in der Grundschule. Bad Heilbrunn 1980.

Achill Wenzel: Freiarbeit in der Grundschule. Bad Heilbrunn 1983.

GRUNDSCHULPÄDAGOGIK – EINE EINFÜHRUNG

Selbstverständnis und Kernaufgaben

von

Günther Schorch

KLINKHARDT

1998

VERLAG JULIUS KLINKHARDT · BAD HEILBRUNN / OBB.

Die Deutsche Bibliothek – CIP-Einheitsaufnahme

Grundschulpädagogik – eine Einführung:
Selbstverständnis und Kernaufgaben / von Günther Schorch. –
Bad Heilbrunn : Klinkhardt, 1998
(Studientexte zur Grundschulpädagogik und -didaktik)
ISBN 3-7815-0955-9

Gesamtherstellung: WB-Druck GmbH & Co. Buchproduktions-KG, Rieden
Printed in Germany 1998
Gedruckt auf chlorfrei gebleichtem alterungsbeständigem Papier
ISBN 3-7815-0955-9

Inhalt

Vorwort

Der vorliegende Band hat innerhalb der Reihe „Studientexte zur Grundschulpädagogik und -didaktik“ grundlegende Funktion. Er stellt die Pädagogik der Grundschule als Teilbereich der Schulpädagogik dar, der aber nur dann richtig verstanden und in der Praxis angemessen umgesetzt werden kann, wenn die stufenspezifischen Voraussetzungen und Ziele dieser Schulstufe umfassend berücksichtigt werden. Der hieraus resultierende hohe Grad an Eigenständigkeit der Grundschulpädagogik muß den Blick auf weiterführende Schulen nicht zwangsläufig verstellen, sondern ermöglicht es vielmehr, Anforderungen, die sich aus der Gegenwart und aus der Zukunft des Kindes ergeben, angemessen abzugleichen.

Die Grundschule ist das Fundament unseres Schulsystems, zugleich Stätte grundlegender Schulbildung und Schulerfahrung mit nachhaltiger Wirkung auf den weiteren Lebenslauf des Kindes. Die große Verantwortung, die sich hieraus für Grundschullehrer/innen ergibt, erfordert neben persönlichem Engagement ein hohes Maß an erziehlicher und unterrichtlicher Kompetenz. Viele wichtige Aufgaben der Grundschule - wie sie in den Bänden dieser Buchreihe behandelt werden - verlangen eine Vielfalt an Einzelkenntnissen und -fähigkeiten. Die richtige Erfüllung der Aufgaben hängt jedoch in hohem Grad davon ab, ob sie auf dem Hintergrund des pädagogischen Gesamtauftrags für diese Schulstufe gesehen wird. Nur so lassen sich falsche Schwerpunktsetzungen, Einseitigkeiten, Widersprüche... zugunsten einheitlicher, zielgerichteter Erziehungsarbeit (in Abstimmung mit dem Lehrerkollegium und den Erziehungsberechtigten) vermeiden. Den pädagogischen Gesamtauftrag der Grundschulstufe in systematischer und historischer Sicht in den Blick zu rücken, Ausmaß und Grenzen eigenständiger Grundschulpädagogik aufzuzeigen und damit auch das Selbstverständnis des Grundschullehrers zu festigen, ist deshalb Hauptanliegen dieses Bandes.

Schließlich ergibt sich die Notwendigkeit einer solchen „Standortbestimmung“ aus der umfangreichen aktuellen Diskussion. Wie bereits in der Einleitung und später immer wieder deutlich wird, besteht gegenwärtig eine gewisse Neigung zu einseitiger, auch widersprüchlicher Auslegung des Auftrags der Grundschule unter Vernachlässigung anderer wichtiger Gesichtspunkte. Zwar ist solche Überbetonung subjektiver Sichtweisen, neuer Erkenntnisse bzw. wiederentdeckter Aspekte in der historischen Entwicklung häufig beobachtbar und zur Durchsetzung neuer Ideen bisweilen sogar vorteilhaft, ihre unverzügliche kritische Bewertung innerhalb des Gesamtsystems aber unerläßlich. Das Bemühen um eine solche Ausgewogenheit ist kennzeichnend für dieses Werk.

Rainer Rabenstein

Einleitung

Die Grundschule hatte in der *öffentlichen* Schuldiskussion und -kritik der letzten Jahrzehnte eine gewisse Sonderstellung, insofern sie bisher von spektakulären (bildungspolitischen) Auseinandersetzungen weitgehend verschont blieb, und man insgesamt mit ihrer pädagogischen Arbeit zufrieden war (vgl. u.a. Repräsentativumfragen des Instituts für Schulentwicklungsforschung, Allensbacher Umfragen). Im Gesamtrahmen des schulischen Bildungssystems hat sich die Grundschule zweifellos als fest konsolidierte Institution erwiesen.

Diese relative Ruhe im öffentlichen Interesse darf allerdings nicht darüber hinwegtäuschen, daß gerade in der *Grundschule* eine *innere Reform* in Gang gesetzt ist, die von ihrer *pädagogischen* Dimension her viel weitreichender ist als viele andere, vor allem bildungsorganisatorische, Maßnahmen. Dabei handelt es sich um Reaktionen auf nachhaltige pädagogische Herausforderungen, insbesondere infolge einer *veränderten Kindheit.* Zunehmende unterrichtliche und vor allem erziehliche Alltagsschwierigkeiten erzwingen geradezu ein pädagogisches Umdenken praktizierender Grundschullehrer. Zwar haben wissenschaftliche Erkenntnisse neuerer Kindheitsforschung diese Suche nach pädagogischer Neuorientierung mit in Gang gesetzt, der eigentliche „Schub" erfolgt(e) jedoch vornehmlich durch vielerlei (Einzel-)Initiativen vor Ort, in denen immer deutlicher eine Art *Reform von unten* erkennbar wird. Mit Recht kann die Grundschule bisher als "Musterkind" der Schulreform bezeichnet werden, da konzeptionelle Intentionen und schulpraktische Innovationsbereitschaft nahe beieinander liegen.

Erklärbar ist dies mit dem Auftrag einer allen Kindern verpflichteten („Einheits-" bzw. „Gesamt-") Schule, die mit besonders extremen individuellen Leistungs- und Verhaltensunterschieden der Schüler zurechtkommen muß. Um dem Rechnung zu tragen, finden - neben herkömmlichen differenzierenden Maßnahmen im Klassenunterricht - immer häufiger Formen *„offenen Unterrichts"* wie Wochenplanunterricht, Freiarbeit und Projektmethoden Anwendung. Zurückgegriffen wird dabei vor allem auf Modelle bestimmter reformpädagogischer Strömungen. Akzentuiert werden sozialerzieherische, vorwiegend aber lernbegleitende individualitätsstärkende Maßnahmen, die auf „pädagogischem Vorvertrauen" beruhen, darauf also, daß „das Kind selbst am besten spüre und wisse, was es für seine Entwicklung brauche".

Solche und ähnliche pädagogische Grundhaltungen rufen freilich gleichermaßen Skeptiker wie Euphoriker auf den Plan. In Kollegien werden offen oder verdeckt „Flügelkämpfe" ausgetragen zwischen „Innovationsfreudigen" und „Bewahrern", z.T. mit der Gefahr ideologisch gefärbter Konfrontation.

Diese Entwicklung ist gekennzeichnet durch eine kaum mehr durchschaubare Komplexität vieler Faktoren wie schulpraktische Erfahrungen, „subjektive Theorien“ von Lehrern, Impulse durch die Fachliteratur, „pädagogische Modewellen“, entsprechende Unterstützung oder Erschwerung durch die Schulverwaltung usw.

In der Regel verengt sich die Diskussion dabei vorschnell auf „neue“ Methoden und Lehrtechniken. Daß es aber bei derart komplexen Zusammenhängen keine „Patentlösungen“ und „Rezepte“ geben kann, liegt auf der Hand. Gerade deshalb sind bei unter ständigem Handlungsdruck stehenden Lehrern oftmals Resignation („Burnout“), Überbewertung eigenen Versagens, aber auch personale oder administrative Schuldzuweisungen die Folge.

Aber Lehrer „können und dürfen nicht warten, bis die institutionellen, politischen oder gesellschaftlichen Rahmenbedingungen positiv umgestaltet sind. Natürlich können sie pädagogisch handeln, indem sie sich politisch engagieren mit dem Ziel, die Rahmenbedingungen für ihr berufliches Handeln in der Schule zu verbessern, und niemand wäre dafür besser fachlich geeignet als sie selbst. Aber sie müssen ihren Teil der Verantwortung auch dadurch wahrnehmen, daß sie sofort neue Sichtweisen, Handlungsalternativen, Konzepte und Strategien entwerfen und erproben, um mit ihren alltäglichen beruflichen Belastungen besser zurechtzukommen. Und es ist die *primäre Verantwortung der Pädagogik* als der zugehörigen Fachwissenschaft, ihnen hierbei angemessene fachliche Unterstützung zu gewähren“ (Spanhel/ Hüber 1995, S.49-50).

Gerade die Grundschule muß mit *gravierenden Widersprüchen* ihres Selbstverständnisses und ihrer gesellschaftlichen Funktion fertig werden: Sie ist eine einheitliche Schule, die den „widersprüchlichen Auftrag erfüllen muß, allen Kindern Lebens- und Erfahrungsraum zu sein und zugleich besondere Kinder für das Gymnasium auszulesen“ (Hänsel 1988, S.43). Immer mehr Eltern wünschen für ihre Kinder den Besuch des Gymnasiums, was direkte Auswirkungen auf inhaltliche Arbeit und Leistungsdruck in der Grundschule hat.

„Gleichzeitig geben immer mehr Eltern Erziehungsfunktionen an die Grundschule ab. Sie muß also grundlegende Erziehungsarbeit leisten, hat es zugleich mit einem starken Wandel der Kindheit zu tun und soll obendrein noch ‘gymnasialreif’ machen. Wie soll die Grundschule mit diesen Widersprüchen fertig werden? Das ‘Musterkind“ entpuppt sich seinerseits als ein *Problemkind der Schulformen*“ (Gudjons 1993, S. 270).

Die Grundschule wird einerseits in die Pflicht eingebunden, auf zukünftige Leistungsnormen und neue „Schlüsselqualifikationen“ wie Selbstbestimmung, Kooperationsfähigkeit, Solidarität und Flexibilität vorzubereiten sowie Erziehungsdefizite im Elternhaus auszugleichen, andererseits sinkt - mit steigender Bedeutung der Altenversorgung in einer vergreisenden Gesellschaft - das politische Interesse an der Schule (Absenkung der Bildungsausgaben, Stundenkürzungen usw.).

Um so dringlicher ist es, daß die Grundschule ihre gesellschaftliche und pädagogische Bedeutung profiliert:

„Diesen Beweis kann sie nur erbringen, indem sie sich den neuen gesellschaftlichen Anforderungen stellt, höhere und andere Qualifikationsleistungen als bisher erbringt, *und* indem die Grundschulpädagoginnen und -pädagogen die fortgeltende Bedeutung staatlich organisierter Erziehung für die Gesellschaft durch Beteiligung am politischen Diskurs in das Bewußtsein der Entscheidungsträger dieser Gesellschaft zurückholen" (Ramseger 1994, S. 9).

Dazu gehört unabdingbar die Offenlegung solcher Problemstrukturen durch die Grundschulpädagogik selbst. Ihre fachliche Aufgabe liegt vor allem darin, das vielfältige „Handlungsfeld" Grundschule zu analysieren, zu strukturieren und im systematischen Begründungszusammenhang darzustellen. Das dient einem doppelten Zweck: Neben der bildungspolitischen Funktion wird damit auch dem in Praxisverantwortung Stehenden geholfen, den jeweilig eigenen „Problem-Standort" auszumachen, d. h. die Problemzusammenhänge besser zu erkennen und Handlungsalternativen abzuwägen.

In Akzeptanz der Devise, daß es „nichts Praktischeres gibt als eine gute Theorie", entwickelt sich eine fruchtbare Distanz, die es dem Praktiker erleichtert, sich aus der Verstrickung vielfältiger Einzelprobleme zu lösen und in systematischer Betrachtungsweise Ordnung ins eigene Denken zu bringen. Das ist im übrigen auch vor dem Hintergrund zu sehen, daß wissenschaftliche Erkenntnis zunehmend darauf angewiesen ist, in einem immer komplizierter werdenden Geflecht von Datenbeständen und Zusammenhängen grundlegende Strukturen zu erkennen.

Vor allem gilt es, verschiedene Problemebenen voneinander zu unterscheiden: Strukturelle Probleme, die in Auftrag und Funktion der Institution Grundschule selbst begründet liegen sowie daraus resultierende Folgeprobleme bedürfen anderer Lösungsansätze als Situations- und Handlungsprobleme, die im Verantwortungsbereich und Tätigkeitsfeld des einzelnen Lehrers liegen. Ein entsprechend geschärftes Problembewußtsein dient der Versachlichung der Diskussion mit Kollegen und Schulaufsicht, mit Eltern und Schülern.

Insbesondere bei Lehrern, die zu vorschneller Schuldzuweisung auf eigenes Versagen neigen, wird die bewußte Trennung von
- institutionell bedingten Strukturproblemen,
- schulorganisatorisch und konzeptionell zu lösenden Folgeproblemen und
- situativen Problemen persönlichen Lehrerhandelns

dazu verhelfen, mit größerer Selbstsicherheit Schwierigkeiten zu begegnen.

Insofern ist hier auch die Frage des Zusammenhangs zwischen „theoretischer" Kompetenz und Berufszufriedenheit angesprochen.

In diesem Sinne ist eine allgemeine Übersicht von *Kernproblemen und -aufgaben pädagogischer Grundschularbeit* notwendig. Sie kann zu persönlicher Entlastung im Lehrerberuf führen, wenn diese Bewußtmachung Reflexion und Veränderung von Einstellungen in Gang setzt.

Insgesamt versteht sich der folgende Band als

- Einführung und Übersicht für Studierende des Lehramts an Grundschulen,
- Reflexions- und Weiterbildungshilfe für praktizierende Pädagogen,
- Diskussionsgrundlage für Fachkollegen der Grundschulpädagogik und Grundschuldidaktik.

0 Erziehungswissenschaftlicher Standort der Grundschulpädagogik

0.1 Grundschulpädagogik als schulpädagogische Bereichsdisziplin

Versteht man Schulpädagogik als „Teildisziplin der Erziehungswissenschaft, bezogen und begrenzt auf den Erfahrungsraum Schule" (Kramp 1971), kann man *Grund*schulpädagogik zunächst als eine Schulpädagogik bezeichnen, die auf den Erfahrungsraum „*Grund*schule" bezogen und begrenzt ist.

Insofern stellt Grundschulpädagogik eine „Bereichsdisziplin" der Schulpädagogik dar, eine „besondere Schulpädagogik" (Steindorf), die - wie eine Pädagogik der Hauptschule, der Realschule oder des Gymnasiums - über Entstehung, Sinn und Aufgaben der bestimmten Schulform nachdenkt. Sie orientiert sich am „Wissenschaftscharakter einer Allgemeinen Schulpädagogik, wie diese von der Allgemeinen Pädagogik her ihre Begründung findet" (Götze/Hahnemann 1975, S.28). Das gilt auch für das Verhältnis zu Nachbardisziplinen wie Anthropologie, Philosophie, Soziologie und Psychologie.

Stärker als die Allgemeine Pädagogik ist Schulpädagogik auf Praxis bezogen, so daß sie als eine *praxisorientierte* Wissenschaftsdisziplin zu charakterisieren ist. Sie kann zwar nicht aus dem Gesamtfeld allgemeinpädagogischer Theoriebildung herausgelöst werden, besitzt aber einen eindeutigen *Anwendungs*bezug im Hinblick auf das pädagogische Handeln in der Institution Schule und hat sich in dieser Hinsicht als „Berufswissenschaft für Lehrer" etabliert.

Sie ist aber - schon weil sie nicht „anwendungssicher" sein kann - keine „angewandte Theorie", sondern vielmehr *Theorie der Praxis*.

Die „Grundzüge" wissenschaftlicher Schulpädagogik - einschließlich der „Allgemeinen Didaktik" - sind konstitutiv übertragbar auf theoretische Bestimmungsstücke und Aufgabengebiete der Grundschulpädagogik, so daß ohne weitere Vorbehalte auf einschlägige Literatur zum Selbstverständnis und zur erziehungswissenschaftlichen Einordnung der Schulpädagogik verwiesen werden kann (vgl. u.a. Steindorf 1976, Benner 1991, Dietrich 1992, Einsiedler 1991, Glöckel 1992, Gudjons 1995).

Bei Apel (1990) werden drei Aufgaben hervorgehoben, die analog auch für die Grundschulpädagogik gelten:

Schulpädagogik soll „in Forschung und Lehre (1) die Schule als historische Institution „kritisch“ untersuchen und Möglichkeiten ihrer Weiterentwicklung 'verantwortlich' reflektieren ... (2) Erziehen, Unterrichten, Leben und Lernen unter schulischen Bedingungen analysieren und dazu Methoden der empirischen Sozialforschung nutzen. Dadurch sollen Beiträge zu einer *Theorie des pädagogischen Handelns* vorgelegt werden. Schulpädagogik soll sich somit als Theorie einer Praxis für die Praxis konstituieren. Sie soll (3) keine Meisterlehre traditioneller Art mehr lehren, vielmehr eine Theorie der Schule und des Unterrichtens erarbeiten“ (S. 11).

Schulpädagogik wird demnach als Oberbegriff für verschiedene Teiltheorien verstanden: Theorie pädagogischen Handelns in Schule und Unterricht, Theorie der Schule sowie Theorie des Lehrplans und des Unterrichts (vgl. Apel 1995, S. 16).

Insofern wird deutlich, „daß es eine eigene, allein auf die Grundschule bezogene Theorie der Schule nicht geben kann, und daß die schultheoretischen Belange der Grundschule nur im Kontext einer schulartübergreifenden Theorie der Schule sinnvoll zu bearbeiten sind“ (Duncker 1994).

Dennoch ist bei der konstruierten Differenzierung des Wissenschaftsbereichs zu bedenken, inwieweit direkte Übertragungen schultheoretischer Ansätze auf die Grundschulpädagogik sinnvoll sind. Es ist zu prüfen, ob nicht die Gefahr vorzeitiger konzeptioneller Fixierung, aber auch Zersplitterung gegeben ist und sogar der Blick auf das bereichsspezifische Gesamtanliegen verstellt werden könnte.

0.2 Eigenständigkeit der Grundschulpädagogik

Aus grundschulpädagogischer Sicht ist deshalb ein Perspektivenwechsel erforderlich: Im Vordergrund steht nicht die lapidare Aussage „das gilt *auch* für die Grundschule“, sondern die umgekehrte Frage, nämlich „wie können spezifische Grundschulprobleme gelöst werden und was können Schulpädagogik und andere Bezugsdisziplinen dazu beitragen?“

Weil die Schulpädagogik nicht alle speziellen Probleme sämtlicher Schularten zum Gegenstand haben kann, wird sie auch die Aufgaben der Grundschulpädagogik nicht voll wahrnehmen und kann diese folglich auch nicht ersetzen.

Das gilt ebenso für die einzelnen Fachdidaktiken, die nicht einzeln und voneinander isoliert Grundschulunterricht bestimmen, sondern ihren Stellenwert erst durch ein grundschulpädagogisches Rahmenkonzept zugewiesen bekommen (vgl. Silberer 1976, S.20); dieses ist nicht allein aus Fachdisziplinen ableitbar.

In Anlehnung an systemtheoretische Ansätze (vgl. Luhmann 1987) ist das Augenmerk vornehmlich auf Differenzen/ Unterscheidungen zu legen, die von einem Teilbereich (System) gegenüber der eigenen Umwelt als wichtig erkannt werden. So läßt sich, z. B. in Analogie zur systemischen Begründung einer eigenständigen Heilpädagogik, die Formulierung von Speck 1996 durchaus auf die hier diskutierte Problematik übertragen: Grundschulpädagogik stellt „ein *eigenes System* dar, das - bei aller Zuordnung zur allgemeinen Pädagogik - eigene Aufgaben aufgreift, weil diese anders nicht gelöst werden können" (S.102).

„Für eine eigenständige Grundschulforschung / Grundschulpädagogik im Prozeß der Ausdifferenzierung der Erziehungswissenschaften sprechen... besondere Merkmale der Theoriebildung und der Methodologie: In der Grundschule befindet sich eine unausgelesene Schülerschaft mit größerer Heterogenität als in anderern Schulstufen. Diese Tatsache und die Besonderheit des 'Klassenlehrers' schaffen spezifische Bedingungen für die Gestaltung pädagogischer und leistungsbezogener Interaktionen in Grundschulklassen" (Einsiedler 1997, S. 1).

Es besteht also die Notwendigkeit gezielter *Spezialisierung* im Hinblick auf Theoriebildung, das pädagogische Praxisfeld Grundschule und die entsprechende Professionalisierung des Berufsstandes „Lehramt an Grundschulen".

Herauszuarbeiten ist die gegenstandsbezogene Binnenstruktur, die Grundschulpädagogik als *relativ eigenständige* erziehungs- und bildungswissenschaftliche Bereichsdisziplin legitimiert. Zwar wird eine trennscharfe Abgrenzung zu Nachbargebieten (im Sinne disjunkter Begrifflichkeit) nicht möglich sein, wohl aber die Akzentuierung spezieller Aufgaben und Inhalte im Bezug auf die *Grundstufe* des Schulwesens.

0.2.1 Pädagogik der Grundstufe

a) Der Begriff „*Stufen*pädagogik" bezieht sich auf die Rahmenvorgabe eines in Stufen gegliederten Schulsystems, wie es ideengeschichtlich z.B. schon durch Comenius theologisch, durch Condorcet gesellschaftspolitisch und durch Süvern neuhumanistisch begründet wurde (vgl. Beckmann 1991, S. 681).

Seit Einführung der obligatorischen und für alle Kinder einheitlichen Grundschule in Deutschland ist der Begriff „Stufenschule" gebräuchlich und mit dem Strukturplan des Deutschen Bildungsrats (1970) bildungssystematisch eingeführt (Eingangs-, Grund-, Orientierungs-, Sekundar*stufe*). Im heutigen Schulwesen hat die Grundschule die (alleinige) Funktion einer Grund- bzw. Primarstufe.

Die Vorgabe „*Stufe* im Bildungssystem" führt zwangsläufig zu bestimmten Sichtweisen des (erziehungs-)wissenschaftlichen Gegenstands und damit zu typischen Fragen einer Pädagogik der ersten Schulstufe, so z. B.: Funktion und Stellenwert im Bildungssystem einschließlich „stufenspezifischer" und „stufenübergreifender" Zielsetzungen, Problematik der „Stufenränder" und „Stufenübergänge", „stufengemäße" Auswahl und Anordnung der Bildungsinhalte usw.

(b) Die zweite Rahmenvorgabe besteht im Auftrag der *Grund*funktion dieser Schulstufe: Als *Basis* des Bildungssystems hat sie die Doppelaufgabe, eine eigenständige pädagogische Zielsetzung zu verfolgen *und* auf Anforderungen weiterführender Schulen vorzubereiten. In diesem Spannungsverhältnis steht die zentrale Frage nach einer angemessenen „Grundlegenden Bildung" bzw. „Grundlegung der Bildung" (vgl. 4.1).

Es geht um die *gesellschaftliche* Begründung, die sich aus dem „Reproduktionsproblem" ergibt, d. h. daß jede Gesellschaft das Anliegen hat, ihre Kultur, Errungenschaften, Wertvorstellungen usw. an die nachfolgende Generation weiterzugeben und zu erhalten, auch wenn die einzelnen Mitglieder der Gesellschaft „biologisch ausgetauscht" werden. Hierzu dient die Schule als „kompensatorische Einrichtung", in der explizit gelernt werden muß, was nicht bereits an Kultur im Alltagsleben angeeignet wird (vgl. u. a. Olechowsky/ Wolf 1990, S. 47-51).

Die Grundschule hat dabei eine Schlüsselfunktion inne, nämlich die Einführung in die sog. *Kulturtechniken* (vgl. 4.2.3) und schafft somit - insbesondere durch den Schriftspracherwerb des Kindes - *die* Grundvoraussetzung für Kulturaneignung in unserem Kulturkreis überhaupt: Man denke an die kulturelle Evolution durch Schriftlichkeit, an Disziplinierung und Befreiung des Denkens durch Schrift.

Grundschulpädagogik ist so gesehen eine spezialisierte *kulturwissenschaftliche Pädagogik*, die sich gezielt um Bildung als beginnenden (systematischen) Enkulturationsprozeß bemüht.

Aber nicht nur bei dieser grundständigen Aufgabe der Kultursicherung und Kulturbewahrung, sondern aufgrund immer komplizierterer Sachverhalte, der „Wissenskumulation", sowie im Hinblick auf Anbahnung von Einstellungen und Fähigkeiten zur Zukunftsbewältigung wächst die gesellschaftliche Bedeutung der Grundschule als *Hilfestellung gegenüber der Familie* bei Bildung und Erziehung.

Die Notwendigkeit einer (relativ) eigenständigen Grundschulpädagogik ist weiterhin ableitbar aus dem *anthropologisch* begründeten Auftrag der Schulstufe (vgl. Becher 1981). Die Aufmerksamkeit wird hier besonders auf die Entwicklung im Grundschul*alter* gerichtet, in dem kognitive, affektive und psychomotorische Determinanten stark geprägt werden. Lern- und entwicklungspsychologische Untersuchungen haben schon in den 60er Jahren (z. B. Bloom, H. Roth, Bruner, Gagné) gezeigt, daß das Grundschulalter die „bildsamste Phase im menschlichen Leben" ist, eine Phase, die sich durch größte Plastizität und Weltoffenheit auszeichnet (vgl. Kap.1.1.3).

Es ist plausibel, daß die (im Gegensatz zum Tier zeitlich sehr ausgedehnte) *Spiel- und Lernzeit des Menschen* durch gezielte Bildungsangebote optimal zu nutzen ist, und daß sich entsprechende pädagogische Bemühungen an der entwicklungsbedingten *Verschmelzung von Spielen und Lernen* orientieren müssen, vor allem durch eine angemessen pädagogisch gestaltete Lernumwelt.

Grundschulpädagogik ist demnach eine Disziplin der Erziehungs- bzw. Bildungswissenschaft, „deren Gegenstand Erziehungs- und Unterrichtsprozesse eines grundlegenden Schulwesens ist, insofern diese das Menschwerden der Kinder planmäßig intendieren" (Silberer 1976, S.12). Dabei werden spezifische erziehliche und unterrichtliche Zielsetzungen reflektiert, die das Spannungsverhältnis zwischen Zuliefererfunktion für weiterführende Schulen einerseits und Schonraumfunktion andererseits berücksichtigen. Grundschule kann weder nur zukunftsorientierte „Zubringerschule" noch ausschließlich gegenwartsbetonte „pädagogische Idylle" sein, auch wenn in der Geschichte entsprechend extreme Pendelbewegungen zu verzeichnen sind (vgl. Wittenbruch 1995 b).

Die in Gang gesetzte Grundschulreform ist eine Bewegung, die von der steten (bildungstheoretisch begründeten) Bemühung um eine möglichst *autonome Zielsetzung der Schulstufe* getragen ist. Alle Einzelmaßnahmen, vor allem organisatorischer und methodischer Art, sind dem unterzuordnen.

0.2.2 Grundschuldidaktik

Wie aus den bisherigen Überlegungen hervorgeht, schließt Grundschulpädagogik (als Oberbegriff) die Theorie des Lehrens und Lernens und - noch ausgeprägter als in der Schulpädagogik - die Frage nach *konkreten* Unterrichts*inhalten* von vornherein ins Aufgabenfeld mit ein:

Grundschuldidaktik stellt einen Kernbereich der Grundschulpädagogik dar, der den *Unterricht*, einschließlich seiner Inhalte und Methoden, im Blick hat.

Die Aufgaben der Grundschuldidaktik „gliedern sich in *allgemeindidaktische* und *fachdidaktische*, je nachdem, ob sie Unterrichtsprozesse eines grundlegenden Schulwesens unabhängig oder abhängig von fachspezifischen Gesichtspunkten untersucht oder beurteilt" (Silberer 1981, S. 17).

Zugrunde liegt ein weiter Didaktikbegriff, der „Didaktik als Theorie der Bildungsinhalte, ihre Struktur und Auswahl sowie der Unterrichtsmethoden und -medien umfaßt. Neben diesem allgemeindidaktischen Bezug verweist der Terminus Grundschuldidaktik auf einen fachdidaktischen Aspekt, nämlich auf die Unterrichtsfächer bzw. Lernbereiche der Grundschule, deren Lehrplan, Inhalte, Methoden und Medien aus grundschulspezifischer Sicht zu untersuchen und zu vertreten sind" (Neuhaus-Siemon 1993, S.89).

Besonders im Verhältnis zu den Fachdidaktiken wird die Notwendigkeit eines grundschulpädagogischen Rahmenkonzepts deutlich. Grundschulfächer konstituieren sich nicht als fachsystematisch angelegte und voneinander isolierte „Minilehrgänge", sondern in erster Linie durch ihre grundschulpädagogische und -didaktische Gesamtbegründung. Die historische Konzeption des „Gesamtunterrichts", die Organisation des „Grundlegenden Unterrichts" (Bayerischer Grundschullehrplan 1981) oder die aktuelle Diskussion um „Lernbereiche" statt Schulfächer sowie um Formen „offenen Unterrichts" und Freiarbeit sind Beispiele dafür, Ziele, Inhalte und Arbeitsformen dem kindlichen Lernen anzupassen.

Für Fächer wie Mathematik, Musik, Sport, Kunst, Werken und Religion ist zwar die Eigengesetzlichkeit der Unterrichtsgegenstände und damit die Zuständigkeit der jeweiligen Fachdidaktik unerläßlich, „andererseits gilt, daß Umfang, Ziel, Inhalte und Verfahren der Unterrichtsfächer von der Gesamtkonzeption des Grundschulunterrichts mitbestimmt werden, deren Entwurf die Grundschuldidaktik zu leisten hat" (Rabenstein 1981, S. 25).

Spezialisiert und etabliert hat sich die Grundschuldidaktik bei der Entwicklung einer eigenständigen *Didaktik des Sachunterrichts* und *Didaktik der Einführung in die Schriftsprache*. In der Grundschullehrerausbildung fallen Sachunterricht und Erstlesen/Erstschreiben deshalb zumeist nicht in den Kompetenzbereich der Fachdidaktik, sondern in den der Grundschulpädagogik bzw. der -didaktik. Es handelt sich hier um „Fächer" bzw. „Lernbereiche", die es nur in der Grundschule gibt und die schon von daher einer stufenpädagogischen Fundierung bedürfen.

Zusammenfassend läßt sich sagen, daß aufgrund besonderer Verknüpfung von schulpädagogischen, stufen- und fachdidaktischen Komponenten Grundschulpädagogik *relative Eigenständigkeit* besitzt und sich als komplexe erziehungswissenschaftliche Disziplin erweist, die durch keine Nachbarwissenschaft ersetzt werden kann.

0.3 Inhalte und Methoden der Grundschulpädagogik

0.3.1 Themenbereiche in Forschung und Lehre

Grundschulpädagogik (einschließlich der Grundschuldidaktik) befaßt sich mit Grundschule als Erziehungs- und Unterrichtsfeld, das in historischer wie in systematischer Perspektive betrachtet wird. Wichtige Gegenstandsbereiche in Lehre und Forschung sind deshalb:
Geschichte der Grundschule, Ansätze zu einer Theorie der Grundschule, Schulorganisation und -evaluation, Entwicklung und Erprobung von Grundschulmodellen und -konzeptionen, Lebens-, Lern-, Entwicklungs- und Erziehungsbedingungen des Grundschulkindes, Fragen des Grundschullehrerberufs und der -ausbildung.

Versucht man die Vielzahl grundschulpädagogischer Aufgaben in Forschung und Lehre - unter Einbezug schulpädagogischer Theoriebildung - zu strukturieren, zeichnen sich vor allem folgende *Themenbereiche* ab:

Entwicklung einer Theorie der Grundschule

Erforschung geschichtlicher Entstehung der Grundschule unter schultheoretischen Aspekten.
Vergleich von Stellung und Funktion der Grundschule im Bildungswesen des In- und Auslandes.
Analyse bestehender sowie Entwurf und Erprobung neuer Schulformen und Schulmodelle.

Entwicklung einer Theorie der Erziehung und des Unterrichts in der Grundschule

Vergleich und Bewertung vorhandener Unterrichtskonzeptionen.
Entwurf und Erprobung neuer Unterrichtsmodelle.
Weiterentwicklung von Modellen stufengemäßer Unterrichtsvorbereitung und -planung sowie kindgemäßer Unterrichtsgestaltung.
Grundschulbezogene Fundierung „erziehenden Unterrichts“ und des „Schullebens“.

Entwicklung einer Theorie grundschulspezifischer Bildungsinhalte

Vergleich, Analyse und Evaluation von Grundschul-Lehrplänen unter bildungstheoretischen Aspekten.
Ausbau einer eigenständigen Didaktik grundschulspezifischer „Lernbereiche“ (in Zusammenarbeit mit den entsprechenden Fachdidaktiken).

Weiterentwicklung der „Didaktik des Sachunterrichts“ sowie der „Didaktik der Einführung in die Schriftsprache“.

Vertiefung des Theorie-Praxis-Bezugs

Ausbau bewährter und neuer Modelle „schulpraktischer Studien“, vor allem im Rahmen angegliederter „Universitäts-, Übungs- oder Laborschulen“ sowie integrierter „Lernwerkstätten“ für Lehrer und Studenten.

Schon diese kurze Aufzählung grundschulpädagogischer Kerngebiete zeigt, daß eine entsprechende (praxisorientierte) Forschung auf unterschiedliche Forschungsmethoden und deren Kombination angewiesen ist.

0.3.2 Forschungsmethoden

Spezifische Grundschulforschung hat im deutschsprachigen Raum noch keine lange und ausgeprägte Tradition. Erst in den 70er bzw. 80er Jahren wurden spezielle Forschungsinstitute gegründet (Institut für Grundschulforschung an der Universität Erlangen-Nürnberg; Institut für Forschung und Lehre für die Primarstufe der Universität Münster), die in den 90er Jahren durch einige Einrichtungen in den neuen Bundesländern (z.B. Leipzig, Potsdam) ergänzt wurden.

Schwerpunkte bisheriger Grundschulforschung liegen bei Untersuchungen zu Bedingungen des Lernerfolgs (z.B. im gemeinsamen Klassenunterricht, in der Freiarbeit), im Bereich des Schriftspracherwerbs und des Sachunterrichts (vgl. das Überblicksreferat zur empirischen Grundschulforschung von Einsiedler 1997; siehe auch Ulonska u.a. 1996).
Seit 1992 hat sich bundesweit eine eigene Arbeitsgruppe „Grundschulforschung“ etabliert, deren Ergebnisse in Jahrestagungen vorgetragen und in entsprechenden Jahrbüchern (z.B.. Glumpler/Luchtenberg 1997) veröffentlicht werden (vgl. in diesem Zusammenhang auch: Brügelmann u.a. 1998).

Neben institutionellen Gründen ist das beobachtbare Forschungsdefizit auch mit *methodologischen Schwierigkeiten* erklärbar. Die Komplexität grundschulpädagogischer Forschungsfelder erfordert im Prinzip einen Verbund verschiedener Forschungsmethoden. So müssen Intentionalität (Erziehungsziele), die Geschichtlichkeit pädagogischen Handelns und Denkens, die Verantwortung für die pädagogische Praxis und schließlich die Bedeutung der tatsächlichen Erfahrung Berücksichtigung finden.

Diese Komplexität erschwert z. B. rein experimentelle Verfahren im Sinne klinisch-naturwissenschaftlicher Variablenabgrenzung ebenso wie eine rein hermeneutische Vorgehensweise (vgl. Roth 1991).

Wenn von Verbund, Kombination oder gar von Integration der Forschungsmethoden die Rede ist, dürfen allerdings nicht die jeweiligen methodologischen Akzentsetzungen, Merkmale und Standards unterschiedlicher Verfahren aus dem Auge verloren werden.

In Anlehnung an Methoden der Erziehungswissenschaft (vgl. Krüger 1997) und der allgemeinen Unterrichtsforschung (vgl. Terhart 1997, S.71 ff.) sind für grundschulpädagogische Studien vor allem folgende (in grober Typologie zusammengestellte) Verfahren von Bedeutung:

Vergleichende Grundschulforschung reicht von verschiedenen Reflexionen über Reformen des Primarschulwesens über Länderstudien (z.B. Hörner 1996) bis zum interkulturellen Vergleich (vgl. die Übersicht bei Glumpler 1997).

Historische Grundschulforschung fristet als eine schulstufenspezifische Ausprägung allgemeiner Erforschung der Bildungsgeschichte bisher ein gewisses Schattendasein, obwohl vorliegende Einzelstudien (Neuhaus 1994, Götz 1997) die Notwendigkeit der Ergänzung anderer Forschungsrichtungen augenfällig machen, und auch vielfältige methodische Zugriffsweisen vorliegen: Vgl. die Zusammenstellung von Neuhaus-Siemon / Götz 1998!

Für *geistes- bzw. kulturwissenschaftlich* orientierte Forschungsmethoden ist die „Erziehungswirklichkeit“ Ausgangspunkt, nicht Theorie selbst oder bestimmte Prinzipien (Erziehungswirklichkeit ist z. B. der Lehrplan als Begriffs- und Inhaltsgefüge). Notwendige erkenntnistheoretische Kategorie ist nach Dilthey das „Verstehen“, so daß die Hermeneutik („Interpretationskunst“) das zentrale Verfahren darstellt. Kriterien, die in die Interpretation bzw. Hypothesen eingehen, sind sachliches Wissen des Forschers (z.B. über geschichtliche Zusammenhänge), Logik und Begriffsanalyse (vgl. Beckmann 1978). Grundschulpädagogische Forschung verwendet diesen Zugriff nicht nur im Hinblick auf das Verstehen von Texten und Interpretation empirischer Ergebnisse, sondern auch als Methode im Sinne von Dokumentenanalyse: Untersuchung von Lehrplänen, Schulbüchern, Lehrnachweisen, Stoffverteilungsplänen, Schulheften, Kinderaufsätzen, biographische Erhebungen usw. (z.B. Loch 1996, Scholz 1996). Dieser Ansatz ist im größeren Kontext einer allgemein kulturwissenschaftlichen Fragestellung anzusiedeln, die systematisch und historisch „Lernen als Kulturaneignung“ (Duncker 1994) untersucht.

Eine Forschungsrichtung, die hermeneutische und empirische Zugangsweisen zu verbinden sucht und die, trotz forschungsmethodischer Einwände im Detail, die Grundschulpädagogik nachhaltig geprägt hat, ist die analysierende und *sy-*

stematisierende Dokumentation der Praxis bewährter und innovativer Modelle des Grundschulunterrichts. Wegweisend hierfür war die schriftliche und bildhafte Präsentationsform, wie sie beispielsweise Ilse (Lichtenstein-) Rother mit ihrer Dokumentation „Schulanfang“ (7 Auflagen 1954-1969) geprägt hat. Seither liegen zahlreiche in dieser Form veröffentlichte Projekte vor, u. a. in den (über 100) Bänden „Beiträge zur Reform der Grundschule“ des Arbeitskreises Grundschule bzw. des Grundschulverbandes.

Bei Anwendung *empirischer Methoden* (vgl. Roth 1991) muß bedacht werden, daß (Grundschul-)Pädagogik zwangsläufig normativen Sätzen verbunden ist und zusätzlich von Wirkungsaussagen abhängt. So ist z.B. zu beachten, daß nicht (nur) Effektivität und Kontrolle der Lernergebnisse im Vordergrund stehen, sondern vor allem der Lernweg des Kindes selbst. Problematisch ist die Übertragung empirischer Erhebungsresultate als „direkte Konsequenz für Praxishandeln“ ohne Abgleichung durch eigenständige grundschulpädagogische Theoriebildung (Eine solche Gefahr besteht u.a. im Zusammenhang mit Ergebnissen neuerer Kindheitsforschung; vgl. 1.1.4). Als Regulativ und Entscheidungshilfe für pädagogisch-didaktische Praxis *und* Theorie sind dennoch empirisch-realistische Grundlagen unabdingbar (vgl. z.B. die regulierende Rolle empirischer Studien im sog. „Methodenstreit“ des Erstleseunterrichts). In grundschulbezogener Forschung haben entsprechende Verfahren einen akzentuierten Stellenwert: Beobachtung (als „klassische“ Methode), Befragung (Interview / Fragebogen: gut geeignet zur Erfassung der Meinung von Lehrern, Schülern und Eltern über Schulwirklichkeit), Test als Untersuchungsverfahren mit dem Ziel quantitativer, fundierter Aussagen über den relativen Grad individueller Merkmalsausprägung. Grundsätzlich können hier alle Methoden allgemeiner Unterrichtsforschung wie nomothetisches und prozeßanalytisches Vorgehen sowie idiographische Ansätze (vgl. Hesse/ Wottowa 1997, S.37-69) Anwendung finden. Praxisrelevanz besitzen z.B. neuere Untersuchungen zur „Schulleistung“, bei der als Einflußstärke kognitive Kompetenzen der Schüler im Vordergrund stehen (siehe Helmke/ Weinert 1997) und der Faktor „Vorwissen und -erfahrung der Kinder“ eine große Rolle spielt (vgl. Kap. 1.2.2 b).

Bei Verfahren sog. *„Handlungsforschung“* ist die Struktur ähnlich wie bei empirischem Design, aber der Untersucher ist stärker in den Forschungsprozeß involviert. Dieses Vorgehen greift Grundgedanken der „action research“ (K. Lewin) und der Handlungsforschung der 70er Jahre auf (vgl. z.B. Mollenhauer; Klafki: Marburger Grundschulprojekt), die derzeit kritisch aufgearbeitet und im Sinne „lehrerorientierter Unterrichtsforschung“ weitergeführt werden (vgl. Altrichter, H./ Posch, P. 1994). Hier steht nicht Lehreffektivitätsforschung im Vordergrund, sondern es soll Lehrern zu einer aufklärenden Interpretation ihres alltäglichen Arbeitsfeldes verholfen werden. Lehrer als Unter-

aufklärenden Interpretation ihres alltäglichen Arbeitsfeldes verholfen werden. Lehrer als Unterrichtsforscher formulieren ihr Professionswissen aus und machen es für den Wissenschaftskontext diskursfähig. Die Bildung von Lehrerteams und externen Beratern dient auch dazu, aus der Selbstzentrierung (von Wissenschaftlern und Lehrern) herauszukommen.

Insgesamt unterscheiden sich die genannten Methoden vor allem durch die Distanz des Forschers zum Forschungsgegenstand. Bedenken entstehen einerseits, wenn diese Distanz zu gering wird und beispielsweise Einzelfallanalysen zu subjektiven Verallgemeinerungen führen; andererseits, wenn der Forscher den direkten Bezug zum Grundschulkind verliert und seine Tätigkeit allein in der Auswertung von Datenmengen liegt, die andere erhoben haben.

Da sich die Grundschulpädagogik als junge Wissenschaftsdisziplin noch im Etablierungsprozeß befindet, ist erst eine allmähliche Ablösung von Forschungsaufgaben der Lern-, Entwicklungs- oder Sozialpsychologie, der Soziologie, der allgemeinen Schulpädagogik oder der einzelnen Fachdidaktiken erkennbar. Dringend erforderlich ist derzeit die Konzentration auf grundschulspezifische Problembereiche und Forschungsfelder (s. o.). Dabei ist vom Fachverständnis her stete Praxisverantwortung und möglichst schulpraktischer Anwendungsbezug zu berücksichtigen: Grundschulpädagogik muß sich auch in der Forschung ihrer vermittelnden Rolle zwischen praxisreflektierender Theorie und theoriegeleiteter Praxis bewußt sein.

Angesichts von Methodenspezialisierung und Gewährleistung wissenschaftlicher Standards darf der Adressatenkreis der (akademisch gebildeten) Lehrer nicht aus dem Auge verloren werden. D.h. auch, daß Veröffentlichungen wissenschaftlicher Ergebnisse der Form nach nicht nur für Wissenschaftler, sondern auch für Praxisvertreter abzufassen sind. Das Theorie-Praxis-Verständnis der Lehrerschaft würde sich nachhaltig verbessern, wenn der Nutzen der Forschung als Reflexions- und Entscheidungshilfe und damit für die Verbesserung der Praxis erkennbar wird.

Zusammenfassend sind drei Hauptkriterien einer um Eigenständigkeit bemühten grundschulpädagogischen Forschung zu nennen:

Unter *methodischem* Aspekt die Berücksichtigung des komplexen Forschungsfeldes, das historische, empirische und normative Fragestellungen und Verfahren einschließt.

Unter *inhaltlichem* Aspekt die Konzentration auf zentrale Praxis- und Studienbereiche der Grundschulpädagogik und -didaktik.

Unter *intentionalem* Aspekt die Priorität pädagogisch-didaktischer Fragestellung (z. B. Ziel-Mittel-Rechtfertigung), die Akzentuierung der Konsequenzen für die Praxis im Zusammenhang mit wissenschaftlich begründeten Entscheidungen.

0.3.3 Reflexion stukturbedingter Probleme der Grundschule

Methodologisch unterschiedliche Aktivitäten der Grundschulforschung werden um so überschaubarer, gezielter und effektiver angelegt sein, je genauer der *Gegenstandsbereich Grundschule* umrissen und strukturiert wird. Über Forschungsfragen hinaus ist eine Grundstruktur für *alle* grundschulbezogenen Verantwortungsbereiche hilfreich, für schul- und unterrichtspraktische Handlungszwänge ebenso wie für bildungspolitische Entscheidungen.

Anliegen des vorliegenden Bandes ist deshalb der Versuch einer *prinzipiellen Reflexion von Bestimmungsmerkmalen und strukturellen Aufgaben der Grundschule.*

„Eine solche Reflexion wird die generelle Frage zu beantworten haben, was denn im allgemeinen die Grundschule zu bewirken hat und welche ihre Gesamtaufgabe ist, an der - jedenfalls der Idee nach - ihr Unterricht in den verschiedenen Fächern mitwirkt. Um auf diese Frage eine Antwort vorzubereiten, ist die Vorfrage zu stellen, was sie tatsächlich leistet, was sie faktisch bewirkt, nicht als ob hier aufs neue der natürliche Fehlschluß vom Sein aufs Sollen begangen werden sollte, sondern um einen sicheren Ansatzpunkt für die grundsätzliche pädagogische Reflexion zu gewinnen“ (Koch 1998, S.117).

Erforderlich hierfür ist eine *systematische Zusammenstellung* von Kernaufgaben bzw. von „Konstruktionsbausteinen“ der Grundschule.

„Systematische Darstellung heißt, den Gegenstand hinsichtlich seiner Besonderheiten zu betrachten, die ihn von anderen, evtl. ähnlichen Gegenständen unterscheidenden Merkmale herauszuarbeiten und über die Zusammenstellung beobachtbarer Merkmale wie Organisation, Struktur, Praktiken von Unterricht und Umgang zur Analyse von Auswirkungen fortzuschreiten“ (Apel 1995, S.19).

Unter dieser Vorgabe kann es nicht um die vollständige Darstellung einer Vielzahl von Bezügen der Grundschule zu *allgemeinen* Bildungs-, Erziehungs-, Schul- und Unterrichtsthemen und schon gar nicht um „Modethemen“ gehen, sondern um Konturieren (relativ überdauernder) konstitutiver Merkmale dieser Schulstufe.

Im Blickfeld steht nicht, was generell über Schule zu sagen ist (und damit in den Zuständigkeitsbereich der Schulpädagogik gehört), sondern vornehmlich, was die Grundschule von anderen Schularten und Bildungseinrichtungen - zumindest dem Anspruch nach - *unterscheidet* und abhebt.

Im Sinne „pragmatischer Pädagogik“ konzentriert sich das *weitere Vorgehen* deshalb auf *Basisprobleme und -aufgaben der Grundschule*; es handelt sich also um einen problemorientierten Ansatz mit dem Bemühen, ein stufenpädagogisches Grundraster herauszuarbeiten.

„Wer wissen will, was Erziehung oder Unterricht wirklich ist, der muß das Problem identifizieren, dessen Lösung die Erziehung oder der Unterricht darstellt, muß die Struktur dieses Problems rekonstruieren und wird durch ihre Analyse die systematische Basis gewinnen für die Entfaltung und Differenzierung zutreffender theoretischer Aussagen" (Sünkel 1995, S.207).

Es gilt demnach, *Problemstrukturen* herauszuarbeiten, mit denen man logisch operieren kann. Im Gegensatz zu „Erkenntnisproblemen", die mit ihrer Lösung nicht mehr existieren, geht es im pädagogischen Bereich um „Handlungsprobleme", die dauerhaft und identisch sind und stets neu überdachter Lösungsversuche bedürfen.

In diesem Sinne sollen im folgenden *Grund*probleme, die durch Auftrag und Funktion der Grundschule bis heute dauerhaft bestimmt sind, umrissen werden. Damit kann auch der Blick geöffnet werden für daraus resultierende *Folge*probleme einschließlich entsprechender (historisch bedingter, damit vorübergehender und veränderlicher) Problemlösungsversuche. Möglicherweise gelingt damit eine distanziertere Problemsicht, welche neue Lösungsmöglichkeiten eröffnet und damit die Reform der Grundschule voranbringt.

Durch die Vorgabe einer Beschränkung auf *Kernbereiche*, in welchen sich die Grundschule tatsächlich, in Idee und Realität, von anderen Schularten und -stufen abhebt, grenzt sich das Stoffgebiet auf *vier charakteristische Problemkreise* ein.

Diese sind bereits seit der Gründung dieser Schulstufe durch die Weimarer Verfassung und entsprechende Reichsgrundschulgesetze im Erziehungs- und Bildungsauftrag der deutschen Grundschule enthalten und, in unterschiedlicher Gewichtung und systematischer Einordnung, durchgängig Thema einschlägiger grundschulpädagogischer Literatur (vgl. u.a.: Nave 1961, Schwartz 1969, Wenzel 1970, Schmack 1970, Rabenstein 1982, Rodehüser 1989, Schorch 1994).

Es handelt sich dabei um Auftrag, Funktion und Problematik

1. der Grundschule als reine *Kinderschule* (im Gegensatz zu weiterführenden Schulen, die mehr auf Jugend und junge Erwachsene ausgerichtet sind),

2. der Grundschule als *erste* (verpflichtende und allgemeinbildende) *Schule* in unserem Bildungssystem,

3. der Grundschule (einschließlich staatlich genehmigter Privatschulen und abgesehen von bestimmten sonderpädagogischen Einrichtungen) als *gemeinsame Schule für alle Kinder* des Volkes und

4. der Grundschule als *grundlegende Schule*, welche die Basis des Bildungssystems bildet.

Graphisch vereinfacht entsteht folgendes Denkmodell:

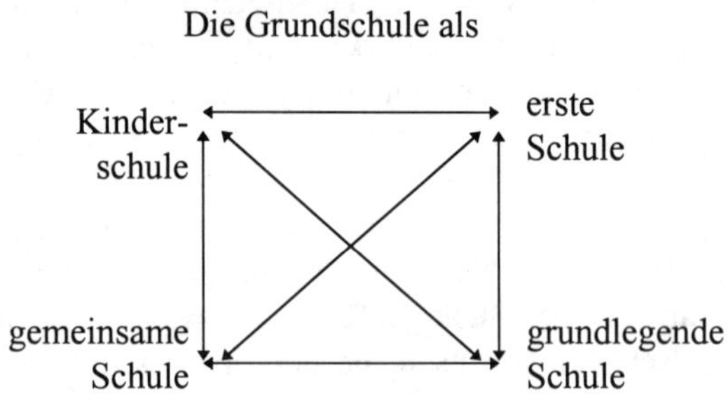

Aus der Interdependenz der Komponenten ergibt sich eine Konstruktion, die sowohl das schul*theoretische* Profil der Grundschule als Bildungsinstitution als auch die pädagogische Problemstruktur schul*praktischen* Handelns in dieser Einrichtung in Grundzügen zu erfassen vermag.

1. DIE GRUNDSCHULE ALS *KINDGEMÄSSE* SCHULE

Während alle anderen Schulstufen und -arten bereits ins Jugend- und Erwachsenenalter hineinführen, ist die Grundschule die einzige reine Kinderschule im öffentlichen Bildungssystem. Sie muß sich deshalb in besonderem Maße dem Anspruch stellen, eine „kindgemäße“ („kindgerechte“, „kindorientierte“...) Bildungseinrichtung zu sein. Bei der lapidaren Frage aber, was denn „*dem* Kinde gemäß“ ist, stellt sich bereits das erste Grundproblem, das es stufenpädagogisch zu erörtern gilt.

1.1 Auffassungen von „Kind“ und „Kindheit“

1.1.1 „Kindheit“ als gesellschaftliche Konstruktion der Wirklichkeit

Beim Begriff „Kindgemäßheit“ handelt es sich um einen vornehmlich normativen bzw. präskriptiven Terminus: Schule und Unterricht *sollen* kindgerecht organisiert und gestaltet sein. In schulpädagogischer Systematik gehört die Forderung zu den allgemein-didaktischen Prinzipien (wie z. B. „Sachgemäßheit“).

So plausibel der Grundsatz auf den ersten Blick auch sein mag, es entsteht ein vielschichtiges Problem, wenn nicht an ein bestimmtes konkretes Kind gedacht wird, sondern man sich „ein Bild vom Kinde“ macht, wenn „Kind“ zum Abstraktum und im Begriff „Kindheit“ zur Grundlage gesellschaftlicher Ansprüche und pädagogischer Konzepte wird.

Deutlich ist dies besonders in amtlichen Lehrplänen, aber auch in Stoffverteilungsplänen von Lehrern, die sich am fiktiven „Durchschnittskind“ orientieren.

„In der Regel wird kaum Rechenschaft darüber abgelegt, was genau ‘am’ oder ‘im’ Kind welche Forderungen und Ansprüche rechtfertigt, welche sozusagen ‘allgemein-kindliche’, quasi ‘natürliche’ Wesensart oder Lernweise ‘*dem* Kind’ unterstellt wird. Es macht offenbar den Gebrauchswert des Topos ‘Kindorientierung’ aus, als Leerformel relativ beliebig interpretiert und somit durchaus unterschiedlichen, heterogenen, ggf. sogar gegenläufigen Auffassungen und Intentionen unterlegt werden zu können“ (Helbig 1994, S.2).

Um so mehr ist es erforderlich, zunächst mögliche Orientierungsrichtungen anhand grundsätzlicher Perspektiven des Kindheitsbegriffs aufzuzeigen:

- Unter *biologisch-anthropologischem Aspekt* wird Kindheit als Lebensphase zwischen Geburt und Eintritt der Geschlechtsreife verstanden. Diese Lebensphase ist als ausgedehnte Lern- und Spielzeit gekennzeichnet, da der Mensch als instinktarmes Wesen auf den Erwerb von Verhaltensweisen angewiesen ist (vgl. z. B. Loch 1996).

- Unter *entwicklungspsychologischem Aspekt* wird Kindheit vornehmlich als Charakterisierung von Verlaufskurven und Normen in einem bestimmten Alter gesehen (Oerter /Montada 1987, S.6: „Gegenstand der Entwicklungspsychologie sind Veränderungen, die sinnvollerweise auf die Zeitdimension Lebensalter bezogen werden können").
- Unter *soziologischem Aspekt* geht man davon aus, daß „Kindheit" gesellschaftlich produziert wird, daß verschiedene Gesellschaften von jeher für ihre Kinder eine jeweils spezifische Form von Kindheit bereithalten. Untersucht werden aktuelle gesellschaftliche Bedingungs- und Einflußfaktoren, denen Kindheit ausgeliefert ist (vgl. z. B. Harms 1989).
- Unter *historischem Aspekt* geht es um die Entwicklung der Kindheit, um „historische Prozesse, die Gesellschaften entstehen lassen, in denen ein bestimmter Abschnitt des menschlichen Lebens nach besonderen Vorsorgen, Absichten, Institutionalisierungen und Organisationsformen von anderen Abschnitten in seiner Selbstdarstellung wie Zweckbestimmung geschieden wird" (Baacke 1992, S.50; vgl. Rolff / Zimmermann 1993, Ariès 1994).

In *pädagogischer Reflexion* dieser und weiterer Aspekte ist man sich heute einig, daß sich das Prinzip der Kindorientierung nicht auf einen feststehenden - empirischen - Kindheitsbegriff gründen läßt, sondern der Terminus als (veränderbare) *Konstruktion* innerhalb einer geschichtlich-gesellschaftlichen Wirklichkeit akzeptiert und analysiert werden muß (vgl. Scholz 1996, S. 50-62).

Giesecke hat in historischer Aufarbeitung klassischer Erziehungstheorien entsprechende „Definitionen des Kindes in der pädagogischen Beziehung" zusammengestellt: Das Kind als „pädagogisches Konstrukt" bei Rousseau, das Kind als „Geschwisterkind" bei Pestalozzi, das Kind als „Gotteskind" bei Wichern, das Kind als „Kollektivmitglied" bei Makarenko, das Kind als „unterdrückter Mensch" bei Korczak, das Kind als „Selbstregulierer" bei Neill usw. (Giesecke 1997).

Lenzen bestimmt Kindheit als „ein alltägliches oder theoretisches Konzept für die historisch veränderliche Sichtweise des Menschen im Kindesalter" (Lenzen 1989, S. 845). „Kindheit" gibt es also nicht von Natur aus, sie ist vielmehr eine kulturell geprägte, von (erwachsenen) Menschen geformte Auffassung von Menschsein in einer bestimmten Altersstufe, die sich als Ausgrenzung aus der Welt der Erwachsenen entwickelte; sie wird im Wandel der Kultur jeweils neu definiert (R. Süßmuth), aber auch von verschiedenen gesellschaftlichen Interessengruppen immer wieder - politisch und ideologisch - neu manipuliert (vgl. Kemper 1995: „Kind als Hoffnungsträger und Sündenbock der Erwachsenen"). In pädagogischer Fragerichtung bedarf es einer „Entlarvung dieser Interessen" und der „Dekonstruktion der Konstrukte als Ausweis kollektiver Lebensformen" (Hansmann 1995, S. 8).

Die eigentlich pädagogische Wendung des Kindheitsbegriffs liegt in der Bemühung, einen *eigenen Inhalt für das kindliche Leben* zu finden. „Es sollte stets etwas Grundlegendes, Umfassendes sein, ein Aufschluß, ein 'Schlüssel' zur Welt, der, einmal erkannt, unser Leben menschlich werden läßt" (Ballauff 1991, S.163).

Damit ist eine weitere pädagogische Wendung verbunden: Nicht allein die Berücksichtigung diverser allgemeiner Kind*heits*konstruktionen, sondern das verbindliche Einlassen auf das *Kindsein* des (einzelnen) Kindes: „*Kind-Sein-Dürfen*" (Lichtenstein-Rother) wird zum pädagogischen Bedingungsrahmen.

Man muß allerdings sehen, daß auch dies eine bestimmte (geschichtlich gewordene) Auffassung von Kindheit impliziert. *Grundschulpädagogische Ansätze und Konzeptionen waren und sind erheblich beeinflußt von den jeweilig aktuellen Kindheitskonstruktionen*, wie im folgenden belegt werden soll.

Die nächsten drei Abschnitte können unter der Überschrift „*Sichtweisen von Kindgemäßheit in der Grundschul-Geschichte*" zusammengefaßt werden.

1.1.2 „Kindgemäßheit" in der „Weimarer Grundschule"

Die allgemeine Grundschule als *Pflicht*schule geht auf die „Weimarer Verfassung" von 1919 zurück. In Artikel 147 dieses Gesetzes werden die privaten Vorschulen aufgehoben. In der Reichsschulkonferenz 1920 wurde festgelegt, daß die Volksschule in den vier untersten Jahrgängen als „Grundschule" einzurichten sei. Die „Richtlinien zur Aufstellung von Lehrplänen in der Grundschule" 1921 begründeten eine Bildungs- und Unterrichtskonzeption, die in ihren Grundzügen viele Jahre Bestand hatte, auch nach dem zweiten Weltkrieg theoretisch wie schulpraktisch weitergeführt wurde und erst Ende der 60er Jahre (mit dem „Grundschulkongreß 1969" in Frankfurt a. M. als äußerem symbolischem Ereignis) beendet war. Heute bezeichnet man in der Regel diesen 50jährigen Zeitraum der Grundschulgeschichte als „Weimarer Epoche", wobei die Gesamtkonzeption oft schlagwortartig verkürzt als „kindgemäße Grundschule" (meist in Abgrenzung zur „wissenschaftsorientierten Grundschule") charakterisiert wird.

Der Begriff „Kindgemäßheit" ist in der „Weimarer Grundschule" deutlich durch die pädagogische und die psychologische Sichtweise des Kindes geprägt, was maßgeblichen Einfluß auf die entsprechende Unterrichtsplanung und -gestaltung hatte.

a) „Pädagogik vom Kinde aus"

Als *reformpädagogische* Strömung (Ellen Key, Maria Montessori, Ludwig Gurlitt, Berthold Otto, Heinrich Scharrelmann, Fritz Gansberg u. a.) bemühte sich die pädagogische Bewegung „Vom Kinde aus" konsequent, die gesamte Bildungs- und Erziehungsarbeit vom Kind her zu denken und auszurichten (vgl. Dietrich 1973).

Dem Kindbegriff liegt hierbei eine bestimmte anthropologische Vorstellung zugrunde: Ausgehend von Rousseaus Konstruktion der Kindlichkeit des Kindes und von Vorstellungen der Romantik warf man der traditionellen Schule vor, die kindlichen Eigenarten zu ignorieren, zu unterdrücken, Passivität und Untertanengeist zu fördern, statt auf die kindliche Eigenwelt, die Lebensform des Spiels und altersspezifische Erlebnis- und Ausdrucksformen einzugehen (nach Giesecke 1997, S.178).

Man ging von der Annahme aus, daß das Kind von sich aus gut sei und seine Kräfte ausreichen würden, sich ein Weltbild aufzubauen. Dazu müsse man es allerdings in Ruhe wachsen und reifen lassen. Aufgabe des Erziehers sei es, das Kind von störenden Einflüssen abzuschirmen (nach Neuhaus 1994, S.23). Die Bestrebung, nicht den Unterrichtsstoff, sondern das Kind mit seinen Fähigkeiten und Ansprüchen in den Mittelpunkt zu stellen, liegt allen reformpädagogischen Richtungen zugrunde (vgl. zur Kritik: Hansmann 1998).

Die „*Kunsterziehungsbewegung*" sah das „Kind als Künstler" (Carl Götze): In Originalität und Spontaneität seien die kindliche und die künstlerische Wesensart nahe verwandt. Das Kunstverständnis des Kindes müsse nur geweckt (Alfred Lichtwark), eigenes schöpferisches Tun, z. B. in freiem Aufsatz oder in der freien Kinderzeichnung angeregt werden.

In der „*Erlebnispädagogik*" (Heinrich Scharrelmann, Fritz Gansberg) wollte man „Unterricht zum Erlebnis werden lassen" und objektive Stoffe in subjektive Erlebnisse der Kinder umwandeln.

Die zunächst auf höhere Schulstufen bezogene „*Arbeitsschulbewegung*" (Hugo Gaudig, Georg Kerschensteiner) übte ihren Einfluß auch auf die Grundschule aus (z.B. bei Hans Brückl, Johannes Kühnel). Man hatte eine Schule mit „schultümlicher Werktätigkeit" im Blick: Das Kind müsse die Dinge „begreifen", um zu erkennen, Anschauungs- und Begriffsbildung erfolge über unmittelbaren Umgang mit den Gegenständen.

Das Bemühen, sich an kindlichen Denk-, Erlebnis- und Ausdrucksformen, Unterricht und Erziehung an geistig-seelischen Wachstumsgesetzlichkeiten auszurichten und Entwicklung nicht zu stören, stand im engen Zusammenhang mit der aufkommenden (experimentell-empirischen) „Kinder- und Jugendkunde" und kinderpsychologischen Forschung.

b) Reifungs-/ Stufentheorie und Ganzheitspsychologie

Die pädagogische Zielvorstellung einer „gesunden Kindheit" basierte auf dem entsprechenden „Bild des Kindes" als psychologische Voraussetzung.

Reifungstheoretisch nahm man an, daß das Kind nach einem festgelegten, endogen bedingten „Bauplan" heranreife und zwar in enger Verbindung der biologischen und geistigen Veränderung: „Ent-wicklung" als „Ausfaltung eines schon keimhaft und detailliert Angelegten zu seiner Endgestalt, analog der Ausfaltung von Blättern und Blüten aus der Knospe" (Thomae 1959, S.3). Äußere Faktoren akzeptierte man in ihrer Bedeutung zwar als „Auslösung" oder Hemmnis kleinerer Entwicklungsschritte (wie bereits E. Stern 1923), betont wurden aber die endogenen Ablaufsequenzen und ihre Gesetzmäßigkeit.

Dem Bedürfnis nach Ordnung und Überschaubarkeit in der „Konstruktion des Kindes" kamen die wissenschaftlichen Versuche entgegen, die Entwicklung des Menschen nach Phasen einzuteilen.

Der „*Stufentheorie*" lag die Annahme zugrunde, daß

- beim Kind und Jugendlichen ein bestimmter seelischer Entwicklungs- und Reifezustand für längere Zeit kennzeichnend sei, der ausgebaut und verfestigt werde,
- zwischen zwei Stufen ein deutlicher Einschnitt, ein rascher Übergang, eine „Krisenzeit" liege,
- die Stufen oder Phasen immer in einer bestimmten Reihenfolge aufeinander folgen, wobei diese Sequenz nicht umgekehrt ablaufen kann, und
- diese schubweise Entwicklung auf innerer Gesetzmäßigkeit beruhe (nach Oerter 1969, S.47 ff.).

Bekannte Stufentheorien, die in Deutschland die Erziehungs- und Unterrichtspraxis beeinflußt haben, stammen von O. Tumlirz (1924), Charlotte Bühler (1928) und A. Busemann (1953).

Die einflußreichste *Phasenlehre* ist (neben E. Sprangers „Psychologie des Jugendalters" 1925) die von *Oswald Kroh* (1928, 1954). Dieser unterscheidet die

Stufen „Frühe Kindheit", „Eigentliche Kindheit" und „Reifezeit", die jeweils in drei „Phasen" gegliedert sind. Für die Grundschule bedeutsam war die Einteilung der zweiten Stufe (=*Schulkindheit*), die mit der 1. Trotzperiode als Ankündigung beginnt.

In der ersten Phase durchlebt das Kind den *Phantastischen Realismus* (bis 7. Lebensjahr), es entdeckt sein „Ich" und beginnt, sich vom Elternhaus zu lösen. Dies geht einher mit einem körperlichen Entwicklungsschub (Zahnwechsel, Schulkindform). Der Schulanfänger ist zwar schon stark umweltinteressiert („Realismus"), aber noch geprägt von magischem Denken und egozentrischem Weltbild.

Die Phase des *naiven Realismus* (bis 10. Lebensjahr) wird in dieser Theorie dadurch gekennzeichnet, daß das Kind seine Erkenntnisse vordergründig aus der unmittelbaren Anschauung nimmt, und sich auch schwer in fiktive Situationen hineinversetzen kann.

Erst mit der Phase des *kritischen Realismus* (bis ungefähr 12. Lebensjahr) gelingt es dem Kind, sich vom Eigenerlebnis zu distanzieren. Es wird z. B. hellhörig für alles, was früher war (beginnendes Geschichtsbewußtsein), es entwickelt Gesetze und Ordnungsschemata und wendet sie für das eigene Denken an (vgl. die Ausdifferenzierung der Theorie durch Schenk-Danzinger 1969!).

Flankiert wurde die psychologische Kinderforschung durch Kerngedanken der Gestalt-, Struktur- und *Ganzheitspsychologie* (vgl. Wellek 1962). Anknüpfend an die Kritik der „Elementenpsychologie" und den Grundsatz antiker Philosophie, daß das Ganze mehr als die Summe seiner Teile sei, ging man (gestaltpsychologisch) davon aus, daß der Mensch stets (defekte) Strukturen zu einer „guten Gestalt" vervollständigen wolle sowie die Wahrnehmung von einer „diffusen Ganzheit" zu einer „prägnanten Endgestalt" fortschreite. Ganzheitspsychologisch werden Denken, Fühlen und Wollen in engstem Zusammenhang gesehen, wobei der emotionale Bereich den „Urgrund" darstellt, auf dem alle Denkakte und Willenshandlungen aufbauen.

Die pädagogische Praxis wurde durch verschiedene Varianten des Ganzheitsgedankens beeinflußt (nach Haarmann 1988, S.39):

- Ganzheit der Person, als Einheit der personalen Kräfte von „Kopf, Herz und Hand", als Integration von Geist-, Körper- und Triebsphäre,
- Ganzheit von Person und Sache, als Einswerden von Ich und Welt vor allem im gefühlsbetonten Erlebnis,
- Ganzheit von Wahrnehmungsgegenständen (z. B. Wortganze),
- Ganzheit einer Wertordnung in einem geschlossenen Weltbild, „Gesamtschau" der Bildungsinhalte und „Stoffganzen" (gegen fachliche Zersplitterung).

Die Verbindung reformpädagogischer Ideen, kinderpsychologischer Forschungsergebnisse, entwicklungspsychologischer Theorien und anthropologisch-philosophischer Grundannahmen hat zu einer Auffassung von Kindgemäßheit geführt, die (aus heutiger Sicht) eine relativ geschlossene Grundschulkonzeption ermöglichte. Noch in den „Empfehlungen und Gutachten des Deutschen Ausschußes für das Erziehungs- und Bildungswesen" von 1959 hieß es, daß die deutsche Grundschule eine „pädagogische Haltung und unterrichtliche Verfahren gewonnen" hätte, „die zwar der weiteren Ausgestaltung und Festigung, aber keiner grundsätzlichen Wandlung mehr bedürfen" (nach Bohnenkamp 1966, S. 82).

Wohl auch aufgrund des homogenen Begründungszusammenhangs wurde die Grundschulgeschichte ein halbes Jahrhundert lang durch die „Weimarer Epoche" geprägt, deren schulpraktische Merkmale im folgenden charakterisiert werden.

c) Grundschule als „Schonraum für eine ruhig reifende Kindheit"

Im Sinne der Unterscheidung von Ideen- und Realgeschichte muß zwar gesehen werden, daß reformpädagogische Leitgedanken nicht schlagartig und flächendeckend in die Schulpraxis umgesetzt wurden, daß aber spätestens in der Wiederbelebung der „Pädagogik vom Kinde aus" nach dem zweiten Weltkrieg das pädagogische Profil der Grundschule fest umrissen war, wie Richtlinien und Lehrpläne bis Mitte der 60er Jahre belegen.

Gemäß biologistischer Sichtweise der Kindheit, in welcher der Heranwachsende mit einer Pflanze verglichen wird, sei es Aufgabe des Erziehers, „zu hegen und zu pflegen": In Analogie zum Beruf des Gärtners bemüht sich der Lehrer um günstige Reifungs- und Wachstumsbedingungen, schirmt Störendes vom Kinde ab und hält sich an den entwicklungspsychologischen Grundsatz der Reifungstheorie *„keinesfalls verfrühen!"* Das pädagogisch-psychologische Kindheitskonstrukt mündete in eine umfassende Konzeption, in der Grundschule als „Schonraum für eine ruhig reifende Kindheit" verstanden wurde (was allerdings oft in krassem Widerspruch zur Schulwirklichkeit stand).

„Kindgemäßheit" wurde in der Regel mit *„Entwicklungsgemäßheit"* gleichgesetzt; das bedeutete Berücksichtigung des Reifestandes, der emotional-ganzheitlichen Auffassung des Kindes. Niederschlag fand dies in allen Grundschullehrplänen, von den Weimarer „Richtlinien zur Aufstellung von Lehrplänen in der Grundschule" 1921 bis Anfang der 70er Jahre (z. B. „Richtlinien für die bayerischen Volksschulen" von 1966).

Kennzeichen der Lehrstoffauswahl und Stoffanordnung

Themen aus dem Erlebnisbereich des Kindes:

Kriterium war die räumliche und psychische Nähe des Kindes zum Stoff, nicht die Systematik der Wissensbereiche. So sollten die Themen aus der *Eigenwelt des Kindes* stammen (Geburtstag, Spiele, Fasching, usw.), *Zusammenleben des Kindes mit anderen Menschen* (Familie, Schule, Spielkameraden, ... Bäcker, Postbote, usw.) und *Erfahrungen mit der Natur* (Haustiere, Sammeln von Pflanzen, Blumenpflege... Gewitter, Schnee und Regen) beinhalten. Kindliche Erklärungsweisen wurden im Sinne „volkstümlicher Bildung" als „vorläufig" akzeptiert. Die Stoffauswahl erfolgte möglichst situationsgemäß.

Im *Wirklichkeitsunterricht*, der Erfahrungsbildung an konkreten Gegenständen zuläßt und im *Arbeitsunterricht* (Basteln von Kastanienmännchen, Arbeit am Sandkastenmodell des Dorfes, Kinderpost,...) sollte „allseitige Kräftebildung" nach dem Eindrucks-/ Ausdrucksprinzip („inneres Ein- und Ausatmen") ermöglicht werden. Dies wurde auch dem freien Gestalten („Kind als Künstler") im Erlebnisunterricht zugrundegelegt.

Stoffgliederung:

Der Klassenlehrplan orientierte sich am *Jahreskreis* (Jahreszeiten, Kirchenjahr, Schulleben). Die einzelne Unterrichtseinheit wurde vom Thema und den dazu passenden kindlichen Tätigkeiten bestimmt. Besonderen Wert legte man auf die Arbeitshygiene, insbesondere auf häufige *Tätigkeitswechsel*, um dem Abwechslungs- und Bewegungsbedürfnis des Kindes entgegenzukommen.

Gesamtunterricht

Der „Gesamtunterricht" als didaktische Konzeption des Anfangsunterrichts (1./2. Schuljahr) geht auf Schulversuche des „Leipziger Lehrervereins" 1911 und entsprechende Einarbeitung in die Reichsrichtlinien von 1921 zurück. Weiterentwickelt wurde er vor allem durch Johannes Wittmann (4. Auflage 1967) und Ilse Lichtenstein-Rother (7. Auflage 1969).

Die Grundidee richtete sich gegen das beziehungslose und lebensfremde Nebeneinander von Fachinhalten, gegen die sogenannte „Häppchen-Pädagogik" und unzusammenhängendes Einzelwissen. Es handelte sich demgemäß um einen ungefächerten Unterricht, der nicht nach Fachstunden aufgegliedert war.

Im Unterricht wurden auch keine fachlichen Themen bearbeitet, sondern Erlebnis- und Erfahrungseinheiten aus der Spiel-, Alltags- und Phantasiewelt sechs- und siebenjähriger Kinder (nach Rabenstein 1979, S.11). In der Konzentration um eine „Sacheinheit" aus dem „Heimatkundlichen Anschauungsunterricht", später auch „Grundlegender Sachunterricht" genannt, wurde das

„Leitthema“ in möglichst vielen kindlichen Betätigungen durchgenommen, was allerdings auch zu Fehlformen wie "Klebekonzentration" führte (vgl. 2.3.2!).

Beispiel „Apfelernte“: Anschauungsunterricht: Wir schauen den Apfel an, Lesen der Ganzwörter: „Da ist der Apfel, der Apfel ist gut“, Schreiben: Schwungübungen mit Apfelformen, Mündliche Sprachpflege: Nacherzählung der Geschichte vom schlafenden Apfel, Rechnen: Einführung der Zahl / Menge „5“ am Kernhaus, Zeichnen: Apfelernte, Kneten: Äpfel aus Plastilin, Turnen: „Äpfelpflücken“ an der Sprossenwand (nach E. Exner „Die Praxis“, Klassenlehrplan 1. Schuljahr - Oktober; 1966).

Die gesamtunterrichtliche Idee richtete sich kompromißlos an *kindlichen Gegenwartsbedürfnissen* aus: „Kind-Sein-Dürfen“ wird auch in der Schule zugelassen.

Aus heutiger Sicht sind unter dem Aspekt Kindgemäßheit neben der vielfach gerügten Einseitigkeit und Unterforderung der Kinder auch deutliche *Vorzüge* der Konzeption erkennbar: Tätigkeitswechsel und Handlungsorientierung, flexible Zeiteinteilung sowie Lernökonomie durch thematische Konzentration und Bemühung um eine „Sinnmitte“.

Ganzheitliche Lehrgänge

Auf der Grundlage ganzheitlicher Kinderpsychologie wurden innerhalb des Gesamtunterrichts ganzheitliche Lehrgänge bevorzugt, die eine eigene methodische Grundstruktur aufwiesen:

(1) Ausgang von kindgemäßen „Sinnganzen“ = naiv-ganzheitliches Erfassen des Gegenstands, (2) analytisch-synthetische Aufarbeitung dieser „Sinnganzen“ = Analyse und Synthese schon bekannter Sachverhalte, (3) Aufbau neuer „Sinnganzer“ auf höherer Ebene = selbständiges Anwenden des Gelernten (Neuleistung).

Einer der wichtigsten Vertreter war *Johannes Wittmann* mit seinem Buch „Theorie und Praxis eines ganzheitlichen Unterrichts“ (1. Aufl. 1929, 4. Aufl. 1967), der neben ganzheitlichen Lehrgängen in Lesen, Schreiben und Rechnen auch einen anspruchsvollen Anschauungsunterricht für das erste und zweite Schuljahr konzipierte. Eine eher extreme Position ganzheitlichen Unterrichts vertraten Artur und Erwin Kern, nach denen die Kinder Lesen und Schreiben mit ganzen Sätzen (in Schreibschrift) beginnen sollten (Fibel „Wer liest mit?“ 1931, „Praxis eines ganzheitlichen Lesenlernens“ 1969).

Weite Verbreitung im süddeutschen Raum fand der ganzheitliche Lese- und Schreibunterricht nach *Hans Brückl* („Mein Buch zum Anschauen, Zeichnen, Schreiben, Lesen und Zählen“ 1922, „Mein erstes Buch“ 1931, „Der Gesamtunterricht im 1. Schuljahr mit organischem Einbau des ganzheitlichen Lese- und Schreibunterrichts" 1964), dessen Vorschläge vor allem zum Schreibunterricht auch noch in späteren Lehrplänen (z. B. Lehrplan Bayern 1981) und in die aktuelle Diskussion um den „Schreib-Lese-Unterricht" Eingang gefunden haben.

Heimatkunde

In der „Weimarer Epoche" wurde Heimatkunde als *Stammfach* des Grundschulunterrichts angesehen. Es sollte „ausstrahlender und sammelnder Mittelpunkt" des gesamten Unterrichts sein, das heißt den stofflichen und thematischen Ausgangspunkt darstellen (vgl. auch die Quellentexte bei Bäuml-Roßnagl 1995).

Neben nationalen und heimatideologischen Intentionen (E. Spranger: „Heimat als geistiges Wurzelgefühl") sowie theoretischen Vorgaben „volkstümlicher Bildung" (vgl. die Aufarbeitung des Begriffs bei Glöckel 1964) wurde die Konzeption vor allem durch das oben beschriebene Prinzip der Kindgemäßheit bestimmt:

Aufgrund *stufentheoretischer* Annahmen erkannte man dem Kind nur in recht begrenztem Maß Denk- und Begriffsbildungsleistungen zu. W. Hansen (1968) z. B. versucht nachzuweisen, daß vom Kind verwendete Wörter „Namen" für konkrete Gegenstände, nicht „Begriffe" des Erwachsenen sind, daß das Grundschulkind noch nicht auf der Stufe kausalen Denkens stehe, eher dem Einzelfall verhaftet sei, noch kein Interesse am Allgemeinen und an Gesetzmäßigkeiten habe. Von diesem Standpunkt aus mußte man zur Folgerung kommen, das Grundschulkind sei *noch nicht reif für fachlich angelegten Sachunterricht*. Es reiche vielmehr aus, über die Anschauung klare und deutliche Vorstellungen von der Umwelt zu schaffen und einen reichen Wortschatz zur Benennung der Dinge zu erarbeiten (konkrete Bezeichnungen von Tieren, Pflanzen, Werkzeugen, Geländeformen usw., nicht Fachbegriffe), wobei das „Sammelalter" des Kindes eine günstige Voraussetzung biete.

Unter *ganzheitlichem* Aspekt wurde die *gefühlsmäßige Einbindung* in die (räumliche und soziale) Heimat betont. Zwischen der „Eigenwelt des Kindes" und der „Kulturwirklichkeit" sollte eine Brücke geschlagen werden („Kind und ..."). Im Sinne „*konzentrischer Kreise*" wurde das Kind vom Nahen zum Fernen, vom Schulhaus, über Dorf / Stadtteil bis in die „erwanderbare Umgebung" geführt.

Die *methodische Anlage* der Unterrichtseinheiten orientierte sich an folgenden Grundsätzen:

- *Anschauungsprinzip* (Nur das wird thematisiert, was wirklich in der Umgebung vorhanden ist: „Wirklichkeitsunterricht")
- *Erlebnisprinzip* (Subjektiver Bezug des Kindes zu den Gegenständen - „Heimatkundliche Erzählung")
- *Selbsttätigkeitsprinzip* (Manuelle und geistige Tätigkeit im Sinne des „Arbeitsunterrichts").

Der Unterrichtsaufbau berücksichtigte die Stufung „Erfassung der Wirklichkeit" (Eindruck) und „Darstellung der Wirklichkeit" (Ausdrucksgestaltung).

Fazit

Vorbereitet durch die Vor- und Ideengeschichte der Grundschule (Comenius, Rousseau, Pestalozzi, Reformpädagogen) bildete sich - auch realgeschichtlich - erstmals eine Schulart heraus, die weitgehend „vom Kinde aus" konzipiert wurde. Die Stufe der Kindheit wurde in ihrer Eigenwertigkeit anerkannt (z. T. auch idealisiert), was direkten Einfluß auf Auswahl und Anordnung der Bildungsinhalte hatte.

Der Begriff Kindgemäßheit war in erster Linie reifungs- und stufentheoretisch determiniert: Kindgemäßheit bedeutete hauptsächlich *Entwicklungsgemäßheit* im Sinne von *Alters(stufen)gemäßheit*.

Das dahinter stehende „Bild des Kindes" war zwar grundsätzlich ein positives („Das Kind ist von sich aus gut"), es war aber gleichzeitig stark geprägt durch das *Kind als Entwicklungstypus*. Die Phasenlehre vermittelte den Eindruck, man wisse, wie „das" Kind in verschiedenen Entwicklungsphasen denkt und fühlt, was oft zu einer stereotypen Ausrichtung am „Durchschnittskind" führte und oftmals das Individualitätsprinzip verkannte.

Die reformpädagogische Idee „Vom Kinde" mit der Ausrichtung am „inneren Bauplan" des *einzelnen Kindes* fand in konsequenter Form Eingang in bestimmte Alternativschulkonzepte (Montessori, Petersen u. a.). Die gängige Schulpraxis war mehr fixiert auf „Altersstufengemäßheit", welche die *Jahrgangsklasse* und (trotz Differenzierungsbemühungen) gewissermaßen ein „Lernen im Gleichschritt" rechtfertigte.

1.1.3 „Schülerorientierung" in der Curriculum-Phase

Mitte der 60er Jahre gerieten Theorie und Praxis der „Weimarer Grundschule" zunehmend ins Kreuzfeuer der Kritik. So stellte Erwin Schwartz auf dem Grundschulkongreß 1969 fest: „Diese Grundschule ist weniger als alle anderen Schulstufen den Herausforderungen unserer Zeit, der Gesellschaft und vor allem der Kinder selbst gefolgt: Die Grundschule ist sitzengeblieben!"

Dieser Vorwurf ist im historischen Kontext zu sehen, wohl auch in späten Nachwirkungen des sog. „Sputnikschocks" der westlichen Nationen und der intensiven Bemühung, die von den Universitäten bemängelte (natur-) wissenschaftliche Vorbildung mit Hilfe eines durchgängigen Bildungsprogramms über alle Schulstufen hinweg aufzubauen. Die Grundschule wurde in die entstehende „Curriculumtheorie" (mit entsprechender Anlage curricularer Lehrpläne) voll eingebunden, so daß die 70er Jahre heute als „Curriculum-Phase" oder auch als *Zeit der Wissenschaftsorientierung* gekennzeichnet werden.

Die dahinter stehenden Wandlungssymbole der gesellschaftlich-epochalen Situation seien hier in Stichpunkten skizziert:

- „Kritische Theorie" der „Frankfurter Schule", Kritik an der Harmonisierung gesellschaftlicher Realität.
- Kritik am „Schonraumgedanken" der vermeintlich systemstabilisierenden „Geisteswissenschaftlichen Pädagogik" (die Erziehung und Bildung vor ungerechtfertigten Zugriffen der gesellschaftlichen Mächte bewahren wollten); Auseinandersetzung mit der sog. „antiautoritären Erziehung", Einführung des Erziehungsziels „Emanzipation".
- Prophezeiung einer deutschen „Bildungskatastrophe" (Picht 1964) und Forderung eines Bildungssystems, das Chancengleichheit gewährleisten sollte („Mobilisierung der Bildungsreserven").
- Zunehmende Bedeutung empirischer Realitätskontrollen innerhalb der Erziehungswissenschaft: „Realistische Wende" in der Pädagogik und „Kognitive Wende" in der Psychologie.

„Die Zielsetzung einer allgemeinen Hebung des Ausbildungsniveaus und einer Steigerung der Abiturientenquote angesichts des wachsenden Bedarfs an qualifiziert ausgebildeten Menschen in einer technisierten und verwissenschaftlichten Umwelt mit internationalem Wettbewerb der Volkswirtschaften glaubte man im Grundschulbereich am effizientesten durch eine möglichst frühzeitige Ausrichtung der Unterrichtsinhalte und Lehrverfahren an der wissenschaftsorientierten höheren Bildung erreichen zu können.

Das Verständnis der Grundschule als eines behutsamen, ruhigen Schonraums zur Entfaltung anlagebedingter Begabungen und zur Reifung endogen gesteuerter Kräfte ließ sich angesichts dieser aktuellen bildungspolitischen Herausforderungen nicht mehr rechtfertigen. Gezielte Lern- und Leistungsanreize im Rahmen einer versachlichten, anspruchsvollen

Schularbeit ergaben sich als grundschulrelevante Konsequenzen aus der Zielsetzung einer engagierten Bildungsförderung“ (Rodehüser 1989, 548).

Im Zusammenhang mit der *heutigen* Diskussion um zukunftsorientierte Bildung (angesichts neuer Informations- und Kommunikationstechniken, internationaler Wettbewerbsfähigkeit und „Globalisierung“) gibt der Rückblick auf diese Epoche zu denken und zeigt, wie das Konstrukt „Kind“ bzw. „Kindheit“ vom herrschenden Zeitgeist abhängt, und wie stark auch (vermeintlich objektive) empirische Wissenschaften in jeweils relevanten Fragestellungen und Ergebnissen von gesellschaftlich-ökonomischen Zwängen beeinflußt sind. Auch in der „Curriculum-Phase“ ist der Begriff Kindgemäßheit durch pädagogische und psychologische Grundauffassungen bestimmt, was die Grundschulpraxis nachhaltig verändert hat („Grundschulreform“).

a) Kindgemäßheit als „Bildungsgerechtigkeit“ und „optimale Passung“

Eine der wichtigsten Intentionen der Weimarer Verfassung war es, eine einheitliche Schule für alle Kinder des Volkes zu schaffen und keine Privilegien mehr zu dulden. Man ging davon aus, daß gleiche Schulbedingungen auch gleiche Chancen gewährleisten. Genau gegen dieses „Mißverständnis“ richtete sich die Bildungsreform, insbesondere in der Ausprägung der Grundschulreform.

Im konstituierenden Band „Grundschule - Funktion und Reform“ 1969 wies Erwin Schwartz (Gründer des Arbeitskreises Grundschule) auf die „Gefährdung der Chancengleichheit durch das formale Moment der '*Einheitlichkeit*' von Bildungsanforderungen“ hin:

„Wo diese als Schulforderungen inhaltlich ... *für alle verbindlich* gemacht werden, da wird, statt sich der Gleichheit anzunähern, die Ungleichheit verstärkt ... Das Problem der Chancengleichheit stellt die Grundstufe des Bildungswesens vor ihre wichtigste, aber auch vor ihre schwierigste Aufgabe. Sie ist nicht mit '*Startgleichheit*' zu lösen, sondern nur durch '*Startgerechtigkeit*' zu erleichtern ... Die Aufgabe kann nur erfüllt werden, indem die Gleichheit für alle darin erstrebt wird, daß jedem einzelnen *seine* Bildungsmöglichkeiten angeboten und er in den Stand gesetzt wird, diese wahrzunehmen“ (S. 59/60).

Das Hauptziel einer „freisetzenden Erziehung“ wird darin gesehen, „*Chancengleichheit in der Wahrnehmung individueller Bildungsmöglichkeiten*“ herbeizuführen (S. 61).

Während bisher der Entwicklungsstand des Kindes vornehmlich altersbedingt definiert war, wird nunmehr der *Sozialisationsprozeß im Elternhaus* als entscheidend aufgefaßt. Im Rückgriff auf amerikanische Forschungsergebnisse (vgl. u. a. Rolff 1968) stellt man die *schichtenspezifische* Abhängigkeit als generalisierenden Faktor heraus, wobei den Kindern mit eingeschränkten Lernmöglichkeiten und -fähigkeiten besondere Aufmerksamkeit geschenkt wird:

„Die Grundstufe eines demokratischen Schulwesens hat den formal gesicherten Anspruch der Kinder auf Chancengleichheit ... zu verwirklichen, indem sie den Nachholbedarf dieser Kinder durch Maßnahmen *kompensatorischer Erziehung* erfüllt" (Schwartz 1969, S.71).

Gegenüber bisheriger Vernachlässigung in der traditionellen Grundschule („keinesfalls verfrühen!") will man aber auch Kinder mit erhöhter Lernfähigkeit fördern und sich ihrem Anspruchsniveau stellen.

Die Forderung nach „optimaler Förderung eines jeden einzelnen" wird allerdings vornehmlich in Abhängigkeit vom Unterrichtsstoff verstanden: Vermeidung stofflicher Über- bzw. Unterforderung im Sinne *„optimaler Passung"*.

Verständlich ist dies im Zusammenhang mit dem übergeordneten Prinzip „wissenschaftsbestimmten Lernens": Bildungsinhalte seien nicht „vom Kinde aus" ableitbar, sondern durch die Bedingungen des Lebens in der wissenschaftsorientierten Gesellschaft bestimmt.

Kindgemäß bedeute demnach, anknüpfend bei individuellen Voraussetzungen, das Kind auf das Leben in der modernen Gesellschaft vorzubereiten. In dieser Sichtweise könne nicht mehr allein die „Eigenwelt" des Kindes im Vordergrund stehen, sondern vielmehr die Frage der *Handlungsfähigkeit* des Kindes in der gegenwärtigen und zukünftigen Erwachsenengesellschaft.

Kindgemäßheit versteht sich hier weiterhin als Bemühung, wissenschaftsbestimmte Stoffgebiete auf das kindliche Verständnisniveau „herunterzutransformieren". Dies kommt auch in den für die Bildungsreform programmatischen Ausführungen im „Strukturplan für das Bildungswesen" des Deutschen Bildungsrates 1970 zum Ausdruck:

„Der Lernende soll in abgestuften Graden in die Lage versetzt werden, sich eben diese Wissenschaftsbestimmtheit bewußt zu machen und sie kritisch in den eigenen Lebensvollzug aufzunehmen. Die Wissenschaftsorientiertheit von Lerngegenstand und Lernmethode gilt für den Unterricht auf jeder Altersstufe. Es wird eine vordringliche Aufgabe der didaktischen Forschung sein, den für das jeweilige Lebensalter und den geistigen Entwicklungsstand förderlichsten Grad aufzufinden und einen entsprechenden Modus der Vermittlung zu entwikkeln" (S. 33).

Der hier implizierte hohe Bildungsanspruch ging einher mit einem neuen psychologischen Verständnis kindlichen Lernens.
(Vgl. auch die Zusammenfassungen bei Nickel 1980 und Katzenberger 1982).

b) „Entwicklung gleich Lernen“: Neue Begabungstheorie

Aufgrund neuerer entwicklungspsychologischer Einzelergebnisse war die traditionelle Reifungs- und Phasentheorie nicht mehr aufrechtzuerhalten (vgl. z. B. Schwartz 1970). Die für die Grundschulreform der 70er Jahre bedeutsamen psychologischen Grundannahmen werden von H. Roth so gekennzeichnet:

„Man kann nicht mehr die Erbanlagen als wichtigsten Faktor für Lernfähigkeit und Lernleistung (= Begabung) ansehen, noch die in bestimmten Entwicklungsphasen und Altersstufen hervortretende, durch physiologische Reifevorgänge bestimmte Lernbereitschaft. Begabung ist nicht nur Voraussetzung für Lernen, sondern auch dessen Ergebnis. Heute erkennt man mehr als je die Bedeutung der kumulativen Wirkung früher Lernerfahrungen, die Bedeutung der sachstrukturell richtigen Abfolge der Lernprozesse, der Entwicklung effektiver Lernstrategien, kurz: die Abhängigkeit der Begabung von Lernprozessen und die Abhängigkeit aller Lernprozesse von *Sozialisations- und Lehrprozessen*“ (1969, S. 22).

Nach Oerter läßt sich die Entwicklung „als Sozialisationsprozeß, als Hineinwachsen des einzelnen in die Gesellschaft und die umgebende Kultur beschreiben. Diese Sozialisation ist eine Kette von Lernvorgängen, die häufig unmittelbar nach Reifung der erforderlichen Funktionen einsetzen und mehr oder weniger bis zum Erwachsenenalter *kontinuierlich* weiterlaufen“ (1969, 83), was auch Aebli, ein Schüler Piagets (1973) betont: Geistige Entwicklung verlaufe nicht in Schüben, sondern sei ein kontinuierlicher Prozeß.

Die im Schlagwort „*Begabung heißt Begaben*“ und in der *Gleichsetzung von Entwicklung und Lernen* verdichtete Gegenposition zu biologisch determinierten Modellen fanden nachhaltigen Ausdruck in den sog. *Instruktionstheorien*. Hier wird der Entwicklungsprozeß nach den ersten Lebensjahren allein als ein Ergebnis kumulativen Lernens, der Entwicklungsstand als Stand im Lehrgang aufgefaßt (Gagné 1973).

Mit dem korrespondierenden Begriff des *sachstrukturellen Entwicklungsstandes* umschreibt Heckhausen Kenntnisse und Fertigkeiten eines Schülers, die dieser „zu einem gegebenen Zeitpunkt seiner Entwicklung im Hinblick auf den relevanten Sachbereich der gegebenen Unterrichtssituation besitzt“ (1969, S.193).

Der Gipfel instruktionstheoretischer Auffassung wird häufig in der viel zitierten „kühnen Hypothese“ Bruners (1967) gesehen, derzufolge „jeder Stoff jedem Kind in jedem Stadium der Entwicklung in intellektuell redlicher Weise wirksam vermittelt werden kann“, wobei allerdings Bruner selbst darauf hinweist, daß nur unter Beachtung entsprechender entwicklungspsychologischer Kenntnisse eine Übersetzung in den kindlichen Verstehenshorizont gelingen kann.

Bis heute nachhaltig geprägt ist die Grundschulpädagogik durch Forschungsergebnisse, welche die *Kindheit als bildsamste Phase menschlicher Entwick-*

lung herausstellen, als eine Zeit erhöhter Plastizität und Lerneffektivität, in der frühen Lernprozessen eine potenzierende Wirkung auf spätere zugeschrieben wird (vgl. bes. Bloom 1971).

Aus Ergebnissen empirischer Sozialisationsforschung wird abgeleitet, daß der jeweilige Entwicklungsstand in hohem Maße durch das *Sozialisationsgeschehen*, insbesondere im Elternhaus, in sozialen Gruppen und Subkulturen bedingt ist. Schichtenspezifische Abhängigkeit wird bei der Vielzahl der Faktoren sogar als generalisierender Faktor hervorgehoben (vgl. auch Helbig 1988).

So zeigte z. B. die Untersuchung „Erfolg und Versagen in der Grundschule" (1967) von Kemmler, daß Sozialvariablen wie schichtspezifische Herkunft, Familiengröße und elterliches Interesse signifikanten Einfluß auf Schulleistung und prognostizierbares Fortkommen in der Schullaufbahn haben.

Heckhausen konnte in seinen Untersuchungen zur „Leistungsmotivation" bei Kindern (1969) nachweisen, daß Erfolgszuversicht (bzw. Mißerfolgsängstlichkeit) bei schulischen Leistungen stark vom Erziehungsverhalten der Eltern und dieses wiederum von deren Schichtzugehörigkeit abhängt.

Ähnliche Wechselwirkungen wurden auch beim Sprachverhalten, z. B. in der Unterscheidung von „restringiertem Code" der Unterschicht und „elaboriertem Code" der Mittel-/Oberschicht festgestellt.

Die Bedeutung dieser neuen Forderungen zu Entwicklung und Lernen für eine „kindgemäße Grundschule" faßt Schwartz (1969) zusammen: „Forschungsergebnisse erziehungswissenschaftlicher Disziplinen weisen aus, daß *Kindheit und Grundschulalter* in optimaler Weise Zeitpunkte für einen frühen Lernbeginn und Zeiträume für effektive Lernprozesse anbieten. Im frühen Alter schon bilden sich Intelligenz und Begabung nach Niveau und Richtung, aber auch hinsichtlich ihrer Motivation und Dynamik aus, d. h. sie gewinnen Lebensbedeutsamkeit - oder sie verkümmern" (S. 110).

Die Auffassung, was dem Kinde gemäß sei, führte zu einer radikalen konzeptionellen Veränderung der Grundschule und der Unterrichtsgestaltung.

c) Grundschule als „Primarbereich" des Bildungssystems

Das größte Reformwerk der deutschen Bildungsgeschichte fand Ausdruck in den umfangreichen Veröffentlichungen des von Bund und Ländern 1965 konstituierten „Deutschen Bildungsrats", in den „Gutachten und Studien der Bildungskommission". Nach den Empfehlungen der Bildungskommission im bereits genannten „Strukturplan für das Bildungswesen" (1970) sollte der „Primarbereich" die bisherige Grundschule ablösen und in Eingangs-, Grund- und ggf. Orientierungsstufe gegliedert werden (vgl. 2.1.2).

Die Intention der Eingangsstufe bestand in der kompensatorischen Aufgabe des Ausgleichs unterschiedlicher Lernvoraussetzungen, die es mit Blick auf *Längsschnittchancengleichheit* erlauben sollte, bei allen Kindern eine verbesserte Lernfähigkeit zu entwickeln (vgl. Kap. 2.1.2).
Eine entsprechende „Brückenfunktion" für den Anschluß an weiterführende Schulen sollte auch die „Orientierungsstufe" haben.

Die Grundschule als *Grundstufe* wurde durch drei Zielsetzungen bestimmt: Einheitliches Grundprogramm für alle Kinder - Zusatzangebote für Kinder mit besonderen Neigungen - Kurse für Kinder, die besonderer Lernhilfen bedürfen.

Hauptanliegen des Primarbereichs war es indes, Lehrinhalte an Veränderungen in Wirtschaft und Gesellschaft anzupassen und „wissenschaftliches Lehren" zu sichern. Das Kind in der Primarstufe sollte nur das lernen, was später nicht verändert werden muß und worauf aufgebaut werden kann. Kindertümliche, aber sachlich unzutreffende Lerninhalte („Der böse Fuchs", „Die lieben Strommännlein") haben in diesem Unterricht keinen Platz.

„Die Anfänge der Naturwissenschaften, der Sozialwissenschaften sowie der modernen Mathematik und Sprachlehre müssen in elementarer Form Eingang in den Primarbereich finden" (Strukturplan S. 134).

Der Gesamtunterricht wird durch „Lernbereiche" abgelöst, die in sich gegliederte Sachgebiete darstellen, die Kulturtechniken werden in eigenständigen Lehrgängen vermittelt, „in denen die Kinder jeweils ohne Rücksicht auf das Alter nach dem erreichten Leistungsstand gruppiert werden" (S. 138).

Im Sachunterricht sind „historisch-kulturelle Gehalte, sozial- und gesellschaftliche sowie naturwissenschaftlich-technische Inhalte und Verfahren" zu berücksichtigen, im Kunst-, Musik- und Werkunterricht werden „fachspezifische Aufgaben" betont, außerdem wird die Einführung neuer Lernbereiche, beispielsweise eine erste Fremdsprache, gefordert (S. 139).

Wie unter 1.1.3 a beschrieben, wird von vornherein das Prinzip der *Kindgemäßheit in Abhängigkeit zum Prinzip der Wissenschaftsorientierung* gestellt: „Das Kriterium des 'Kindgemäßen' reicht nicht mehr aus, um Maßstäbe für den Unterricht in der Schule setzen zu können. Im Primarbereich geht es vielmehr darum, die Anfänge der Lernprozesse aufzufinden ..., die den Weg nach oben in der vielfachen Differenzierung ermöglichen, die für die Abschlüsse der Sekundarstufe I und II geplant ist" (S. 133).

Während bisher die „Eigenwelt des Kindes" (als „Schonraum") Unterrichtsmaßstab war, wird nun der Bezug der „Welt des Kindes" zur „Welt des Erwachsenen" hervorgehoben: „Es kommt darauf an, daß die Schule in ihren Lernprozessen diesen Bezug aufspürt, entwickelt und ständig weiter verfolgt" (S. 124).

Kindgemäßheit in diesem Verständnis heißt aber auch, „daß im Rahmen der schulischen Lernprozesse auch die übrigen Bereiche der sozialen Umwelt des Kindes Beachtung finden müssen, also das Elternhaus, die Gruppen- und Schichtzugehörigkeit usw.“ (S. 126).

Der Hauptakzent in der Auffassung von Kindgemäßheit liegt jedoch in der Forderung nach *Differenzierung*: „Das bedeutet, daß Curricula angeboten werden, die auf die unterschiedliche Lerngeschwindigkeit und Motivationslage der Lernenden sowie auf deren verschiedene Interessen und Lernvoraussetzungen abgestimmt sind“ (S. 36). Auch das wird in den Zusammenhang mit objektiven Gegebenheiten gestellt: „Die Differenziertheit individueller Lernbedürfnisse und die Differenziertheit gesellschaftlicher Anforderungen machen ein differenziertes Bildungssystem notwendig“ (S. 70).

Für den Primarbereich lehnt der Bildungsrat „äußere Leistungsdifferenzierung“ (beispielsweise nach Leistungskursen) ab und drängt um so mehr auf die Verwirklichung *innerer Differenzierung* nach Inhalt, Medien und Methode innerhalb des Klassenverbandes.

„Sie wird verstärkt dort wirksam, wo die selbständige Arbeit des einzelnen Schülers nach Lernprogrammen, die unterschiedlicher Lerngeschwindigkeit und Auffassungsfähigkeit gerecht werden, gefördert wird. Innere Differenzierung kann schließlich bis zur selbständigen Projektarbeit der Schüler in kleinen Teams reichen“ (S. 71).

Fazit

Aus heutiger Sicht ist festzustellen, daß die Grundschulreform der 70er Jahre in Theorie und (Lehrplan-) Praxis schwerpunktmäßig durch ein bestimmtes Verständnis des Prinzips der Wissenschaftsorientierung geprägt war (vgl.mit der heutigen Auffassung: 4.2.1). Um nur einige Stichpunkte zu nennen:

Curricularer Aufbau des Unterrichtsstoffes als Vorbereitung auf fachwissenschaftliche Disziplinen, Beachtung der Eigengesetzlichkeit fachlicher Lehrgänge, Sachunterricht als „elementarer Fachunterricht“ (Schlüsselbegriffe/„basic concepts“ und Verfahrensweisen der Wissenschaften).

In entsprechender Interdependenz stand das Kindheitskonstrukt: Aufgrund der in Untersuchungen festgestellten „erhöhten Lernfähigkeit im Kindesalter“ ging man davon aus, daß bereits im Grundschulalter fachliches Denken zugemutet und angebahnt werden kann. *Kindheit als bildsamste Phase im menschlichen Leben* ist durch möglichst frühe und vielfältige Lernanreize zu nutzen.

Kindgemäßheit versteht sich dabei vornehmlich als *Startchancengerechtigkeit* und *Ausgleich schichtenspezifischer Benachteiligung*. Insofern wird weiterhin vom „Kind als Typus“ ausgegangen, allerdings nicht mehr von einem Reifungsstufentypus, sondern eher vom „Sozialisationstypus“.

Das zeigt sich auch im Verständnis von „Individualisierung“ als *lernzielorientierte didaktische Maßnahme der „inneren Differenzierung“*. Richtschnur ist letztlich das fachliche Leitziel, zu dem möglichst alle Schüler geführt werden sollen, was konsequenterweise einer Differenzierung nach Leistungsfähigkeit und damit einer (zeitweisen) Auflösung des heterogenen Klassenverbands bedarf. Wegen der damit verbundenen aufwendigen Lernstandsdiagnose (in jedem Lernbereich) und der darauf basierenden, meist pragmatischen Einteilung nach „Stütz-, Grund- und Förderkurs“ handelt es sich mehr um *Leistungsgruppenorientierung*, weniger um Individualisierung.

Insgesamt läßt sich „Kindgemäßheit“ in der Curriculum-Epoche als *Schülerorientierung im Sinne ausgleichender und gezielter Lernförderung charakterisieren.*

1.1.4 Herausforderungen aufgrund „Veränderter Kindheit“

Während in den bisher beschriebenen Epochen der Kindheitsbegriff *bildungstheoretisch* und (entwicklungs- bzw. lern-) *psychologisch* geprägt war, ist die gegenwärtige Thematisierung der Kindheit eher von *soziologischen* Kategorien bestimmt. Im Zusammenhang einer „Soziologie des Kindesalters“ geht es einerseits in der „akteursbezogenen Kinderforschung“ um Kinderalltag und Handlungssituationen aus der Perspektive von Kindern, andererseits in der mehr „strukturbezogenen Kindheitsforschung“ um Lebenslagen des Kindes, um das „Kind“ als Sozialstatus und kulturelles Muster im historischen Wandel der Generationenverhältnisse, somit vornehmlich um Fragen nach „soziokulturellen Mustern und sozialisationstheoretischen Perspektiven“ (Honig u.a. 1996).

So sieht die heutige Kinderforschung Kinder vor allem als „aktive Realitätsrezipienten“ (Hurrelmann) und *Symptomträger der Gesellschaft*, die Modernisierungsschübe, Zukunftsperspektiven (der nachfolgenden Generation) und Krankheitsanzeichen der Gesellschaft widerspiegeln. Kindheitsforschung wird „entromantisiert“, der Tendenz nach auch „entpädagogisiert“.

Ausgehend von tiefgreifenden, alle gesellschaftlichen Bereiche betreffenden Wandlungs- oder Auflösungsprozessen (Massenarbeitslosigkeit, Zwei-Drittel-Gesellschaft, Umweltzerstörung, Bevölkerungsexplosion, Verschiebung der Alterspyramide usw.) wird in sozialwissenschaftlichen Konzepten der „postindustriellen“ oder „postliberalen Gesellschaft“ bzw. der „Risikogesellschaft“

eine konträre Diskussion über die gegenwärtige und zukünftige Gesellschaft geführt: Sind die aktuellen Konflikte und Spannungen Indizien für eine (beschleunigte) Fortsetzung der Modernisierung *oder* signalisieren sie einen Epochenwandel, der in das Zeitalter der „Postmoderne“ führt? (nach Stange 1995, S. 66).

Vor diesem Hintergrund erkennt man die *Lage der Grundschulpädagogik innerhalb einer allgemeinen Strukturkrise der gesellschaftlichen Institution Schule.* Dies ist nicht als Rechtfertigung oder gar Resignation zu sehen, sondern als Chance:

„Wie alle anderen gesellschaftlichen Institutionen hat auch die Grundschule in einer dynamischen Gesellschaft nur noch als dynamisches, sich selbst regulierendes und stets an der eigenen Entwicklung arbeitendes System eine Überlebenschance“ (Ramseger 1994, S.10).

Daß die Grundschulpädagogik durchaus zu einer Analyse und Reflexion gesellschaftlicher Veränderungen bereit und imstande ist, zeigt ihr großes Interesse an der sozialwissenschaftlichen Kindheitsforschung, die seit den 80er Jahren einen enormen Aufschwung erlebt hat. Auch von der Lehrerschaft wurden deren Ergebnisse ungewöhnlich intensiv rezipiert, wohl auch aufgrund zunehmender Verunsicherung in der Reaktion auf verändertes Kinderverhalten und der Suche nach entsprechenden (entlastenden) Rechtfertigungsmustern.

Relativ bald setzte dann die entsprechende Diskussion um pädagogische Konsequenzen aus den Ergebnissen der Erhebungen ein, was unter anderem Ausdruck darin fand, daß der Arbeitskreis Grundschule 1989 seinen Frankfurter Bundesgrundschulkongreß (70 Jahre Grundschule) unter das Thema „Kinder heute - Herausforderung für die Schule“ stellte (Faust-Siehl u. a. 1990).

Im vorbereitenden Kongreßband „Veränderte Kindheit - veränderte Grundschule“ führt die Herausgeberin folgendermaßen in die Thematik ein:

„Seit in der Bundesrepublik die Geburtenrate drastisch zurückgegangen ist, ist das öffentliche Interesse an Kindheit und an Kindern erheblich gestiegen. Nicht nur der Markt hat die Kinder als Kunden und Konsumenten entdeckt, auch die Zahl der Veröffentlichungen über Kindheit und Kinderleben ist in den letzten zehn Jahren schon fast ins Unüberschaubare gestiegen. Sind das bereits Nachrufe auf eine Kindheit, von der wir heute wissen, daß sie als spezifische gesellschaftliche Lebensphase erst wenige hundert Jahre alt ist? Kaum hatte Philippe Ariès in seinem Buch ‘Geschichte der Kindheit’ darauf hingewiesen, daß das, was wir heute unter Kindheit verstehen, zum großen Teile eine ‘Erfindung’ der Neuzeit ist und sich erst mit dem aufkommenden Bürgertum durchsetzte, als Neil Postman schon wieder das ‘Verschwinden der Kindheit’ ankündigte“ (Fölling-Albers 1989, S.12).

Die hier bereits rezipierten Kindheitsstudien (z.B. Ariès 1975, de Mause 1977, Kellmer-Pringle 1979, Postman 1983, Preuss-Lausitz 1983, Baacke 1984, Rolff/ Zimmermann 1985, Hagedorn 1987, Kagan 1987) sind seitdem in vielfältiger Weise ergänzt und weitergeführt worden (z. B. Engfer u. a. 1991, Deutsches Jugendinstitut 1993, Renner 1995, Fölling-Albers/ Hopf 1995,

Behnken/ Jaumann 1995, Bartmann/ Ulonska 1996, Erdmann/ Rückriem 1996, Honig u. a. 1996, Zinnecker/ Silbereisen 1996, Richter/ Winklhofer 1997).

Viele Ergebnisse wurden inzwischen auf Schlagworte wie „Vereinzelung", „Verhäuslichung", „Verplanung", „Fernsehkindheit", und „Bedrohungskindheit" verkürzt, z. T. nach dem jeweiligen Interessenschwerpunkt ge- und mißbraucht - ein weiterer Beleg für die Konstruiertheit des Kindheitsbegriffs.

a) Einzelaspekte veränderter Kindheit

Mittlerweile wurden die *Ergebnisse neuerer Kindheitsforschung* so oft zitiert, daß an dieser Stelle ein Verweis auf zusammenfassende Sekundärliteratur genügen mag (z. B. Haarmann 1991, Knörzer/ Grass 1992, S.107-124, Prote 1996).

Einige Stichworte sollen aber beispielhaft aufgelistet werden, um zu zeigen, daß auch in „empirischen" Kennzeichnungen eine „virulente Normativität" steckt, daß es letztlich immer Erwachsene mit eigenen Wertvorstellungen sind, die aus ihrer Stellvertreterposition heraus eigene Einschätzungen zur Geltung bringen, und daß schließlich „auch eine alltagsorientierte Kindheitsforschung das 'Subjektproblem' nicht vermeiden kann" (Honig u.a. 1996, S.18).

Stichwort *Medienkindheit*

An Postmans These des „Verschwindens der Kindheit" (durch das Fernsehen als „Medium der totalen Enthüllung") und v. Hentigs lapidare Feststellung, heutige Kindheit sei „Fernsehkindheit", zeigt sich, in welcher Abhängigkeit das Konzept „Kindheit" von anderen Lebensphasen gesehen wird.

Wenn man Medienkonsum als Erwachsenenprivileg versteht, *muß* das Verschwinden der Kindheit beklagt werden, allerdings nur als Verschwinden des konstruierten Unterschieds zwischen Kindern und Erwachsenen. Beschreibt man „Kindheit" jedoch als selbstverständliche Vertrautheit mit Medien, ist die These als „Entstehen neuer Kindheitsmerkmale" umkehrbar, was durch das Hineinwachsen heutiger Kinder in eine Welt der Informations- und Kommunikationstechniken unterstrichen wird (vgl. Austermann 1996). In Ausrichtung einer mehr kindheitsorientierten Medienforschung oder einer eher medienorientierten Kindheitsforschung wird die ambivalente Interpretation der Forschungsergebnisse zur Mediennutzung offenkundig: Entspannung versus Reizüberflutung, „Verdummung" versus „Bildungszuwachs", Zeitverlust versus Zeitgewinn, Realitätsflucht versus Realitätskonfrontation, Kommunikationsverarmung versus Kommunikationszuwachs durch neue Kommunikationsformen, Informationsgewinn versus „Erfahrungen aus zweiter Hand", usw.

So zeigen Untersuchungen des Deutschen Jugendinstitutes, daß Fernsehkonsum *nicht* von vornherein mit „Vereinzelung" gleichgesetzt werden kann, sondern Fernsehen (ebenso wie Musik) in Familie und Peer-Group ein wichtiges Kommunikationsmedium darstellt (vgl. Barthelmes/Sander 1994).

Eine „kindgemäße Grundschule" wird diesem Spannungsverhältnis Rechnung tragen müssen: Weder „Verteufelung" noch vorbehaltlose, unkritische Akzeptanz neuer Medien (vgl. Schorch 1997)!

Stichwort *Konsumkindheit*

Die soziologische Kategorie der „Konsumgesellschaft" erweist sich für den Kindheitsbegriff ebenfalls als vielschichtig: Einerseits gehören Kinder unter 11 Jahren inzwischen zur Altersgruppe, die am meisten von Armut bedroht ist (Geißler 1992), andererseits ist die Mehrheit „reicher" als die Kinder früherer Generationen. Die sogenannten „Konsumkinder" stehen genau wie Erwachsene unter ungeheurem Konsumdruck, sind aber oft mit den Gesetzen und Produkten des Marktes besser vertraut als Eltern oder Lehrer und diesen in der Produktkenntnis und Beherrschung technischer Geräte überlegen (Stange 1995, S.78).

Die „Tamagotchi-Generation" entwickelt eigene Wertvorstellungen, die bei Erwachsenen meist auf Unverständnis stoßen. So ist auch die Sozialisationsbedeutung heutigen Spielzeugs umstritten: Während die einen davon ausgehen, daß Kinder mit jedem Spielzeug kreativ und phantasievoll-umgestaltend umgehen, befürchten andere, daß die kindlichen Fähigkeiten verkümmern, weil das technisierte Spielzeug Spielverhalten stereotyp steuert bzw. „mit sich selbst spielt".

Insgesamt sind Grundschulkinder gefragte und meist auch geübte Konsumenten. Kindspezifisch ist dabei allenfalls die Auswahl der Konsumgüter; im offenstehenden Konsumzugang sind die Grenzen zwischen Kindern und Erwachsenen fließend, zumal viele Kinder in der Familie beim Kauf von Lebensmitteln, Kosmetika, Haushalts- und TV-/Hifi-Geräten, Auto und Kleidung mitbestimmen.

Diese „Verfügungsmöglichkeiten" und die selbstverständlichen Zugangsberechtigungen zum Konsum, die sich auch sprachlich ausdrücken („Ich *hol'* mir meine Disc", nicht „Ich *bekomme* sie"; vgl. Röbe 1995, S.10) implizieren ein Kindheitsbild, das nicht mehr so stark durch Abhängigkeit vom Erwachsenen, sondern auch durch aktives Mitwirken in der Erwachsenengesellschaft geprägt ist.

Stichworte *Stadtkindheit* und *Kinder-Kindheit*

Die räumliche Dimension von Kindheit wird in der neueren Kindheitsforschung häufig mit dem Begriff „Stadtkindheit" charakterisiert: Die funktionelle Spezialisierung von Flächen (Trennen von Wohn-, Arbeits-, Einkaufs-, Erholungsgebieten usw.) führt zu einer *„Verinselung"* kindlichen Lebensraumes: Spielplätze (oft sogar nach Altersgruppen aufgeteilt), Erlebnisspielplätze, Sportplätze, Freizeitparks, usw. andererseits Spielverbot auf Parkplätzen, Rasenflächen, Baustellen usw. Diese Abgrenzung hat nicht nur eine räumliche, sondern auch soziale Wirkung: Die kindliche außerfamiliale Sozialisation wird nicht mehr von der altersheterogenen Nachbarschaftsgruppe bestimmt, sondern von ständig wechselnden Personenkreisen, was durch deren Unverbindlichkeit soziale Beziehungen erschwert (vgl. Zeiher 1994), „Straßenkindheit" geht verloren und die „Innenraumkindheit" nimmt zu (Preuss-Lausitz 1993).

Damit *fehlen* oft auch *„elementare Erfahrungen"* (Wasser stauen, Feuer machen, Loch graben, auf Baum klettern, ...) und authentische Begegnungen (mit unausgewählten Menschentypen). Durch Altershomogenisierung, Ghetto-Bildung und Spezialisierung der Außenräume hat sich eine *„Kinder-Kindheit"* (v. Hentig) entwickelt, die von Erwachsenen genau „de-finiert" ist.

Relativiert wird die These von Vereinzelung, Verhäuslichung und Bewegungsarmut allerdings mit Blick auf Erhebungen des Deutschen Jugendinstituts (1992), nach denen Kinder und Jugendliche häufig Mitglied in Vereinen sind, so in (West-)Deutschland über 90% der 10- bis 14 jährigen in Sportvereinen.

Aufgrund von Ausgrenzung einerseits und Zentralisierung andererseits zeigt sich wiederum ein ambivalentes Kindheitskonstrukt. Die räumliche und soziale Verdrängung der Kinder aus vielen Lebensbereichen der Erwachsenen geht einher mit erhöhtem Interesse an Kindern. Künstlich für Kinder geschaffene Innenräume und spezialisierte Außenräume werden „kindgemäß" pädagogisiert, Kindereinrichtungen als Planungsbestandteil mitbedacht ... noch nie hat man sich so viele Gedanken über Defizite der Kindheit gemacht.

Stichwort *Einzelkindheit*

Auch „Einkind-Kindheit" wird meist als defizitäres Merkmal verwendet: Vereinsamung, Fehlen sozialer Grunderfahrungen, Egoismushaltung, usw. Wie bei anderen Kennzeichnungen besteht die Gefahr, daß ein begrenzt aussagefähiges Merkmal einer Teilgruppe aller Kinder, hier als dominante Seite von Familienkindheit, pauschaliert wird.

„Einerseits sagt dieser Begriff in seiner Allgemeinheit so gut wie nichts über die faktisch-konkrete 'familiale Lebenswelt' und die realen Erfahrungen des

Kindes aus, andererseits suggeriert er gewisse ideologische Bilder" (Erdmann 1996, S.79). So kann dem „Defizitmodell" der Einzelkindheit als Mangelzustand durchaus das „Einzelkind als Idealfall", mit der Vorstellung optimaler Förderung in der Kleinfamilie, gegenübergestellt werden.

Stichwort *Bedrohte Kindheit*

Objektiv gesehen sind Kinder (aufgrund ihres Lebensalters) länger und hilfloser Bedrohungen der Risikogesellschaft (Krieg, Überbevölkerung, Kernenergie, Umweltschäden, Aids, ...) ausgesetzt als Erwachsene, obwohl die reale Bedrohung gleich ist. Subjektiv drückt sich das bei Kindern - die durch die Medien gut über die Erwachsenenprobleme informiert sind (vgl. Postman) - durch Ohnmachtsgefühle, undurchschaubare Zusammenhänge und Zukunftsängste aus, was durch Tabuisierung und Frageverbot häufig noch verstärkt wird (vgl. Beck 1990).

Häufig wird „Bedrohungskindheit" gleichgesetzt mit „*Zukunftskindheit*", obwohl dies an sich kein spezifisches Merkmal heutiger Kindheit ist (vgl. Hansmann 1995, S.19). Akzentuiert gemeint ist die Belastung der Kinder durch Vorbereitung auf „Schlüsselqualifikationen" in einer wettbewerbsgesteuerten Leistungsgesellschaft, aber auch durch ökologische Herausforderungen (vgl. Burow 1996).

Im Zukunftsaspekt mit dem Merkmal prinzipieller Offenheit äußert sich die Vieldeutigkeit des Kindheitsbegriffs als „bedrohte Kindheit" einerseits und „Hoffnungsträger" andererseits besonders prägnant.

Da im übrigen bei Grundschulkindern die Weite der Zukunftsperspektive (Vorausschau auf zukünftige Ereignisse) in signifikantem Zusammenhang mit dem allgemeinen (Schul-) Leistungsverhalten steht (vgl. Schorch 1982, S.140-142), ist sehr wohl zu bedenken, welchen Stellenwert „Grundschule als Zukunftswerkstätte" haben soll.

Stichwort *Schulkindheit*

Obwohl angesichts anderer Einflußfaktoren wie Medien und Konsum die Bedeutung schulischer Sozialisierung relativiert wird, sind Schule und Schulerfolg insgesamt wichtiger geworden. „Es steht nicht nur das Kind, sondern auch die Erziehungsarbeit der Eltern auf dem Prüfstand. Noch wichtiger ist, daß Schulerfolg und berufliche Karriere zusammenhängen, und daß Schule von den meisten Eltern als Instrument der beruflichen Karriere gesehen wird" (Knörzer/ Grass 1992, S.115). Schulkindheit heute ist in diesem Sinne eng mit dem Merkmal „Pädagogisierung des Leistungsprinzips" verbunden, wobei der

Leistungsgedanke stark von außen auf die Schule einwirkt, weniger von ihr selbst favorisiert wird.

Hier zeigen sich ebenfalls gegenläufige Einschätzungen, je nachdem, ob „Kind“ (lernorientiert) als „Schüler“ oder (mehr entwicklungsorientiert) als „Schulkind“ bzw. „Schule“ als künstliche „Institution“ oder - im Sinne des (reformpädagogischen) Begriffs „Schulleben“ - als „Lebensraum“ verstanden wird. Geht man von der pädagogischen Idee einer „Kindheit als Schulkindheit“ aus, *muß* Kindsein als bloßes Schülersein defizitär erscheinen. Auch am „Konstrukt Schüler bzw. Schulkind“ (Loser 1988, S.108) erweist sich die Schwierigkeit, Kind/-heit allein mit soziologischen Kategorien zu erfassen - und die Notwendigkeit, interdisziplinär zu denken.

Fazit

Angesichts dieser und weiterer durch die gegenwärtige Kindheitsforschung aufgedeckter Symptome (aber auch angesichts deskriptiv-normativer Wechselwirkungen und der neueren erkenntnistheoretischen Einsicht, daß eine gänzlich wertfreie Erziehungswissenschaft nicht möglich ist; vgl. König 1978), wird augenscheinlich, daß im Kindheitskonstrukt das, was als *Defizit oder Chance* gewertet wird, dicht beieinander liegt.

„Ob die enormen Entfaltungs- und Gestaltungsmöglichkeiten, die Kindern heute offenstehen, genutzt werden können oder von den Risiken erstickt werden, ist nicht nur abhängig von sozialstrukturellen Voraussetzungen, sondern entscheidend auch von der Fähigkeit und der Bereitschaft von Erwachsenen, sich gemeinsam mit den Kindern den Herausforderungen der Moderne zu stellen“ (Stange 1995, S.82).

Die „Soziologie der Kindheit“ betont aber auch, daß Kinder zunehmend aktive „Konstrukteure ihrer eigenen Lebensphase“ werden, zumal in keiner Altersstufe soviel gelesen, ferngesehen, Sport getrieben usw. wird wie in der Kindheit und hier ein „kulturelles Kapital“ für das Leben entsteht.

Insgesamt läßt sich feststellen, daß die Vielseitigkeit der Veränderungen, die *nie alle* Kinder in gleicher Weise betreffen, zur Folge hat, daß heute weniger denn je von einem einheitlichen Kindheitskonzept ausgegangen werden kann; vielmehr ist (nach Fölling-Albers 1989, S. 13 bzw. 1994, S. 125 ff.) ein

„Prozeß zunehmender Diversifikation von Kindheitsmustern“

zu verzeichnen, der oft mit einem erhöhten „*Individualisierungsanspruch* der Kinder“ gleichgesetzt wird.

b) Tendenzen grundschulpädagogischer Folgerungen aus den Ergebnissen neuerer Kindheitsforschung

Die Beziehung zwischen Kindheitsforschung und Grundschulpädagogik stellt sich bisher relativ einseitig dar: Während die meisten sozialwissenschaftlichen Studien bislang nur wenig Notiz von Schule und Unterricht nahmen, haben Pädagogen „Kindheit heute" zum zentralen Thema gemacht. Stellvertretend für viele sollen einige der Überlegungen zu grundschulpädagogischen Konsequenzen aus einer veränderten Kindheit skizziert werden.

Eine der ersten programmatischen Forderungen wurde in der Vorbereitung auf den Frankfurter Grundschulkongreß vom Vorstand des Arbeitskreises Grundschule (in Fölling-Albers 1989, S.III) als „Unterrichtsprinzipien mit neuer Brisanz" zusammengefaßt:

- „Erfahrungsoffener Unterricht, die Aktivierung aller Sinne, Leben aus erster Hand als Antwort auf den Verlust der Unmittelbarkeit.
- Soziales Lernen, gemeinschaftsbezogener Unterricht, solidarisches Handeln als Antworten auf zunehmende Vereinzelung.
- Lebensnaher Unterricht, Stärkung der Sensibilität für Lebens- und Überlebensfragen als Antworten auf wachsende Bedrohung der menschlichen Zukunft."

Mit dem anschließenden *„Frankfurter Manifest zum Bundesgrundschulkongreß 1989"* wurden die Folgerungen erweitert (Faust-Siehl u.a. 1990, hier Kurzfassung d. Verf.):

- Weil Kinder heute in einer demokratisch verfaßten Gesellschaft aufwachsen, der Erziehungsstil partnerschaftlicher geworden ist sowie Selbstbewußtsein und Individualisierungsanspruch zugenommen haben, muß die Grundschule die Selbstbestimmungsansprüche der Kinder einbeziehen und Gelegenheit zu *selbstverantwortetem Lernen* geben.
- Weil die Kinder heute eine große Unterschiedlichkeit der Lebensbedingungen erfahren, muß die Grundschule mit einer *verstärkten Individualisierung und Differenzierung* der Methoden, Lernhilfen und Lernziele antworten.
- Weil Kinder heute aus Familien unterschiedlicher Herkunft kommen, muß die Grundschule der *größeren kulturellen Vielfalt* von Lebenseinstellungen, Verhaltensweisen und Leistungsmöglichkeiten gerecht werden.
- Weil Kinder heute einen Anspruch auf eine für alle gemeinsame Grundschule haben, muß die Grundschule die *Integration Behinderter* als humane Aufgabe einlösen.
- Weil Kinder heute in veränderten Familienstrukturen (Einelternfamilie, Einzelkinder usw.) aufwachsen, muß die Grundschule *Stätte sozialer Begegnungen und gemeinsamer Grunderfahrungen* sein.
- Weil die Berufstätigkeit von Eltern und Alleinerziehenden zugenommen hat, muß die Grundschule *familienfreundlicher* werden und Aufenthaltsmöglichkeiten bieten.
- Weil Kinder heute zu wenig Freiräume zum Spielen, Entdecken und Erkunden haben und ihr Alltagsleben „verplant" ist, muß die Grundschule Raum und Zeit für *spontane, selbstgeplante Aktivitäten* lassen.

- Weil Kinder heute in einer durch technische Medien bestimmten Welt leben und die „Wirklichkeit aus zweiter Hand“ erfahren, muß die Grundschule die Entwicklung der *Sinnesempfindungen und die Eigentätigkeit in einem erfahrungsoffenen Unterricht* fördern.
- Weil Kinder heute keinen engen Bezug zum Nahraum ihres Wohnviertels und zum Gemeinwesen haben, muß die Grundschule *das Umfeld und das Gemeinwesen als bedeutsame Lernwelt* entdecken.
- Weil Kinder heute Teilnehmer und Objekte im Wirtschaftsprozeß sind und an das Verlangen nach stets neuen materiellen Gütern gewöhnt sind, muß die Grundschule sie in Situationen bringen, in denen sie *schöpferisch tätig* sein und *eigene Werte* erkennen können.
- Weil Kinder heute unter ungünstigen Umweltbedingungen wie Lärm, Hektik, ungesunder Atemluft, atomarer Bedrohung, ungesunder Ernährung, Bewegungsmangel und zerstückeltem Tagesablauf leiden, muß die Grundschule durch ein gutes Unterrichtsklima und besondere Unterrichtsangebote die physische und psychische Gesundheit stärken (S.12/13).

Diese (in einem „Manifest“ notgedrungen schlagwortartig verkürzte) „Herausforderung für die Grundschule“ hat die grundschulpädagogische Diskussion der 90er Jahre stark geprägt, wobei alsbald auch eine differenziertere pädagogische Reflexion einsetzte.

„Veränderte Lebenswelt als Impuls für Innovationen in der Grundschule“ sieht Lichtenstein-Rother (1991) in Einzelaspekten der Kindheitsforschung *und* in Prognosen der Zukunftsforschung:

- Im Hinblick auf die explosive Dynamik der Veränderungen (auch) im kindlichen Alltag muß die Schule *offen sein für das Wahrnehmen und Erörtern dieser Prozesse*, soweit sie im Handlungsbereich der Kinder liegen.
- Angesichts der Errungenschaften der Technik (Verbesserungen, aber auch Beeinträchtigungen der Lebensqualität) muß *Verständnis für verantwortlichen Umgang mit Ressourcen* und Verzicht auf Annehmlichkeiten usw. aufgebaut werden.
- Hinsichtlich *Konsumverlockung* und „Wegwerfgesellschaft“ müssen in der Schule Maßstäbe und Kriterien für das *Durchschauen der Steuerungstaktiken* gewonnen werden.
- Unter Berücksichtigung der Pluralität und Defizite in familialen Lebensbereichen sowie der Urbanisierung muß die Schule ein Ort werden, an dem *soziale Sensibilität und Formen des Zusammenlebens* erfahren und erprobt werden können (S.56-60).

Einen deutlichen Akzent in der Diskussion des Prinzips der „Kindgemäßheit“ setzt Maria Fölling-Albers (1994) mit der grundsätzlichen Forderung, Kinder so zu akzeptieren, wie sie sind. Das soll insbesondere heißen, in der Grundschule

- *Individualisierungsanspruch und -erwartung der Kinder* ernstzunehmen und Kinder an den Entscheidungsprozessen für ihren Lernprozeß mitzubeteiligen,
- in Kompensation verstärkter Individualisierungstendenzen in der Schule gezielt soziales Lernen, das auf ein Miteinander, Regelaushandeln usw. angelegt ist, zu initiieren,
- in Kompensation zur symbolischen und abstrakten Welt der Medien und der Schrift den Handlungsbezug in eigentätiger Auseinandersetzung mit den Dingen und in sozialer Mitverantwortung zu stärken, und

- in Kompensation unzureichender Familienverhältnisse dem Betreuungs- und Zuwendungsanspruch der Kinder entgegenzukommen (S. 128-131).

Das Spannungsverhältnis von Individualität und Zugehörigkeit zu sozialen Gemeinschaften erfordert auch nach den *Empfehlungen zur Neugestaltung der Primarstufe* des Grundschulverbandes (Faust-Siehl u.a. 1996),

- die Heterogenität der Kinder in *individualisierenden Unterrichtsformen* produktiv aufzunehmen,
- Kinder *bewußt in Gemeinschaften leben* und lernen sowie als Gegengewicht zur Vereinzelung ein Stück „seelische Heimat" erleben zu lassen (S.17-20).

Neben solch grundsätzlichen Erwägungen sind in Gefolge der Kindheitsdiskussion auch viele praxisbezogene Beiträge erschienen, die entweder Einzelaspekte der Kindheitsdebatte aufgreifen und in direkter Ableitung entsprechende Lerngebiete umzusetzen versuchen (Umwelterziehung, Gesundheitserziehung, Bewegungserziehung, Medienerziehung usw.) oder aber Pauschallösungen anbieten, meist in methodischer Favorisierung von Formen wie „Offener Unterricht" oder „Projektorientierung" (Beispiel: Höchst/ Zimmermann 1996: „Unsere Antwort auf die Herausforderungen einer 'Veränderten Kindheit': Mit offenen Augen, Ohren und offenen Herzen den Kindern helfen, sich zu orientieren, die Welt zu erschließen und den eigenen Platz zu finden").

Verstärkt hat sich in letzter Zeit vor allem die Tendenz, die *sozialpädagogische Aufgabe* der Grundschule in den Vordergrund zu stellen.

Die traditionelle (reformpädagogisch geprägte) Einforderung von Gemeinschafts- bzw. Sozialerziehung wird argumentativ mit Sichtweisen veränderter Kindheit verknüpft.

„Kinder haben heute zu wenig Gelegenheit, in informellen Situationen miteinander Erfahrungen zu machen, miteinander und aneinander zu wachsen. Deshalb wollen sie heute in der Schule intensiv miteinander umgehen... Pädagogisch gesehen wird die Grundschule immer mehr zu einer Schule des erziehenden Zusammenlebens, zu einem Lebensraum des Lernens" (Meier, R. 1997, S.2).

Diese Akzentuierung läuft darauf hinaus, die sozialerzieherische Dimension der Grundschulpädagogik neu zu bestimmen (vgl. Hopf 1997). Begründet wird dies mit der sozialen Belastung von Familien und damit auch der Kinder. Arbeitslosigkeit, Multikulturalität, Scheidungsfolgen, Medieneinflüsse, gesellschaftliche Umbrüche in den neuen Bundesländern usw. hätten so sehr zugenommen, daß immer mehr Kinder sozial auffällig würden.

Stufenweise ansteigende Forderungen wie (a) „Schulen sollten ihr Profil sozialpädagogisch erweitern" (Braun/ Wetzel 1997), (b) Grundschule und Sozialpädagogik sollten „kooperieren" („additiv-kooperatives Modell"), (c) Sozialpädagogik solle innerhalb der Schule tätig sein („integratives Modell"), münden in den eindeutigen Ruf nach einer *sozialpädagogischen Schule*. Eine „gute Schule“ müsse nicht nur eine „sozialerzieherische, sondern eine im umfassenderen Verständnis sozialpädagogische Orientierung“ haben (Fatke/ Valtin 1997, S.11).

Zusammenfassend lassen bisherige grundschulpädagogische Folgerungen aus neueren Kindheitsstudien drei Tendenzen erkennen:

1. Aus *Defiziten und Verlustaspekten heutiger Kindheit* werden *neue Inhalte und Lerngebiete* für den Grundschulunterricht abgeleitet.
2. Als Antwort auf den *„Individualisierungsanspruch“* heutiger Kinder werden *methodisch* vor allem *„Offener Unterricht“ und „Freiarbeit“* favorisiert.
3. Angesichts steigender *sozialer Probleme* in der heutigen Gesellschaft wird der Grundschule - neben den traditionellen Unterrichtsaufgaben - noch stärker *sozialpädagogische Funktion* zugewiesen.

c) Kritik der pädagogischen Folgerungen

Vorbemerkung:

Die Merkmale, die heutiger Kindheit zugeordnet werden, sind in sich höchst *ambivalent.* Diese Ambivalenz der Entwicklung impliziert von vornherein eine kontroverse Diskussion pädagogischer Konsequenzen. Vor dem Hintergrund der wissenschaftstheoretischen Prämisse, daß aus deskriptiven Sätzen nicht direkt normative Folgerungen abgeleitet werden können, versteht sich von selbst, daß Kindheitsforschung keine pädagogischen Entscheidungen über die Gestaltung des Unterrichts und über die Funktionen der Schule ersetzen kann. Vielmehr ist es Aufgabe der Grundschulpädagogik als erziehungs- bzw. bildungstheoretische Disziplin, Ziele und Mittel für eine gerechtfertigte Erziehungspraxis zu diskutieren.

Positiv ist herauszustellen, daß die Grundschule wie keine andere Schulart die Herausforderungen einer veränderten Kindheit ernstgenommen und in ihre pädagogische Reflexion und innere Reform eingebracht hat. Dennoch sind bei dieser Entwicklung auch einige Aspekte kritisch zu sehen:

Einwände und Bedenken

Unmittelbare Adaption soziologischer Befunde in (grundschul-) pädagogische Programme

Zweifellos sind in der gegenwärtigen gesellschaftlichen Entwicklung gravierende Veränderungen feststellbar; unbestreitbar ist auch, daß sich der Wandel in der Welt der Erwachsenen unmittelbar auf die Aufwachsbedingungen der Kinder auswirkt und diese wiederum Einfluß auf Handlungs- und Verstehensmöglichkeiten von Kindern haben können.

„Unzulässig ist aber eine direkte Übertragung von Aufwachsbedingungen auf tatsächliche Veränderungen von Kindern, wie es der Text des Grundschulmanifestes nahelegt. *Wie* Kinder mit bestimmten Bedingungen umgehen, läßt sich nur erfahren, wenn man versucht, ihre Weltsicht aus *ihrer* Sicht zu verstehen. Dazu gibt es kaum Untersuchungen. Ob das Hochhaus in bezug auf die Lernmöglichkeiten von Kindern eine Einöde ist oder ein Eldorado, steht nicht von vornherein fest“ (Scholz 1996, S.48).

Solche Einwände sind berechtigt, wenn von Untersuchungen materieller Rahmenbedingungen und Aufwachssituationen in einer veränderten Erwachsenenwelt direkt auf kindliche Bedürfnisse geschlossen wird. Es besteht die Gefahr, daß von einem Kindheitsbild ausgegangen wird, das sich Erwachsene aufgrund (oft in simplifizierter Form veröffentlichter) sozialwissenschaftlicher Ergebnisse zurechtlegen. Soziometrisch-statistische Erhebungen sagen aber kaum etwas über Veränderungen bei den Kindern selbst (über ihre Ängste, Perspektiven, subjektiv-individuellen Wünsche usw.) aus, zumal hierfür das gängige sozialwissenschaftliche Methoden-Instrumentarium nur bedingt geeignet ist.

Gefahr „monokausal“ abgeleiteter Aufgabenzuweisung an die Grundschule

Hinsichtlich der vorangestellten Überlegung, daß sich aus einem „Ist“ nicht logisch zwingend ein „Soll“ ergibt, ist auch die bisher beobachtbare Tendenz, Defizitbeschreibungen der Kindheit unmittelbar in Aufträge an die Grundschule zu überführen, kritisch zu sehen. Dieser Auffassung liegt ein „monokausales Denken“ (König) zugrunde, das einlinige Zusammenhänge konstruiert und sich darin ausdrückt, daß bestimmte Probleme auf genau bestimmbare Faktoren zurückzuführen seien: Nähme sich die Schule dieser Probleme an, könnten sie gelöst werden. Solche Kausalannahmen sind jedoch angesichts der großen Problemkomplexität zu naiv. Die Schule hat es mit individuellen Verhaltensweisen zu tun, und diese sind in der Regel nicht Ergebnis nur einer bestimmten Ursache, sondern ergeben sich aus der Vielschichtigkeit des sozialen Systems.

Zu Mißverständnissen kann es führen, wenn ursprünglich sozialwissenschaftlich empirische Begriffe wie Individualisierungstendenz, Vernachlässigung usw. unvermittelt eine „normative Wendung" erfahren und daraus ein „Individualisierungs*anspruch*", ein „Zuwendungs- oder Betreuungs*anspruch*" der Kinder konstruiert wird. Es könnte dem oft beklagten „Anspruchsdenken" in unserer Gesellschaft Vorschub geleistet werden, wenn z.B. aus dem Betreuungsanspruch der Kinder ein Anspruch der Eltern auf Betreuung ihrer Kinder abgeleitet wird.

Jedenfalls muß insgesamt der suggerierte Bezug „*Weil* Kindheit so ist, *muß* die *Schule*..." grundsätzlich kritisch hinterfragt werden.

Einseitige Ausrichtung an der „Verlustkindheit"

Obwohl frühzeitig auf die Ambivalenz der Entwicklungen, „Diversifikation von Kindheitsmustern" und große Vielfalt der Untersuchungsergebnisse aufmerksam gemacht wurde, richtet sich das Augenmerk oft immer noch einseitig nur auf *Defizite* heutiger Kindheit. „In der schulpädagogischen Rezeption erscheinen diese Diskussionen fast ausschließlich unter dem Aspekt einer sich komplizierenden oder defizitären außerschulischen Sozialisation von Kindern. Folglich wird daraus eine Kompensationsfunktion der Schule abgeleitet" (Scholz 1996, S.46).

So hat man bisher die Kindheitsforschung vor allem im Hinblick auf ihre spektakulären Ergebnisse wahrgenommen, wobei mit Schlagworten wie „Verinselung", „Erfahrungsverlust", „Verplanung" usw. ein *Negativ-Mythos von Kindheit* entworfen und eine abwägende Einschätzung eher verstellt wird.

Als Beispiel sei „Gewalt bei Kindern" genannt, die Preuss-Lausitz (1993) als schulpädagogisches „Modethema" entlarvt. Der Diskussion hält er entgegen, „daß Kinder nicht insgesamt gewalttätiger geworden sind, sondern sich eine Polarisierung vollzieht" zwischen einer friedensfähigen Mehrheit und einer aggressiven, destruktiven Minderheit (S. 112).

Die sozialwissenschaftliche Kennzeichnung der Kindheit als „Verlustkindheit" steht in Zusammenhang mit einer Grundhaltung des *Kulturpessimismus,* der die Gefahr unausgewogener pädagogischer Reaktionen nach sich zieht: Resignation einerseits, übereifriges „Sendungsbewußtsein" und überzogene „Gegensteuerungsforderungen" andererseits.

Im - z.T. fragwürdigen Vergleich mit früheren Kindheitsverhältnissen - werden, vielleicht weil weniger spektakulär, häufig ebenso vorhandene *positive Aspekte übersehen*: Ausgewogen ernährte, medizinisch gut versorgte, gesundheitsbewußte, bewegungsgeschulte, gut informierte, selbstbewußte, aufgeschlossene, kritische, problembewußte, partnerschaftlich denkende, kooperative, lernfreudige, begeisterungsfähige, vielseitig informierte, sprachversierte, kreative... Kinder.

Abgesehen von der Notwendigkeit differenzierter *Interpretation* der Untersuchungsergebnisse, sind auch die *Kindheitsforschungen selbst in ihrer Verläßlichkeit nicht kritiklos hinzunehmen* (vgl. die Beispiele bei Ernst 1997). Inzwischen sind viele Erhebungsresultate bereits wieder veraltet, z.T. werden soziometrische Statistiken einseitig interpretiert. So leben immerhin 85% bzw. 77% der Grundschulkinder in West- bzw. Ostdeutschland bei ihren verheirateten, leiblichen Eltern (Deutsches Forschungsinstitut 1995).

„Von allen Kindern und Jugendlichen im Alter bis 18 Jahren lebt nur rund ein Viertel ohne Geschwister im Haushalt ihrer Eltern, also die berühmten Einzelkinder, gut die Hälfte der Kinder lebt nach wie vor in der Zweikinderfamilie und das restliche Viertel lebt mit zwei oder mehr Geschwistern zusammen“ (Richter/ Winklhofer 1997, S. 462/463).

Zu bedenken ist auch, daß Durchschnittszahlen nur sehr begrenzte Aussagen über tatsächliche Familienverhältnisse zulassen. Jedenfalls sollten sie nicht zu voreiligen Forderungen an Schule und Unterricht herangezogen werden.

Überforderung der Grundschule durch Überfrachtung mit Einzelaufgaben

Die Vielzahl der aufgedeckten Problembereiche veränderter Kindheit („Fernsehkindheit“, „Stadtkindheit“, „Konsumkindheit“ usw.) hat die Tendenz, der Schule die verschiedensten gesellschaftlichen Aufgaben aufzubürden, weiter verschärft. Aus stigmatisierten Problemfeldern werden immer neue Erziehungsaufträge an die Schule übertragen: Umwelt-, Konsum-, Sicherheits-, Friedens-, Toleranz-, Antidrogen-, Ernährungs-, Bewegungs-, Anti-Okkultismus-, Dritte-Welt-, Medien-... Erziehung. Solche „Bindestrich-Erziehungen“ mögen jeweils für sich berechtigt und sinnvoll erscheinen, in ihrer Summe überfordern sie die (Regel-) Schule und verstellen den Blick auf Kernaufgaben (es sei denn, es werden diese generell in Frage gestellt).

„Man kann dieses Vorgehen durchaus als konzeptionslose Addition von Erziehungs- und Lehrerbildungsaufträgen bezeichnen“ (Einsiedler 1994, S.26).

Inzwischen besteht allerdings die Gefahr, daß der Hinweis auf die vielen Zusatzaufgaben als beliebtes und vordergründiges Entschuldigungsargument der Schule ge- (und miß-) braucht wird.
Deshalb muß auf vorliegende differenzierte schultheoretische Analysen verwiesen werden, die grundsätzlich nachweisen, daß diese Rechnung immer neuer „Bindestrich-Aufgaben“ nicht aufgehen kann.

So ist zu bedenken, daß

- schon die lange Umsetzdauer schulischer Erziehung solche Versuche fast immer hinter den tatsächlichen Problemen hinterherhinken läßt (vgl. den bekannten „Paulsen-Effekt“: Sünkel „Schule mit Verspätung“ 1990),

- viele der Erziehungsaufträge unklare bzw. widersprüchliche Zielsetzungen enthalten (Beispiele: Konsumerziehung: Konsumverzicht oder Konsumsteigerung? Verkehrserziehung: Anpassung oder Widerstand?),
- auch das Gegenteil des Erstrebten erreicht werden kann (vor allem, wenn schulische Bemühungen als Einmischung in die Privatsphäre empfunden werden; vgl. Schorch 1996: Kontraproduktive Medienerziehung),
- die Bindestrich-Erziehung zum Alibi der Erwachsenen wird,
- pädagogische Möglichkeiten insgesamt überschätzt werden und zur totalen Pädagogisierung der Gesellschaft werden,
- schließlich bei vielen dieser Themen dem Kind entsprechende Handlungsmöglichkeiten fehlen, die Probleme selbst lösen zu können (u.a. nach Glöckel 1985, S. 351-355).

Zu befürchten ist, daß Schule durch Verpflichtung auf diese unterschiedlichen Aufgaben zu einer Reparaturwerkstatt der „Ego-Gesellschaft" verkommen, ihren eigentlichen Auftrag aus den Augen verlieren und sich durch die Menge verschiedener Inhalte und Ziele zum „bloßen Aktionismus" verführen lassen könnte (Apel 1995, S.254/257).

Unausgewogenes Propagieren „Offener Lernformen"

Aufgrund aufgezeigter Ambivalenzen der Kindheitsmerkmale sind vermeintlich plausible normative Folgerungen aus „Realitätsbeschreibungen" prinzipiell in Frage zu stellen: Müssen beispielsweise aus der beobachtbaren Individualisierungstendenz und Heterogenität bei Kindern zwangsläufig methodische Formen wie „Freiarbeit" und „offener Unterricht" abgeleitet werden? Oder bedarf es als Ausgleich nicht auch zusammenführender, sozialintegrierender, im positiven Sinne „geschlossener Formen"?

„Freiarbeit und offener Unterricht geraten in Gefahr, zu Modethemen der Didaktikdiskussion zu werden, ohne daß berücksichtigt wird, daß der Unterricht in seiner Breite eher noch in traditionellen Formen abläuft, teilweise gerade deshalb, weil die pädagogische Gesamtlage in vielen Klassen didaktische Hochformen nach der Einschätzung mancher Lehrer nicht zuläßt" (Ernst 1997, S.18).

Auch Czerwenka (1997) verweist auf Widersprüchlichkeiten in Methodenbegründung und -anspruch:

„Die moderne Welt der Medien serviert unseren Kindern heute viele Häppchen, wohl garniert, die die Illusion des Wissens suggerieren, ohne größere oder sinnvolle Zusammenhänge herzustellen. Über diese Problematik brauchen wir nicht lange nachzudenken, um sie einzusehen. Leichtfertig scheint es mir dann aber zu sein, auf diesen intellektuellen Gemischtwarenladen mit Unterrichtsangeboten zu antworten, die frei ausgewählt und schnell erledigt werden können und ständig das Gefühl vermitteln, eine Sache auch ohne langwierige Übung zu beherrschen. Nicht, daß offene Angebote nicht den Lernanreiz wecken und zur Vertiefung führen können. Diese Vertiefung muß aber dann auch geistig erfolgen und nicht nur im Einwerfen des Arbeitsblattes in den Sammelkorb bestehen. Das Argument, daß mit manchen Kindern heute gar nicht mehr anders gearbeitet werden kann als mit lustbetonten Lernhäppchen, ist kein Argument, sondern eine Kapitulation" (S. 418).

Umorientierung der Grundschule zu einer sozialpädagogischen Einrichtung

Die zunehmende sozialpädagogische Orientierung der Schule verstärkt die Tendenz der Entlastung anderer Verantwortlicher (Eltern, Politiker, Medienproduzenten, Werbepsychologen, Städteplaner, usw.): Es wird der Eindruck erweckt, daß für entstandene soziale Probleme die „Soziale Arbeit“ der Schule „zuständig“ ist. Läßt sich die Grundschule konzeptionell und offiziell auf eine Funktion als „Sozial- und Missionsstation“ ein, muß sie entsprechende Verantwortung auf sich nehmen. Sollte ihr sozialpädagogisches Programm scheitern, steht sie unausweichlich in der Gefahr, zum *„Sündenbock“* der Gesellschaft zu werden.

Ungeachtet der Tatsache, daß einerseits in fallbezogenen Alltagssituationen der Grundschularbeit (schon immer) sozialpädagogisch und z.T. auch sozialtherapeutisch gewirkt wurde und andererseits in manchen Bundesländern den Lehrer/-innen bereits die Doppelaufgabe von Unterrichten *und* Sozialarbeit verordnet wird, ist jeweils erneut die kritische Frage zu stellen, ob dies zum *zentralen* Auftrag der Institution Grundschule gehört.

Wenn sich die Grundschule von ihrem Selbstverständnis her vorwiegend als Lebenstüchtigkeit fördernde *Bildungs*institution versteht, werden sich psychotherapeutische Funktionen nicht ohne weiteres homogen ins bestehende Aufgabenfeld einfügen lassen.

Von Hentig (1991) spitzt allgemein-pädagogische Bedenken folgendermaßen zu:

> „Eine der schlimmsten Verführungen in unserer bedrohlichen und bedrohten Welt ist der uns allenthalben angebotene Status des Patienten... Aus Sachproblemen werden Beziehungsprobleme gemacht. Wir lassen uns moralisch ent-schuldigen. Der moderne Therapismus verspricht Heilung um den Preis, daß man sich für krank hält. Dieses Verfahren vermehrt die Untüchtigkeit des Menschen... Ein menschenstärkendes Prinzip ist die (Psycho-) Therapie nicht, sie ist eine Nothilfe“ (S. 122).

Vor dem Hintergrund solch prinzipieller Befürchtungen wird das Hauptaugenmerk der Grundschule als allgemeinbildende Schule nach wie vor auf *sozialerzieherische* Bemühungen gerichtet sein, die zwar sozialpädagogische Prävention einschließen, nicht aber „Sozialarbeit“ zur Kernaufgabe erklären. Zumindest ist abzuwägen, was die Grundschule (als gemeinsame Pflichtschule für alle Kinder) tatsächlich zu leisten vermag, zumal damit auch ein verändertes Qualifikationsprofil für Lehrer und Lehrerbildung verbunden ist (vgl. Einsiedler 1994). Es darf hier, angesichts unterschiedlicher Professionalisierung von Lehrern und Sozialarbeitern, nicht um Fortführung eines kontraproduktiven Kompetenzverteilungsstreits gehen. In Anbetracht der gemeinsamen Aufgabe, ist vielmehr behutsam abzuwägen, ob das - vor allem aufgrund negativer Familienkonstellationen geprägte - Sozialkonstrukt veränderter Kindheit hinreichend rechtfertigt, der Grundschule insgesamt einen veränderten Auftrag zu geben. Dabei geht es auch nicht um die Frage, ob die Kinder dort abgeholt werden, wo sie gerade stehen, sondern um die Problematik, inwieweit die *Grundschule als Institution die (soziale) Funktion der Familie ersetzen* kann und soll.

Geht man *schultheoretisch* davon aus, daß Schulen als geschichtlich entstandene gesellschaftliche Institutionen und (meist staatlich) organisierte Einrichtungen „Orte des Lehrens und Lernens" und „Teil des Bildungssystems" sind, ist die Grundorientierung eindeutig bestimmbar.

Schule bereitet im Gegensatz zur Subjektivität der Familie, auf die Teilnahme an der Öffentlichkeit vor und steht damit unter anderen Ansprüchen als die Familie. So gesehen ist es eher eine dem schulischen Auftrag abträgliche „Sisyphusarbeit", wenn Lehrerinnen mit aufopfernder Liebe versuchen, die Defizite des Elternhauses auszugleichen...

„Überhaupt muß man vorsichtig sein mit dem ständigen Ruf nach dem Neuen. Auch die Grundschule der Zukunft muß und wird an ihren spezifischen Erfahrungen anknüpfen. Deshalb ist ein Ruf nach einer vollkommen neuen Grundschule genauso unsinnig wie es ein Verlangen nach einer neuen Medizin, einer neuen Rechtsprechung oder einer neuen Politik wäre. Dies alles sind gewachsene Subsysteme der Gesellschaft, die sich zwar immer neuen Problemen zu stellen haben, aber mit ihren jeweils bewährten Mitteln" (Czerwenka 1997, S. 418).

In der gegenwärtigen Diskussion um veränderte Kindheit und der vielfältigen, z.T. einlinigen, aber auch gegenläufigen und unkoordinierten Folgerungen sowie angesichts der Tendenz der Grundschulreform zu immer neuen Schlagworten, Aufgabenfeldern und (empirisch nicht haltbarer) Überbewertung der Wirksamkeit bestimmter Unterrichtsmethoden, ist die stufenpädagogische *Standortfrage* bewußt als *(schultheoretische) Rückbesinnung auf die Funktion der Grundschule als allgemeinbildende Institution* zu stellen.

In Auseinandersetzung und Abgrenzung mit bzw. zu anderen Aufgabenfeldern, wie z.B. Sozial- und Heilpädagogik, sowie in Anlehnung an systemtheoretische Denkweisen (vgl. Kap. 0.2) mit der Ausrichtung auf Unterscheidung von anderen Systemen zeigt sich die dringliche Notwendigkeit einer Grundschulpädagogik, die sich nicht von vielerlei zusätzlichen Einzelaufgaben verunsichern läßt, sondern vorrangig vom Bildungsbegriff her argumentiert und sich auf den allgemeinen Erziehungsauftrag konzentriert.

1.2 „Kindgemäßheit“ als fundierendes Leitmotiv

Die im vorausgegangenen Abschnitt beschriebenen Beispiele aus der Grundschulgeschichte belegen, wie stark die Konstrukte „Kind“ bzw. „Kindheit“ vom Zeitgeist geprägt sind. Eine besondere Rolle spielen dabei *gesellschaftliche Rahmenbedingungen* (nationale Belange, internationale Wettbewerbsfähigkeit, innerer sozialer Frieden, usw.), entsprechende übergeordnete *bildungspolitische Programme* („volkstümliche“ oder „wissenschaftsorientierte“ Bildung, „kompensatorische“ und „emanzipatorische“ Intentionen, arbeitsmarktgerechte Ausbildung usw.) sowie die jeweiligen *Einflüsse erziehungswissenschaftlicher Bezugsdisziplinen* (wie Psychologie, Sozialisationstheorie usw.).

Empirische Fakten und daraus (vermeintlich) ableitbare pädagogische Folgerungen stehen in Beziehung mit pädagogischen Zielvorstellungen von Kindheit (das gemeinschaftlich geborgene, das kreative, das lernoffene, das gesellschaftlich-politisch handlungsfähige,... Kind).

> „Die entsprechenden pädagogischen Konsequenzen schwanken zwischen den Extremen übertriebener Bewahrung und Infantilisierung und einer an der gesellschaftlichen Reproduktion orientierten Verhaltenssteuerung; zwischen kulturpessimistischer Resignation und der Überschätzung möglicher pädagogischer Autonomie und Wirksamkeit; zwischen entmündigender Lenkung und dem (antipädagogischen) Verzicht auf jeglichen Erziehungsanspruch“ (Popp 1990, S. 55).

Diese de- und präskriptive Wechselwirkung ist stets neu zu analysieren und abwägend-kritisch zu sehen. „Je nach dem Diskussionsstand der Erziehungswissenschaft und ihrer Bezugswissenschaften muß die Norm der Kindgemäßheit immer wieder neu interpretiert und mit anderen Prinzipien abgeglichen werden“ (Rabenstein 1981, S.24), zumal „das Kindgemäße“ als *die* Grundlage des Professionsverständnisses von Grundschullehrer/innen proklamiert wird.

1.2.1 Grundschulpädagogische Standortbestimmung

Die Grundschulgeschichte ist seit ihren Anfängen eng verbunden mit der steten Forderung nach „Kindgemäßheit“. Das von Ellen Key 1900 verkündete „Jahrhundert des Kindes“ hat zu verschiedenen Ausprägungen einer „Pädagogik vom Kinde aus“, zu Idealvorstellungen wie „Kind als Künstler“, das „Genie im Kinde“, aber auch zu Fehlformen einseitiger „Kinderfreundlichkeit“ und „Kindertümelei“ bzw. zu Überbewertung kindlicher Lernmöglichkeiten geführt.

Gegenwärtig zeichnen sich zwei gegenläufige *Gefahrentendenzen* ab:

(a) In der *Praxis* ist eine Neigung zur *Anbiederung an vermeintliche Kindheits"ansprüche"* erkennbar. „Kindgemäßheit" wird dabei zum *Alibi* für mangelnde Leistungsanforderungen, für Ausklammern wissenschaftsbestimmter Unterrichtsinhalte und Vermeiden anstrengender Übungsarbeit. Hanna Kiper (1990) sieht in der Orientierung am „Kindgemäßen" sogar eine „unreflektierte Grundlage der Feminisierung", Teil des „weiblichen Diskurses" als „pragmatischen Zugriff" auf didaktische Konzeptionen und Materialien, die nur unter der Perspektive „wie sie beim Schüler ankommen", ausgewählt werden. „Lehrkräfte machen sich so tendenziell von Modeströmungen, Medieneinflüssen und den mehr oder weniger begrenzten Alltagserfahrungen der Kinder abhängig" (S.54/55). Eine solche Grundhaltung, die weniger einer wirklichen Zuwendung zum Kind, sondern mehr einem Zurückweichen vor der Erwachsenenverantwortung entspringt, erschwert das professionelle Verständnis des Grundschullehrerberufs.

(b) In der *Theorie* der auf Kindheitsforschung rekurrierenden Pädagogik ist eine Tendenz zur *Verleugnung des Kindes* zu beobachten. Die erkannte Konstruiertheit des Kindbegriffs führt u. a. dazu, daß Kindheit als sentimentale Erfindung des neuzeitlichen Bürgertums, als „Mythos" oder gar „Fiktion" ausgelegt wird. „In solchen pessimistischen oder zynischen Übertreibungen des anthropologischen Sachverhalts, daß die Kindheit in jeder Gesellschaft als biologische Notwendigkeit nicht nur hingenommen, sondern auch kulturell interpretiert und ausgestaltet werden muß, kommt eine Art von regenerativer Verzweiflung zum Ausdruck, die uns befällt, wenn wir an die ökologisch bedrohte Zukunft unserer Kinder und Enkel denken. Mit derartigen Ratlosigkeiten der Risikogesellschaft geht eine bezeichnende *Destruktion im Verhältnis der Lebensalter bzw. Altersgruppen* einher" (Loch 1996, S. 149).

Angesichts solcher und weiterer Entwicklungstendenzen ist zu fragen, was gemeint ist, wenn sich die *Grundschule als „Kinderschule"* versteht.

Bisher ist deutlich geworden, daß das, was dem „Kind gemäß" ist, *nicht* direkt abgeleitet werden kann aus

- einem verklärten, von Erwachsenenwünschen geprägten „Kindheitsideal",
- altersfixierter entwicklungspsychologischer Stufenzuordnung,
- „machbarkeitsgeleiteter" Lerntheorie,
- pseudo-soziologischen Schichtenmodellen,
- allgemeiner Gesellschaftskritik und defizit-orientierter Kindheitsforschung.

Insofern wäre es durchaus bedenkenswert, sich von einem derart (historisch und meist von Bezugswissenschaften) belegten Kindheitsbegriff ganz zu befreien. Dafür spräche auch die These vom „Verschwinden der Kindheit"

(Postman). Plausiblerweise böte es sich an, auf den neutraleren Begriff des *Schülers* zurückzugreifen. Entgegenzuhalten ist dem allerdings, daß dies eine Verengung auf die rein didaktische Perspektive und zu starke Ausrichtung auf „*Schul*kindheit" impliziert (und damit auch nicht ökologischen und systemischen Kriterien entspräche).

In Abwägung der Einwände und Alternativen ergibt sich, daß die *Grundschulpädagogik* von ihrem Selbstverständnis her *nicht auf den Kindbegriff verzichten* kann (ebenso wenig wie auf den Bildungsbegriff - vgl. Kapitel 4). Zumindest ist von zwei *grundsätzlichen Prämissen* auszugehen, hinter die man nicht wieder zurückfallen sollte; nämlich die genuin pädagogische Auffassung von Kindheit und die Anerkennung anthropologischer Gegebenheiten.

(a) In der *pädagogischen Konzeption von Kindheit* wird das Kind als vollwertiger Mensch akzeptiert, die Besonderheit seiner humanen Existenz und Identität anerkannt (was im Sinne Schleiermachers bedeutet, daß die Gegenwart des Kindes nicht einer ungewissen Zukunft „aufgeopfert" werden darf): Da die Schule einen beträchtlichen Teil des kindlichen Zeitbudgets in Anspruch nimmt, ist sie zu einem sorgsamen Umgang mit der gegenwärtigen Lebenszeit der ihr Anvertrauten verpflichtet. Diese Gegenwart kann nicht gegen Zukunft aufgerechnet werden. Abgelehnt wird die Auffassung vom Kind als „kleiner Erwachsener", der sich als ungleichwertiger und unvollkommener Mensch nur in einem „Durchgangsstadium" befinde, so daß diese Altersstufe so schnell wie möglich durchschritten werden müsse. Vielmehr wird *Kindheit als bedeutsame Phase* im menschlichen Leben angesehen, die das Kind (auch wenn es manchmal erwachsen sein möchte) „ausleben" darf (vgl. Burk 1976, S. 79).

In dieses pädagogisch entworfene Bild des Kindes geht ein normatives Moment ein, nämlich die Überzeugung von der *Kindheit als Eigenwert*: Jede Altersphase hat ihren eigenen Sinn und muß voll durchlebt werden, wenn die harmonische Entfaltung des Menschen in all seinen Möglichkeiten gefördert werden soll.

Sich auf dieses Bild einzulassen, bedeutet für den Erwachsenen Bereicherung und Zumutung zugleich:

Bereicherung: „Wenn er etwas von diesem Kindsein in sich trägt, sieht er in dem mit ihm lebenden Kind nicht nur sein Eben-, sondern auch sein Gegenbild, das ihn bescheidener macht, ihn zur Selbsterkenntnis führt" (Glöckel 1982, S. 471).

Zumutung: Mit dem Begriff der „Kindheit" korrespondiert der Begriff der „Erwachsenheit". Kindheit als Wert ist nur zu erhalten, wenn sich Erwachsene ihre „Erwachsenheit" und damit Verantwortung für das Kind zumuten. Dies ist in einer Zeit der „ewig jungen Erwachsenen", die dem Jugendideal huldigen und nicht zu ihrem Älterwerden stehen (und damit Autoritätsprobleme haben) nicht selbstverständlich.

Wenn man von einem beidseitigen verantwortungsbewußten Aufeinanderzubewegen von Kindern und Erwachsenen ausgehen könnte, bräuchte man das „Verschwinden der Kindheit“ nicht zu bedauern; es ergäbe sich im Gegenteil die Chance einer neuen Pädagogik der Gleichrangigkeit und Wechselseitigkeit von Jüngeren und Älteren. Einer solchen Utopie stehen allerdings anthropologische Gegebenheiten entgegen.

(b) In *anthropologischer Sichtweise* wird von einer prinzipiellen *Angewiesenheit des Kindes auf Erziehung* ausgegangen. Der These von der „kulturellen Erfindung“ der Kindheit wird die biologische Tatsache der Kindheit gegenübergestellt. So hat die vergleichende Verhaltensforschung den Menschen als instinktmäßiges „Mängelwesen“ (Gehlen 1950) erkannt, das auf Lernprozesse und Erfahrungen angewiesen ist, um sich in der Welt zurechtzufinden. Der Mensch benötigt, um Erfahrungen sammeln zu können, im Gegensatz zum Tier, eine *ausgeprägte Lebensphase des Lernens*; diese erst ermöglicht zunehmende Weltoffenheit und Plastizität.

Das Kind bedarf demnach einer *gestalteten Lernumwelt*, die spielendes Lernen erlaubt und anregt. Da das nicht in allen Fällen von der Familie geleistet werden kann, ergibt sich daraus - schon im Sinne des „Reproduktionsauftrags“ der Gesellschaft - ein spezifischer Auftrag für die Grundschule: Bereitstellung von der kindlichen Lernweise entsprechenden Lernangeboten, die von „Ichbestimmtheit“ zu „Sachbestimmtheit“, zur Bewältigung außen-gestellter Aufgaben führt (Olechowski 1990, S. 51).

In der „Anthropologie des Kindes“ wird demnach Selbstbestimmung des Kindes im Handeln ebenso gesehen wie seine Fremdbestimmung durch Erziehung.

„Diese anthropologische Perspektive umfaßt die ‘inneren’ Faktoren des kindlichen Lebens und Werdens, seine Anlagen zu Fähigkeiten, die es entwickeln muß, um überleben zu können, ebenso wie seine ‘äußeren’, situativen, ihm Lernaufgaben stellenden Lebensbedingungen, die materiellen ebenso wie die symbolischen, und damit die Prägung durch das Kulturmilieu und das darin vorgezeichnete Lebensmuster, in welches das Kind hineingeboren und das ihm zur lernenden Aneignung aufgegeben ist“ (Loch 1996, S. 148).

Grundschulpädagogische Standortbestimmung geht deshalb von einer ausgewogenen Berücksichtigung des Prinzips „Kindgemäßheit“ aus.

Die Grundschule ist als „Stätte für Kinder“ nicht nur Betreuungs- und Beschäftigungseinrichtung, die danach geht, was Kinder „wollen“, sondern Bildungseinrichtung, die fragt, was Kinder gegenwärtig und zukünftig „brauchen“ und entsprechende Lern- und Bildungsangebote macht.

„Kindgerecht ist die Schule also nicht dann, wenn sie ihre Ansprüche aufgibt, sondern wenn sie diese mit der nötigen Sensibilität für die Persönlichkeit aufrechterhält in dem Bewußtsein, daß das Kind das, was es können soll, immer auch lernen muß“ (Giesecke 1996, S. 237).

In dieser Eigenschaft muß sie das allgemeine Spannungsverhältnis zwischen der gesellschaftlichen (Sozialisations- und Enkulturations-) Funktion *und* der (Personalisations-) Aufgabe individueller Förderung des einzelnen Kindes auszugleichen versuchen. Dazu bedarf es bisweilen „professioneller Zivilcourage“ der Grundschullehrer/innen, wenn sie sich in gesellschaftlichen Interessenkonflikten als „Anwalt des Kindes“ verstehen.

Selbstverständlich läßt sich das nicht allein in verplanter Schulzeit und am vom Lehrer unterrichtstechnologisch kalkulierten Ausgleich von „Sachanspruch und Schülergemäßheit“ festmachen (bei dem bezeichnenderweise häufig von „didaktischer Reduktion“ gesprochen wird). Vielmehr werden Grundschule und ihre Lehrer ebenso auch vom Lernen der Kinder profitieren können, indem sie deren reale Lebenssituationen ernst nehmen (der korrespondierende Begriff wäre „pädagogische Entfaltung“!).

„Kindgemäßes Handeln als aktivierendes Einfädeln setzt voraus, daß wir uns auch mit den vielfältigen außerschulischen Interessen und Erfahrungen von Kindern befassen und auf sie eingehen; mit ihren subjektiven Deutungsmustern und individuellen Zugängen zur Wirklichkeit, mit ihren Phantasien und Zunkunftsprojektionen, Obsessionen, Ängsten, Wünschen und Konflikten ... Vertrauen in die vitale Eigenaktivität des Kindes und sensibles, aktivierendes Einfädeln in die Dynamik und den Rhythmus dieser Selbstkraft im Sinne interaktiver Wechselwirkung, das ist wohl das fundamentale Modell kindgemäßen Handelns“ (Popp 1990, S. 55).

Zusammenfassend ist festzuhalten:

Allgemein*didaktisch* gehört „Schülergemäßheit“ - in Wechselwirkung mit „Sachgemäßheit“ und „Zielsetzung“ als „didaktisches Dreieck“- zu den fundierenden Unterrichtsprinzipien (vgl. Glöckel 1996, S. 282 ff.):
Grundschulpädagogische Akzente ergeben sich aufgrund der engen Verbindung von Erziehung und Unterricht und der großen Bedeutung des Schullebens auf dieser Schulstufe. So ist das Prinzip nicht allein auf Unterricht, sondern insgesamt auf Grundschule als „Lebensstätte“ bezogen. Daß hier nicht nur die Rolle des Schülers gemeint ist, kommt im Begriff „*Kind*gemäßheit“ zum Ausdruck.

Bei allen Irritationen um die aktuelle Kindheitsdiskussion gehört die *Bemühung um Kindgemäßheit* stets zu den *zentralen Aufgaben der Grundschulpädagogik* und -praxis. In Anerkennung der Kindheit als Eigenwert und des kindlichen Angewiesenseins auf eine gestaltete Spiel- und Lernwelt erweist sich das *pädagogische Profil der Grundschule als humane Schule*, die nicht nur der Vorbereitung auf das Leben dient, sondern selbst Teil kindlichen Lebens ist.

1.2.2 Aspekte kindgemäßer Erziehungs- und Unterrichtsarbeit

a) Berücksichtigung alterspezifischer Merkmale

Auch wenn Einwände gegen Verallgemeinerung und Typisierung berechtigt sind, können doch bestimmte (epochenunabhängige) Gemeinsamkeiten von Kindern im Grundschulalter ausgemacht werden, wie sie auch aus empirisch-anthropologischer Sicht erkennbar sind.

Im *körperlichen Bereich* sind besonders zu nennen: Überwindung des Gestaltwandels (von der Kleinkind- zur Schulkindform) und des Zahnwechsels, stetiges Wachstum, starkes Bewegungsbedürfnis, begrenzte Belastbarkeit, Ausreifung der Entwicklungs- und Grobmotorik, Training der Erwerbsmotorik und Ausdifferenzierung der Feinmotorik, hohes Schlafbedürfnis, große Wertschätzung körperlicher Geschicklichkeit im Zusammenhang mit Selbsteinschätzung und sozialer Anerkennung.

Für die *kognitiv-intellektuelle Entwicklung* seien folgende Stichworte angeführt: Fortschreiten von egozentrischen zu mehr sachbezogenen Einstellungen; Gebundenheit an unmittelbare Anschauung und handelnd-spielerischen Umgang mit den Dingen; zunehmend gegenstandsgemäßes Handeln; Beziehungsdenken von „Wenn-dann"- zu Kausal-Beziehungen fortschreitend; Ausbau „konkreter" zu mehr „abstrakt-formalen Operationen"; zunehmende Orientierung an der (räumlichen und zeitlichen) Fernwelt; das Auffällige, Spannende, Einzelpersönliche suchend; phantasiereich und offen für bauendes, planendes, konstruierendes und gedankliches Spiel; Verwenden von „Altersmundart" und einer aktional-konkreten, vom Dialekt und Soziolekt abhängigen Sprache; erst allmählich erwachendes Verständnis für formale Regeln der Sprache und Formen mehrschichtigen Sprechens wie Metapher und Ironie.

Im *sozialen Bereich*: Entwicklung von starker Erwachsenenfixierung zur Orientierung an Gruppenbeziehungen, von ich- zu sozialbezogenen Einstellungen; allmähliche Herausbildung von Gruppenstrukturen, Rangordnungen, Rollenverständnissen und Wertsystemen; zeitweiliges Auseinanderrücken der Geschlechter; beginnende Fähigkeit zur Selbstorganisation des Spiels in der Spontangruppe, weniger der gemeinsamen Arbeit in der Schule; Bedürfnis nach Führung, aber auch zunehmende Distanzierung von Autoritätspersonen.

Beim *Arbeitsverhalten*: Von der Spiel- zur Arbeitshaltung; allmähliches Beherrschen der eigenen Antriebe und Verzicht auf die Durchsetzung eigener Bedürfnisse; wachsende Aufmerksamkeitsspanne, Zielgerichtetheit, Planungsfähigkeit und Zeitperspektive; Lust an Wiederholung und Übung; Freude an

Selbstbestätigung, aber auch starkes Angewiesensein auf Lob und Bestätigung bei Wissen und Können (vgl. auch Glöckel 1982).

Die prinzipielle Einstellung der Grundschularbeit auf allgemeine Charakteristika, Entwicklungsmuster und Typologien von Kindern dieser Altersstufe muß, wie vorher ausgeführt, ergänzt werden durch *Akzeptanz und Berücksichtigung der Persönlichkeit und Individualität des einzelnen Kindes*.

b) Berücksichtigung von Vorwissen und -erfahrungen der Kinder

Seit Herbart gehört es zu den Grunderkenntnissen wissenschaftlicher Didaktik, daß Lernen durch vorher Gelerntes entscheidend beeinflußt und unterstützt wird. In der heutigen kognitiven Psychologie bestätigt man erneut die große Bedeutung der *Vorkenntnisse* für das verstehende Erlernen von Sachverhalten. Ausgehend vom Modell des kumulativen Lernens nach Gagné (1962), welches unmittelbare Vorkenntnisse („learning sets") in eine Hierarchie mit nächsthöheren Lernaufgaben setzt, hat sich in weiteren Untersuchungen (Helmke/ Weinert 1997) bestätigt, daß Inhalt und Struktur des Langzeitgedächtnisses, also das verfügbare Wissen, großen Einfluß auf das weitere Lernen hat.

> „Verständnisvolles Lernen ist ein aktiver und konstruktiver Aufbau von Wissenssystemen. Dies ist immer ein individueller Konstruktionsprozeß, der maßgeblich durch das verfügbare Vorwissen und den dadurch beschriebenen Verständnishorizont beeinflußt wird. Der kumulative Verlauf des Lernens innerhalb eines Wissensbereichs wird unmittelbar durch die Qualität des Vorwissens bestimmt. Umfang, Organisation, mentale Repräsentation und Abrufbarkeit machen die Qualität des Wissensbestandes aus" (BLK 1997, S.17).

Tatsächlich besteht sowohl bei isolierten wie auch in komplexen Behaltens- und Lernleistungen ein engerer Zusammenhang mit dem vorhandenen Vorwissen als beispielsweise mit der allgemeinen (Test-) Intelligenz. Bedeutungshaltiges Wissen wird größtenteils in netzartigen Strukturen (Aebli 1987: „Strukturelles Lernen") abgespeichert:

> „Leichtigkeit und Effizienz der Informationsverarbeitung hängen aber nicht nur vom Umfang verfügbarer Vorkenntnisse ab, sondern auch davon, wie dieses Wissen strukturiert ist. Zur Beschreibung von Wissensstrukturen hat sich in den letzten Jahren die Metapher der *Vernetzung* durchgesetzt. Verfügbare Begriffe werden dabei als Knoten eines Netzes beschrieben, dessen Qualität entscheidend von der Anzahl und Stärke der Verbindungen (Relationen) zwischen den Netzwerkknoten abhängig ist ... Beim Aufbau von Vorwissen ist es daher wichtig, es möglichst vielfältig mit bereits vorhandenen Wissensbeständen zu vernetzen" (Hasselhorn 1997, S. 15).

Dieser kognitionspsychologische Sachverhalt ist im Kontext neuerer *ökologischer bzw. ökopsychologischer Betrachtungsweise* zu sehen, die auch die moderne Entwicklungspsychologie stark beeinflußt hat. Im Rückgriff auf Lewin

(1936) und Bronfenbrenner (1978) wird heute individuelle Entwicklung mit entsprechenden Lernprozessen in Abhängigkeit vom ökologischen System verstanden, wobei zwischen (subjektivem) „Lebensraum“ und (objektivem) „Setting“ unterschieden wird. Das Kind bewegt sich vom Lebensraum Familie in den Lebensraum Schule und befindet sich dabei in Umweltausschnitten mit sozialen Partnern. Solche „Settings“ sind beispielsweise die elterliche Wohnung (mit der in ihr lebenden Familie), das Klassenzimmer (mit den Mitschülern und dem Lehrer), der Spielplatz usw. In Analogie zu biologischen Ökosystemen wird die menschliche Entwicklung in ökologischen Systemen beschrieben, die ineinander verschachtelt sind und in denen sich die Elemente wechselseitig beeinflussen (nach Oerter/ Montada 1987, S. 87-94).

Vor diesem Hintergrund erhält die Forderung des Prinzips der Kindgemäßheit, „das Kind da abzuholen, wo es steht“ differenziertere Bedeutung: Kennenlernen und Berücksichtigung von Vorkenntnissen und -erfahrungen, die Kinder aus ihrem Lebensraum und ihren „ökologischen Umwelten“ mitbringen. Ein wirksamer pädagogischer Ausgangsimpuls ist demnach weniger „Ich sage/ zeige es dir“, sondern die (Anknüpfungs-)Frage „Was weißt/ kannst du schon?“.

Dabei sind Modelle der Entwicklungs- und Lernpsychologie, Kindheitsmuster der Sozialisationstheorie usw. als Groborientierung und Kriteriensensibilisierung sehr hilfreich, sie können aber nicht - weder auf Unterrichts-, noch auf Lehrplanebene - eine spezifische Erhebung der jeweiligen Voraussetzungen bei den Kindern ersetzen.

Da es sich um biologische, psychologische und soziologische Sachverhalte handelt, sind diese Voraussetzungen grundsätzlich empirisch zu ermitteln und zwar ganz konkret im Blick auf die jeweilige Bildungsaufgabe.

Kindgemäßheit versteht sich grundschulpädagogisch demnach als zweckrational-realistisch fundierte Kategorie, die weniger von einem allgemeinen (oder gar idealisierten) Bild des Kindes geleitet wird, sondern möglichst exakt die anthropogenen und sozio-kulturellen Voraussetzungen der Kinder zu erfassen und in speziellen Bildungshilfen bzw. -angeboten zu berücksichtigen versucht. Sozialisationsforschung ist deshalb für die Grundschulpädagogik von besonderer Bedeutung.

Ungeachtet, ob Unterricht in mehr gebundenen oder mehr offenen Formen stattfindet, bedeutet kindgemäßes Vorgehen, daß themenbezogen an Vorkenntnissen, Vorerfahrungen und -einstellungen der Kinder angeknüpft wird.

Besonderes Augenmerk ist dabei zu legen auf:

- Sprachvermögen, Abstraktionsfähigkeit, Problemverständnis und Vorstellungsgabe,

- spezielle Lebensraum- bzw. „Setting“erfahrungen (Familienstrukturen, Wohnverhältnisse, soziale Belastungen und Probleme usw.)
- außerschulisch erworbene Vorkenntnisse (vor allem mittels neuer Medien, aber auch durch schulergänzende Bildungsangebote),
- aktuelle Interessen (beeinflußt durch Werbung, Peer-Group, regionale Ereignisse usw.).

Entsprechende Aussagen hierzu gründen auf persönliche Gespräche mit den Kindern, auf Schülerbeobachtungen, Schülerberichte, Kinderzeichnungen und -aufsätze, Fragebögen, mündliche und schriftliche Leistungsfeststellungen, Soziogramme, Elterngespäche usw. Ausschlaggebend für eine so verstandene „Kindorientierung“ ist, daß nicht Pauschalmerkmale („von Kindheit heute“), sondern die jeweils konkreten *Gegebenheiten „vor Ort“* zugrundegelegt werden.

Damit entzerrt sich auch das oben genannte Problem der „Bindestrich-Erziehungen“. Nicht überall ist die Notwendigkeit einer „Anti-Drogen-, Anti-Okkultismus-, usw. Erziehung“ gleichermaßen dringlich, was generell auch für Aktivitäten der „Sozialarbeit“ und „Kompensationsfunktionen“ in der Grundschule gilt.

Kindgemäß ist Grundschulunterricht dann, wenn er die Vorerfahrungen der Kinder wirklich *ernst* nimmt und *flexibel* in die (zukunftsgerichtete) Bildungsarbeit einfließen läßt.

Insgesamt zeigt sich, auch in Weiterführung (kognitions-) psychologischer Begründungen, daß die pädagogische Arbeit umso aussichtsreicher ist, je besser Lehrer/innen ihre Klasse kennen. Dies setzt das *Kennenlernen der einzelnen Schüler* und ihres Umfeldes voraus und wird durch engagierte Pflege der Beziehungen zum *Elternhaus* gestützt.

c) Unterrichtsgrundsätze

Unter didaktischem Aspekt bezieht sich das fundierende Prinzip der *Kindgemäßheit* auf weitere *„regulierende“ Unterrichtsgrundsätze* (die selbst wiederum historisch entstanden, durch Gegenprinzipien und unterschiedliche Geltungsbereiche relativiert sind und sich in ihrer Intention zum Teil gegenseitig überschneiden).

Zu nennen sind vor allem:

- Anschauung und Veranschaulichung
- Lebensnähe, Situationsgemäßheit und Erfahrungsbezug
- Selbsttätigkeit, Aktivierung und Handlungsorientierung
- Elementarisierung und Strukturierung

- Motivation und Gestaltung
- Individualisierung und Differenzierung
- Kooperation und soziale Integration.

Solche Kriterien guten Unterrichts sind schulpädagogisch vielfach, ausführlich und schulstufenübergreifend expliziert worden, so daß an dieser Stelle auf einschlägige Literatur verwiesen werden kann (vgl. z. B. die systematischen Ausarbeitungen bei Seibert / Serve 1992 und Glöckel 1996).

Individualisierung und soziale Integration sowie Elementarisierung spielen im Hinblick auf grundschulpädagogische Kernaufgaben eine besondere Rolle, weshalb darauf gesondert und ausführlich (in Kap.3 und 4) eingegangen werden soll.

Während durch die meisten allgemeindidaktischen Grundsätze auch stufenspezifische Belange abgedeckt werden, sind zur Interpretation von Anschauungs- und Handlungsprinzip einige Anmerkungen erforderlich, weil hier in grundschuldidaktischer Sichtweise Tendenzen zu Einseitigkeiten und Mißverständnissen erkennbar sind.

Zum Anschauungsprinzip

Sinneswahrnehmung spielt schon in der Erkenntnistheorie des Aristoteles und in Platons Ideenlehre eine Rolle. Mit Comenius (und seinem erfolgreichen Anschauungsbuch „Orbis pictus“ / „Die gemalte Welt“), mit der Wendung vom Humanismus zum Realismus in der Pädagogik erhält Anschauung in normativer Wendung als „Anschaulichkeit“ bzw. „Veranschaulichung“ didaktische Bedeutung. Pestalozzi instrumentalisiert das zugrundeliegende philosophische Erkenntnisproblem des Verhältnisses von Anschauung und Erkenntnis für den Schulunterricht als methodische Regel: „Anschauung ist das Fundament aller Erkenntnis“.

Seine Nachfolger bringen die bekannte Aussage Kants „Gedanken ohne Inhalt sind leer, Anschauungen ohne Begriffe sind blind“ (Kant 1781) in eine simplifizierende Praxisleitlinie des darbietenden und fragend-entwickelnden Unterrichts mit der Verkürzung auf „Begriffe ohne Anschauung sind leer“ ein. Obwohl Herbart und seine Anhänger die konkrete Anschauung durch Erzählung, Bild und Wirklichkeit als Grundlage sauberer Begriffsbildung forderten, erschöpfte sich der Unterricht meist in formalistischen Sprachübungen an Anschauungsobjekten, weit davon entfernt, Anschauung und Erkenntnis als geistige Kraft im Kinde zu schulen. So hatte, nach einem pädagogischen Lexikon der Zeit (1885), der „Anschauungsunterricht“ die Übung der Sinnestätigkeit, die Gewöhnung an genaues Betrachten zum Hauptzweck (nach Michael 1983, S. 75/76).

Mit Weiterführung dieser und späterer reformpädagogischer Tradition kam es in der Grundschule zu einem erneuten Aufblühen des (einseitigen) Anschauungsprinzips, wie das mehrfach aufgelegte Praxishandbuch „Modelle des Anschauungsunterrichts“ von Seidl/ Hüfner (noch 1969) belegt. In den Unterrichtsbeispielen („Wir schauen den Igel, den Maikäfer, die Uhr, den Drachen, die Seife ... an“) begnügt man sich mit passivem Abbilden der Wirklichkeit, mit Beschreibung (auch unbedeutender Details) und eher zufälliger Begriffsbestimmung. Vermeintliche Kindgemäßheit äußerte sich im Verzicht auf Fachausdrücke, Grundprinzipien und Zusammenhangswissen.

Daß auch heutiger Grundschulunterricht nicht frei von solchen Fehlformen ist, zeigt die *Tendenz zu sensualistischer Grundschuldidaktik* und einer *vordergründigen „Mit-allen-Sinnen-Pädagogik“*. Dazu haben sicher auch pädagogische Überlegungen zur „veränderten Kindheit“ (mit Schlagworten wie Stadtkindheit, Verinselung, Technisierung usw.) beigetragen, die Gefahren „mangelnder Primärerfahrungen“ und „Erfahrungen aus zweiter Hand“ implizieren. Kritisch zu beobachten ist dabei, ob sich hieraus ein erneuter *„Kult der Unmittelbarkeit“* (Habermas) entwickelt. Anzeichen dafür gibt es, wenn z. B. das „Naturerlebnis als solches“, „Einfühlen“ und „Einwirkenlassen von Sinneseindrücken“ zum alleinigen Hauptanliegen des Unterrichts werden.

„Die begrüßenswerte Rückbesinnung auf (reform-) pädagogische Prinzipien darf nicht in Antiintellektualismus und Wissenschaftsfeindlichkeit umschlagen. Sie sollte sich auch allzu glatten, vorgefertigten, ‘unmittelbaren’ Aneignungsformen widersetzen, wie sie die Kulturvermittlungstechnologie heutzutage immer weiter perfektioniert. Demgegenüber hat die Grundschule der ‘Kultur der Annäherung’, dem Bemühen um selbst erworbene Vorstellungen über innere Zusammenhänge der Phänomene Zeit und Raum zu geben“ (Helbig 1991, S. 10).

Die modernen Medien produzieren eine Flut von audio-visuellen Sinneseindrücken, eine Überfülle von „Anschauungsmitteln“, die in ihrer zum Teil manipulierenden und verfälschenden Abbildfunktion kaum mehr durchschaubar sind. Auch vor diesem Hintergrund greift eine *bloße „Abbilddidaktik“* zu kurz, da nicht das Angebot, sondern das *aktive* Auswählen aus der Anschauungsfülle das Hauptproblem darstellt.

Um so mehr ist darauf zu achten, daß man nicht wieder hinter den erreichten erkenntnisphilosophischen Stand des Anschauungsbegriffs zurückfällt. So hebt Kant hervor, daß das Wesen der Dinge weder im Anschauen noch im Denken erfahren wird, sondern in der Beziehung beider Momente. Nur die Beziehung der gleichwertigen Vorstellungsweisen Anschauen und Begreifen ist Erkenntnis: durch den Begriff notwendig und durchgängig, durch die Anschauung sinnlich (vgl. Neemann 1972, Felbinger 1980).

Grundschuldidaktisch bedeutet dies, daß das Kind auf seinem Wege zum abstrakten Denken in besonderem Maße auf Anschauung angewiesen ist, ihm aber die „Anstrengung des Begriffs“ (Kant) nicht erspart werden kann. Begriffe sind Bedingung der Möglichkeit des Anschauens (vgl. auch Vorwissen/-erfahrung!), nicht nur Ergebnis der Anschauung (Man sieht mehr, wenn man schon etwas darüber weiß); Anschauung ist Prozeß *und* Ergebnis der Erkenntnisgewinnung. Dabei liegen bei Kindern durchaus gute Voraussetzungen vor, da sie in der Regel über ausgeprägte Vorstellungs- bzw. „Einbildungskraft“ (Aufbau innerer Bilder) und Phantasie verfügen. Eine didaktisch bewußt eingesetzte, anschauliche (Lehrer-) *Sprache* nutzt und stärkt diese kindliche Fähigkeit, da sie, mehr als reale und mediale Anschauung, von vornherein auf der Beziehung von Anschauung und Begriff beruht.

Um Mißverständnisse zu vermeiden: Selbstverständlich sind besonders Kinder auf Veranschaulichung abstrakter Sachverhalte angewiesen. Die eigentliche Unterrichtsarbeit besteht aber *nicht* im „Anschauungserlebnis“, sondern im *Veranschaulichen als Erkenntnishilfe* (vgl. Michael 1983), in der Forderung des „kognitiven Instrumentariums“ und in der Abstraktion als „Ableitung des Allgemeinen aus dem Besonderen“ (siehe Kapitel 4).

Beispielsweise sichert ein Unterrichtsgang zur Post keineswegs die Einsicht in das dahinterstehende Massenverteilungsprinzip und der Gang zum Supermarkt das Entlarven des Grundrisses als „Käuferfalle“. Eine „methodische Verzweckung der Anschauung“ (Michael), z. B. stereotyp als erste Stufe im Unterrichtsaufbau, ist nicht gerechtfertigt.

Anspruchsvoller Grundschulunterricht bildet nicht ab, sondern ermöglicht eine *Konstruktion der Wirklichkeit* (vgl. die Konzeption des „Mehrperspektivischen Unterrichts“ - Giel/ Hiller/ Krämer 1974/75, Duncker / Popp 1994) unter verschiedenen Aspekten; dabei werden Anschauungen, in denen immer bereits Theoriestücke und Ansätze von „Weltanschauung“ stecken, kognitiv und sprachlich bearbeitet.

Die verwendeten Anschauungsmittel sind nicht nur „Aufhänger“ oder „Impuls“, sondern selbst „Erschließungsinstrument“ (Bönsch 1991, S. 83) zur Durchdringung komplexer Sachverhalte und Gewinnung von Einsichten.

Festzustellen ist, daß das Anschauungsprinzip als Alibi für Kindertümelei und anspruchslose Denk- bzw. Begriffsarbeit ungeeignet ist.

Zu Handlungsorientierung und Ganzheitlichkeit

Auch beim Handlungs- bzw. Aktivitätsprinzip und noch mehr beim Begriff der „Ganzheitlichkeit“ besteht seit langem die Gefahr einseitiger grundschuldidaktischer Auslegung und Umsetzung, die durch die Konstruktion veränderter Kindheit als „Verlustkindheit“ (Handlungs- und Erfahrungsdefizite) noch zusätzlich verstärkt wird (vgl. Gudjons 1997, S. 111-112).

Unbestritten ist, daß Handeln und aktives Tätigsein zum Grundbedürfnis des Kindes gehören - und darüber hinaus seinem Bewegungsdrang entgegenkommen. Spätestens seit Aebli (1980/81) ist auch lern- und kognitionspsychologisch bekannt, daß man weitaus am besten behält, was man selber getan hat, daß sich Denkstrukturen aus *verinnerlichten Handlungen* entwickeln, Denken aus Handeln hervorgeht und „Ordnen des Tuns“ ist.

Die *Idee des Lernens im und durch Handeln* - pädagogisch geprägt durch Dewey („Learning by doing“), die Arbeitsschulbewegung (Kerschensteiner: Manuelles Tun hat sittlichen Wert) und Montessori („Hilf mir, es selbst zu tun!“), entwicklungspsychologisch fundiert durch Piaget (Entwicklung des Kindes von der sensumotorischen Phase über die vorbegrifflich-symbolische, die anschauliche, die der konkreten Operationen bis zur Stufe der formalen Operationen) - gehört zwar zum Grundbestand der Schulpädagogik, ist aber grundschuldidaktisch gewissen Verzerrungen ausgesetzt.

Ähnlich wie bei Anschauung und Begriff wird leicht die *Wechselbeziehung zwischen Handeln und Denken* aus dem Auge verloren und „Tätigkeit“ als solche akzeptiert. Es entspricht jedoch nicht dem Merkmal schulischen Lernens, wenn man sich allein auf zufälliges und „natürliches“ Lernen durch Alltagshandeln verläßt und es Kindern nachsieht, daß sie (wie in Fehlformen offenen Unterrichts) durch äußere Geschäftigkeit anstrengende Denkarbeit zu umgehen versuchen oder, wenn man ihnen gar „theoretisches Interesse“ abspricht. Bedenklich ist es, wenn man dem Lernwillen und Zielbewußtsein der Kinder mißtraut und die Lehraufgabe hinter vielerlei praktischen Tätigkeiten zu verbergen sucht (wie zum Teil in Fehlformen früheren Gesamtunterrichts) oder übersieht, daß nicht in allen Unterrichtsaufgaben das Handlungsprinzip gleichermaßen gelten kann.

In Analogie zur Gefahr grundschuldidaktischer Verkürzung des Anschauungsbegriffs ist auch die allenthalben erhobene Forderung nach *ganzheitlichem Lernen* kritisch zu sehen. Die stark strapazierte Formel vom Lernen mit „Kopf, Herz und Hand“ wird oft mit dem Begriff der Ganzheitlichkeit gleichgesetzt, der die Unterschiede zwischen Vernunft / Verstand, Wille / Gefühl und Leib / Sinnlichkeit eher verwischt und das von Pestalozzi gemeinte Spannungsverhältnis der Momente unterschätzt.

Duncker (1996) gibt erkenntnistheoretisch zu bedenken, daß es niemals möglich sei, alle Aspekte einer Sache vollständig zu erfassen und „ganzheitlich" wahrzunehmen, da Wirklichkeit immer eine geschichtliche Gestalt hat und „Ergebnis von Kommunikation" (Watzlawick) ist. Da eine „ganzheitliche Sicht" diese Begrenztheit unserer Horizonte nicht wahrhaben will, bekomme der Begriff sogar eine „antiintellektuelle Stoßrichtung und wirft damit wieder hinaus, was er ursprünglich zu integrieren versuchte, nämlich kognitive, sinnliche und emotionale Aspekte zu verbinden ... Wer behauptet, eine Sache ‚ganzheitlich' zu sehen, entzieht sich der (philosophischen) Diskussion, weil er bereits ausgibt, im vollen Besitz einer endgültigen Wahrheit zu sein ..." (S. 57).

Grundschulpädagogisch berechtigt ist der Begriff Ganzheitlichkeit, wenn er die ausgewogene Intention „vielseitiger Bildung" beinhaltet, wie auch anspruchsvolle Konzeptionen „ganzheitlichen Unterrichts" (z. B. Wittmann 1967) belegen. Man muß jedoch sehen, daß - schon von der ganzheitspsychologischen Grundlegung her (Kern: Von der diffusen Ganzheit zur prägnanten Gestalt) - ein „naiv-ganzheitliches" Denken *überwunden* und zu einer „neuen Ganzheit als geistige Gestalt" geführt werden soll.

Der aktuelle Ruf nach „ganzheitlichem Lernen" wäre kein didaktischer Rückschritt, wenn damit auch ein kognitionsgeleitetes Konzept, z. B. im Sinne eines „vernetzten Lernens", und die bewußte Offenlegung der Aspekthaftigkeit unserer Wahrnehmung, z. B. im Sinne des „Mehrperspektivischen Unterrichts", verbunden wäre. Wegen seines mißverständlichen und zum Teil irreführenden Charakters ist allerdings anzuraten, in einer modernen Grundschulpädagogik und -didaktik auf den (letztlich undefinierbaren) Begriff der „Ganzheitlichkeit" weitgehend zu verzichten, zumal, z. B. mit dem Zusammenführen von *handlungsorientiertem* und *integrativem Lernen* (Terhart 1997), neue Arbeitsbegriffe vorliegen.

Jedenfalls ist deutlich geworden, daß „Handlungsorientierung" und „Wissenschaftsorientierung", „praktisches Lernen" und „Theoriebezug" keine Gegensätze darstellen, sondern erst in ihrer Wechselbeziehung den Kern schulischen Lernens ausmachen (was auch in neueren Veröffentlichungen der Initiative bzw. Projektgruppe „Praktisches Lernen" zum Ausdruck kommt).

Für entsprechende Unterrichtsplanung und -gestaltung ist es hilfreich, konkrete Anregungen aus dem methodischen Modell der „Handlungseinheit im Sachunterricht" (Rabenstein / Haas 1971) aufzunehmen und weiterzuführen. Bei Vorhaben wie „Wir stellen Limonade her"- „Wir bauen eine Kläranlage"- „Wir richten ein Postamt ein" stehen nur *die* Tätigkeiten im Vordergrund, die zur Erreichung der didaktischen Absichten unbedingt erforderlich sind. Die Handlungseinheiten dienen dem Erwerb von Anschauungen *und* Einsichten, wobei das Lernen durch Beobachten von Handlungen und eigenem Handeln der Kinder erfolgt: *Handeln* wird selbst zum *Gegenstand des Unterrichts*.

Aus der Diskussion ausgewählter Leitmotive ist, entgegen mancher Modeströmungen, festzuhalten, *daß Grundschularbeit nur dann wirklich kindgemäß ist, wenn sie sich konsequent um anspruchsvolle Förderung und Forderung geistig-intellektueller Fähigkeiten bemüht.*

Dabei sind allerdings weitere Faktoren zu berücksichtigen, auf die im nächsten Abschnitt eingegangen werden soll.

d) Elemente kindgemäßer Gestaltung von Unterricht und Schulleben

Vor dem Hintergrund der komplexen Zusammenhänge von „Kind", „Kindheit" und „Kindgemäßheit" wird deutlich, daß sich kindorientierte Grundschularbeit nicht auf die summative Anwendung isolierbarer Einzelregeln reduzieren läßt. Andererseits ist die Erfüllung des Bildungsauftrages von konkreten schulischen Ausgangsbedingungen und Einzelfaktoren abhängig, die durch gezielte Organisation und pädagogisch geleitete Gestaltung von Unterricht und Schulleben gesichert und verbessert werden können (vgl. auch hier die einschlägige schulpädagogische Literatur).

Die folgenden Ausführungen erheben keinen Anspruch auf Vollständigkeit, sondern akzentuieren nur knapp (unter Einbezug und Ergänzung von Breslauer 1977) die grundschulpädagogisch wichtigen Aspekte.

Raumgestaltung

Unterrichtshygienisch ist zunächst dafür zu sorgen, daß die Kinder ihrer Körpergröße angemessene Schulmöbel zur Verfügung haben, ggf. ein Austausch mit anderen Klassen stattfindet (Farbkennzeichnungen der Hersteller als Hilfe), um gute Schreib- und Sitzhaltung zu gewährleisten. Eine flexible Möblierung beachtet Bewegungsräume (Ausgleichsgymnastik, Spiel-Raum) und Einstellen auf Licht-, Sicht- und Hörverhältnisse. Beeinflußbar sind auch Raumtemperatur, Luftfeuchtigkeit und Sauerstoffzufuhr. Auch äußere Störfaktoren (Straßenlärm, Unterbrechungen durch Eltern, Kollegen, Durchsagen usw.) sind größtenteils abwendbar.

Das *Klassenzimmer als Lernort und Erfahrungsraum* ermöglicht binnendifferenzierten Unterricht; es enthält für jeden Schüler einen Arbeitsplatz, Schränke, Regale, Stell- und Ablageflächen, eine reichlich bemessene Freifläche als allgemeine Unterrichtszone und Aktivitätsecken für Lesen, Spielen, Experimentieren oder Arbeit am PC, usw.

In bewußter Abkehr von „Frontalunterricht“ und einseitig lehrerzentriertem Unterricht ist das Klassenzimmer als „Lernlandschaft“ geradezu ein Symbol der jüngeren Grundschulreform (Offener Unterricht durch offene Lernplanung; vgl. Burk / Haarmann 1979), in überladener und unübersichtlicher Form freilich auch Anlaß zu berechtigter Kritik geworden.

Auch die *Gestaltung von Schulhaus und Schulanlage* enthält pädagogische Impulse durch die Grundschulreform: Einrichtung einer Mediothek (mit Büchern, Zeitschriften, CDs, Kassetten, Computerprogrammen, Videos und Spielen) sowie von Mehrzweck-, Hobbyräumen und „Arbeitsateliers“ (Freinet); Nutzen von Fluren und Freiflächen im Schulhaus als Ruhe- und Spielzonen, für Sammlungen, Ausstellungen und künstlerische Aktivitäten; Gestalten von Schulhof und Schulanlage nach Erholungs- und Entspannungsgesichtspunkten, für Sportzwecke und Sozialerfahrungen sowie (z. B. durch Einrichten von Biotop und Schulgarten) zur Naturbegegnung (vgl. Burk / Haarmann 1980).

In neuester Zeit ist aufgrund des Schülerrückgangs als pädagogische Herausforderung die Diskussion um die optimale Schulgröße neu entbrannt, wobei betriebswirtschaftlichen Erwägungen die pädagogische Forderung nach einer kleinen und überschaubaren Grundschule entgegengestellt wird (Ramseger u. a. 1997).

Zeitgestaltung

Aus Gründen *innerer Arbeitshygiene* ist Rücksicht auf den bio-physischen Tagesrhythmus, auf leistungsstarke und -schwache Zeiten zu nehmen und ein Tätigkeitswechsel von kognitiven, emotional und motorisch geprägten Unterrichtsabschnitten anzustreben, ohne beim Wechsel von Anspannung und Entspannung, von Eindruck und Ausdruck in übertriebene Hektik oder starre Zeitregeln (z. B. 20 Minuten-Rhythmus) zu verfallen.

Besonders in offeneren Lernformen brauchen Kinder Zeit für selbständige Lernplanung und intensive Auseinandersetzung mit den Dingen, für „pendelnd-kreisendes“ (Meier 1997) und übendes Lernen. Ungünstig ist auf Dauer das Abbrechen von Arbeits- oder Sinneinheiten und Hinausschieben auf Pausen, Hausaufgaben oder die nächsten Tage. Pausen sollten sichtbare Zäsuren im Lernprozeß sein und die Leistungs-/Ermüdungskurve, vor allem bei Arbeit im Gleichschritt der ganzen Klasse, beachten und dem Bewegungsbedürfnis der Kinder entgegenkommen. Eine klare Gliederung des Unterrichtsaufbaus hilft den Kindern beim selbstverantworteten Lernen und eigenständiger Zeiteinteilung und -planung (Schorch 1982, S. 159-187).

Die zeitliche *Rhythmisierung des Schullebens* hat darüber hinaus erziehliche Funktion und einen festen Stellenwert in der Grundschulpädagogik (vgl. Schorch 1982, S. 119-121, S. 174). So wird bei Lichtenstein-Rother (1969) Schule als „erziehliche Ordnungsgestalt“, die den Kindern hilfreiche Gewohnheiten, Sitten und feste Normen vermitteln soll, verstanden. Dazu dienen der

„Rhythmus des Schulalltags mit seinen täglichen Gliedern", die Schulwoche mit ihren besonderen Einrichtungen sowie die Gestaltung festlicher Stunden im Jahreslauf und Kirchenjahr (vgl. 3.3.2).

Sozial-emotionale Atmosphäre

Eine Atmosphäre des *Vertrauens und der Offenheit* beruht auf den Merkmalen des „pädagogischen Bezugs", bemüht sich um Orientierung, Zuverlässigkeit, Geborgenheit, Wohlgefühl und gibt Kindern einen „Vertrauensvorschuß für ihr Handeln" (Knauf 1998, S. 80). Daß sich eine solche pädagogische Grundhaltung in entsprechendem Lehrerverhalten durchaus „operationalisieren" läßt, zeigen die Verhaltenskataloge bei Rost (1982, S. 96-114): Das einzelne Kind wertschätzen, an seinen Problemen anteilnehmen, Rückmeldung geben, ermutigen, trösten usw.

Auch in der *Wahrung der Intimsphäre des Kindes* zeigt sich „pädagogischer Takt": Kinder nicht vor anderen blamieren und bloßstellen, persönliche Familien- und Lebensverhältnisse einzelner Kinder nicht negativ bewerten, Schamgrenzen akzeptieren; Verzicht auf Spott, Ironie und Sarkasmus; dafür humorvolle Gelassenheit.

Im *Wissen um die Sozialstruktur der Klasse*, so im Hinblick auf belastende „Hackordnungen", heimliche Klassenjustiz, Bandentum, Schulwegterror usw. lassen sich ggf. Gegenmaßnahmen einleiten. Einzelgespräche, Elternkontakte, Erstellung von Klassen-„Soziogrammen" usw. helfen bei der Bewältigung von Problemen wie Außenseitertum, „Star-Allüren" und Gruppentyrannei.

Bei der *Vermeidung von Schulangst* geht es darum, angsteinflößende „Erziehungsmittel" wie Drohen, Tadeln, Strafen und Ignorieren möglichst zurückzunehmen sowie Schulnoten, Probearbeiten, Übungsarbeiten und Hausaufgaben nicht als disziplinäres Druckmittel einzusetzen. Vermieden werden sollte auch Überbetonung angsterzeugender Unterrichtsinhalte (z. B. Abschreckung in der Verkehrserziehung, Erzeugen von „schlechtem Gewissen" im Religionsunterricht, Katastrophenmentalität in der Umwelterziehung, Furcht vor Kindesmißbrauch in der Sexualkunde), zumal viele Kinder ohnehin durch unverarbeitete Medienerlebnisse belastet sind. Dabei wird allerdings nicht einem „Heile-Welt-" oder „Schonraumgedanken", einer naiven Harmonisierungstendenz oder gar Sorglosigkeit das Wort geredet.

Kinder sollten jedenfalls nicht mit Erwachsenenproblemen konfrontiert werden, denen sie hilflos und ohnmächtig gegenüberstehen, sondern vorrangig mit solchen, zu deren Bewältigung sie selbst einen Beitrag leisten können.

Schulangst kann ferner begegnet werden durch angemessene Leistungsanforderungen, die dem Prinzip der Passung, des „sachstrukturellen Entwicklungsstandes“ folgen und den „Teufelskreis“ Überforderung→Versagen→Schulangst→erneutes Versagen verhindern oder zumindest frühzeitig unterbrechen.

Zu Elementen kindgemäßen Lernens gehört selbstverständlich auch das *Spielen*, auf das (aus systematischen Gründen) aber erst im nächsten Kapitel eingegangen werden soll.

Als Abschluß von Kapitel 1 kann (mit Rabenstein 1990, S. 158) resümiert werden:

> „Die erst so selbstverständliche Forderung nach kindgemäßem Unterricht erscheint jetzt als sehr hoher Anspruch an den Grundschullehrer: Er soll einen Unterricht erteilen, der dem heutigen Stand der empirisch-anthropologischen Wissenschaften entspricht, der aus pädagogischer Sicht Kindheit in einer oft schwierigen Umwelt zu wahren hilft und zugleich gezielt auf künftige Lebensbewältigung vorbereitet, der dem einzelnen Kind ermöglicht, zu sich selbst, aber auch zu einem ihm angemessenen Platz in der Gemeinschaft zu finden ... Was er selbst unter kindgerechtem Unterricht versteht und wie er ihn verwirklicht, muß er letztlich allein in einer immer einmaligen Unterrichts- und Erziehungssituation entscheiden, begründen und verantworten. Darauf beruht die große Freiheit und zugleich schwere Bürde des Lehrerberufs. Sie voll zu bejahen und zu nutzen, aber auch durchzustehen und auf die Dauer zu ertragen, gelingt wohl nur, wenn zu persönlicher Eignung und guter Ausbildung eine Grundhaltung dauerhafter Zuneigung zum Kind und pädagogischer Verantwortung ihm gegenüber kommt.“

2. DIE GRUNDSCHULE ALS *ERSTE* SCHULE

Auch vor Schulbeginn können Kinder schon „schulische“ Erfahrungen machen, wenn entsprechende Möglichkeiten wie Besuch von „Frühförderungseinrichtungen“, von Musikschulen, Schulkindergarten usw. vorhanden sind. Bezeichnenderweise wird hier aber in der Regel von „*außer*schulischen“ oder „*vor*schulischen“ Lernangeboten gesprochen.

Bei einer solchen Sichtweise liegt ein enger Schulbegriff vor, der maßgeblich von Schule als gesetzlich verankerter Institution ausgeht; Richtlinie ist das staatliche „Schulsystem“ und die vorgeschriebene „Schulpflicht“ (Schule als Machtausübung und Zwangsverordnung des Staates).

In diesem Schulsystem muß die Grundschule grundsätzlich von jedem Kind besucht werden (soweit nicht die Notwendigkeit der Sonder- bzw. Förderschulzuweisung vorliegt). Im Gegensatz zu weiterführenden Schulen besteht keine Wahlmöglichkeit, so daß die *Grundschule als einzige für alle Kinder verpflichtende Schule im Schulsystem* der Bundesrepublik Deutschland anzusehen ist.

„*Schulpflicht* einerseits und *Beschulungspflicht* andererseits bedingen einander und stehen in einem unauflöslichen Abhängigkeitsverhältnis, solange es öffentlich-rechtliche Schulen gibt“ (Weigert 1991, S.103).

Aus der Maßgabe „*erste* Schule im Schulsystem“ ergeben sich Grundsatzüberlegungen, die von der Gründung der deutschen Grundschule im Reichsgrundschulgesetz von 1920 (vgl. Rodehüser 1989, S. 109 ff.) bis zur gegenwärtigen Schuldiskussion überdauert haben:

In welchem Lebensalter soll die Schulpflicht beginnen? (Diskussion „Eingangsstufe“). Wieviele Jahre soll die erste Pflichtschule umfassen? (Diskussion „sechsjährige Grundschule“). Welche Voraussetzungen werden von den Kindern erwartet, die eine solche Schule besuchen? (Diskussion „Schuleingangsdiagnostik“). Welchen Kriterien unterliegt eine Schule, die alle schulpflichtigen Kinder aufnehmen muß? (Diskussion „Integration“ und „Differenzierung“). Wie kann zwischen kindlichen Bedürfnissen und gesellschaftlichen Erwartungen „vermittelt“ werden? (Diskussion Anfangsunterricht). Wie ist der „Übergang“ organisatorisch und pädagogisch zu gestalten? (Diskussion „Bruchloser Übergang“ versus „Neuanfang“)

Schon in diesen wenigen Punkten zeichnet sich eine Komplexität der Fragestellung ab, die Überschneidungen mit weiteren Strukturproblemen der Grundschule beinhaltet und keine absolut trennscharfe Abgrenzung der Themenkreise zuläßt. Um so notwendiger ist die Akzentuierung der Einzelmomente im Hinblick auf die Gesamtsystematik, in der es um die Konturierung spezifischer Aufgaben der Grundschule geht.

Die „Folgeprobleme", die sich aus dem Auftrag „Erste Schule" ergeben, zeigen, daß grundschulpädagogisch *zunächst* nicht (didaktische) Fragen der Lehrziele und Fachinhalte im Vordergrund stehen, sondern bestimmte *Rahmenbedingungen*, die vornehmlich unter soziologischen, psychologischen und pädagogisch-bildungstheoretischen Aspekten zu erfassen sind.

Im Unterschied zu anderen Schulstufen und -arten (die selbstverständlich auch dem Anspruch unterliegen, die Schüler „dort abzuholen, wo sie herkommen"), handelt es sich bei Schulanfängern der Primarstufe noch nicht um „Schüler" mit lehrplanmäßig bestimmbarem Vorwissen. Damit ist die spezielle Schwierigkeit verbunden, daß keinerlei Maßstäbe einer (gemeinsamen) schulischen Vorbildung vorhanden sind und nicht auf schulische „Vorsortierung" und Selektion aufgebaut werden kann.

Während es auf späteren Bildungsstufen vor allem darauf ankommt, die Schüler in fachlichen Inhalten und entsprechenden Denk- und Arbeitsweisen „*weiter*zuführen", muß die Grundstufe erst einmal in die *Eigenart schulischen Lernens* an sich *ein*führen.

Aus der begründeten Annahme, daß in den ersten Schuljahren das *Bild von Schule* beim Kind nachhaltig geprägt wird, ergibt sich zwangsläufig eine erhöhte Verantwortung der Grundschule für den gesamten Bildungsgang. Das betrifft nicht nur subjektiv das einzelne Kind mit seinem individuellem Schulerfolg bzw. Schulversagen, sondern auch die objektive Frage, welche generelle Vorstellung von Schule überhaupt aufgebaut werden soll.

2.1 Problemzone Schulbeginn

2.1.1 Grundschule als „Vermittlerschule"

Betrachtet man die Voraussetzungen für einen guten Schulstart zunächst vom Kinde aus, sind die Bedingungen in der Regel durchaus günstig: Die meisten Kinder freuen sich auf die Schule, sie sind neugierig und wissensdurstig, warten ungeduldig darauf, endlich lesen, schreiben und rechnen zu lernen bzw. schon erworbene Fähigkeiten und Kenntnisse anwenden und vorzeigen zu dürfen. Weitgehend ist die grundsätzliche Bereitschaft vorhanden, sich auf die Anforderungen der Schule einzulassen.

Wenn es zu Schwierigkeiten und Krisen kommt, werden die Ursachen deshalb nicht einseitig beim Kind zu suchen sein, sondern in der strukturellen

Wechselbeziehung zwischen kindlichen Voraussetzungen und den institutionell-gesellschaftlichen Bedingungen der Schule.

So ist (mit Koch 1998, S. 62/63) zu sehen, daß mit Schulbeginn das Kind eine *neue gesellschaftliche Rolle* erhält: Zum „*Kindsein*“ kommt das „*Schülersein*“. Das Kind wird zum Schüler unter vielen anderen; es muß sich an neue Ordnungen und Regeln gewöhnen und ist damit einem „strukturell bedingten Sozialisationskonflikt“ ausgesetzt. Das soziale Bezugsfeld der Familie wird durch die Erfüllung der Schulpflicht durch eine „öffentliche Dimension“ erweitert. Mit Eintritt in die „öffentliche Schule“ wird das Kind mit für alle gleichermaßen geltenden objektiven Leistungsanforderungen und überindividuellen Normen konfrontiert, so daß es von nun an ein „Doppelwesen“ ist: Familienmitglied und Mitglied der gesellschaftlichen Institution Schule. Die Grundschule als „Sozialisationsinstanz“ macht aus dem Kind ein gesellschaftliches Wesen.

Neben *neuen Erwartungen von Lehrern und Eltern* (Leistungsvergleich, Bewährung) entstehen neue Anforderungen in *motorischer* Hinsicht (einerseits Einschränkung der Bewegungsfreiheit, andererseits Differenzierung der Feinmotorik), im *sozialen* Bereich (neuer und ungewohnter Sozialverband, die ehemals „Großen“ sind nun wieder die „Kleinen“, geringere emotionale Zuwendung usw.) und im *kognitiven* Bereich (mehr angeleitetes, sachbezogenes, weniger selbstbestimmtes, emotional betontes Lernen).

> „Es ist möglich, sogar wahrscheinlich, daß einzelne dieser Anforderungen für sich genommen zu meistern sind. Das Dilemma ist gerade, daß die Veränderungen geballt, plötzlich und von vielen Seiten auftreten. Sie treffen auf ein Individuum, das für die neuen und überraschenden Situationen weder eingespielte Gewohnheiten noch Routinen zur Verfügung hat“ (Hacker 1992, 8).

Verlangt werden von Schulanfängern große Anpassungsleistungen: Einfügen in ein vorgegebenes, kompliziertes System von Schul- und Unterrichtsorganisation (Fächer- und Zeiteinteilung, Lehrerzuordnung, Raum-/ Busplänen usw.).

Diese *Überforderung* bei äußeren institutionellen Rahmenbedingungen steht häufig in krassem Gegensatz zu inhaltlicher *Unterforderung* im Hinblick auf das, was Grundschüler bereits können, was sie vor und außerhalb der Schule gelernt haben und was in gleich- und engschrittigem Unterricht nicht zur Geltung kommen kann.

> „Es ist schwer zu entscheiden, welche Belastungen in den ersten Schulwochen schwerer wiegen, die Anpassungsanforderungen oder die einseitige Beanspruchung eines handlungsarmen, überwiegend kognitiv ausgerichteten Unterrichts. Beides, die mangelnde Beanspruchung vorhandener emotionaler, psychomotorischer und auch geistiger Kräfte und die ständigen Anpassungsanforderungen verlangen ein Ausmaß an Triebkontrolle, das jüngeren Schulkindern nur schwer gelingt und daher den Schulanfang für alle Beteiligten zu einer Strapaze werden lassen kann“ (Garlichs 1984, S.16).

Kinder können unter diesen Bedingungen die anfängliche Lernfreude verlieren und alsbald ein „negatives Schulbild“ aufbauen. Ein Grundproblem des Schulanfangs liegt demnach darin, eine frühzeitige „Verbildung der kindlichen Lernbereitschaft“ zu verhindern und vielmehr *Vermittlung von Kindsein und Schülersein* zu gewährleisten (vgl. Kasper 1987).

Daß der Schuleintritt in der Realität eine charakteristische Problemzone darstellt, ist auch schulgeschichtlich bedingt. Im Kernansatz ist das Übergangsproblem ein Folgeproblem der Entstehung der Grundschule als einheitliche und gemeinsame Schule für alle. Bei der früheren Trennung des niederen und höheren Schulwesens gab es das Auslese- und Verteilungsproblem kaum, da nicht Leistung, sondern der soziale Status Hauptkriterium für Schulbesuch und -wahl war. Erst im Zusammenhang mit (demokratischen) Prinzipien wie Leistungsorientierung und (Start-)Chancengerechtigkeit wird die Frage nach einem einheitlichen „Einstiegsniveau“ bedeutsam und damit zu einem „Schwellen-Problem“ (vgl. Hacker 1992, S.11).

Allerdings hat man in der Bildungsgeschichte schon sehr frühzeitig Überlegungen zur institutionellen und pädagogischen Gestaltung des Übergangs in die erste Schule angestellt.

Ideengeschichtlich hat bereits Joh. Amos COMENIUS (1592-1670) ein Schulsystem entworfen, das vom *Leitgedanken kontinuierlicher Bildung* getragen war. In seinem Konzept der jeweils sechs Jahre dauernden Bildungsstufen Mutterschule- Muttersprachschule- Lateinschule- Universität ist die „Muttersprachschule“ eine Institution, die heute als modellhafter Vorläufer der Grundschule angesehen werden kann. Besondere Beachtung wurde dem möglichst gleitenden Übergang von der Familienerziehung („Mutterschule“) zur schulischen Erziehung geschenkt: Aufbauen auf Bestehendes und natürliche Weiterführung des Lernens.

Dieser Gedanke, „bei der Bildung des Menschengeschlechts dem Gang der Natur zu folgen“, wurde von Joh. Heinrich PESTALOZZI (1746-1827) weitergeführt. Der ersten Schulanstalt wird die Aufgabe gestellt, die „Unverdorbenheit der häuslichen Erziehung“ fortzusetzen und aus der Einfachheit der Anschauung die „Natur des menschlichen Geistes“ zu entwickeln. Gerade in der Anfangsphase dürfe das lebensnahe Lernen „mit Kopf, Herz und Hand“ nicht „tyrannisch still“ gelegt werden. Auch wenn die Schule letztlich eine künstliche Lerninstanz ist, sollten doch die eingesetzten Mittel so natürlich wie möglich sein.

Während hier die Übergangsproblematik vor allem durch Entschulung der („Buch- und Pauk-“) Schule und durch „Wohnstuben-Lernen“ im Anfangsunterricht zu entschärfen versucht wird, betont der „Vater des Kindergartens“ Friedrich FRÖBEL (1782-1852) noch stärker die Vorstufe der Schulbildung und hier besonders die Notwendigkeit einer *Vermittlungsschule*. In ihrer Mittler funktion steht sie als pädagogische Instanz zwischen dem Kindergarten und der eigentlichen Lern- oder Begriffsschule und kann so als geistiger Vorläufer des Eingangsstufenmodells angesehen werden. Wegweisend ist Fröbel mit der differenzierenden Überlegung, nicht das Prinzip der Kontinuität zu verabsolutieren, sondern gleichzeitig bewußt die Zäsuren des Bildungswegs zu markieren. Damit erhält die Vermittlungsschule eine eigene Qualität, die durch spezielle Ausbildung von *Vorschulerziehern* abzusichern wäre.

Insgesamt steht der Vermittlungsgedanke in engem Zusammenhang mit der erzieherischen Bemühung, den Einzelmenschen in die objektive Kultur hineinzuführen. Schon bei HEGEL (1770-1831) wird die Grundschule als Institution gedacht, die eine Stellung zwischen der Familie und der „wirklichen Welt" hat und den Übergang vermittelt.

Diese Intention nimmt realgeschichtlich Anfang des 20.Jahrhunderts konkrete Gestalt an: Die Grundschule wird als „Vermittlungsschule" betrachtet, die behutsam vom „freien Kinderleben" zu den sachlich wie methodisch bestimmten Tätigkeiten des Schullernens leitet und die eigentliche Schulfähigkeit erst herbeiführt (Flitner 1966, S.133 f., vgl. auch Schmack 1970, S.56 ff.).

In den skizzierten historischen Ansätzen wie in der aktuellen Diskussion zeichnet sich das Grundproblem einer „ersten Schule" ab: Die Frage nach Kontinuität bzw. Diskontinuität des Lern- und Bildungsprozesses am Schulanfang. Vielfältige Lösungsversuche machen eines deutlich:

Es bedarf zweifellos eines ausgeprägten „Vermittlungsbewußtseins" des/der Lehrers/-in einer ersten Klasse, eines behutsamen „pädagogischen Takts" und entsprechender personaler Bindung. Bei solcher pädagogischer Bewältigung des Schulanfangs als „Handlungsproblem" stehen Lehrer in persönlicher Verantwortung für die Bedürfnisse des Kindes. Andererseits sind sie jedoch auch „Funktionäre" der Institution Schule mit deren „objektiven" (gesellschaftlich-politischen) Anforderungen.

In diesem Konflikt besteht für den Pädagogen eine zweifache Gefahr: Entweder werden Schwierigkeiten auf persönliches Versagen zurückgeführt oder man fühlt sich als Opfer von Sachzwängen der Institution, wodurch man sich pädagogischer Verantwortung enthoben glaubt (vgl. Thiemann 1985).

Auch wenn für das Ge- bzw. Mißlingen des Schulanfangs die Lehrerpersönlichkeit von großer Bedeutung ist, wie dies in einer qualitativ-interpretativen Untersuchung zum „Bildungsprozeß des Kindes im Übergang von der Familie zur Schule" bei Witting (1989, S.341) ausgeführt wird, müssen Handlungsmöglichkeiten und -grenzen doch vor allem in ihren strukturellen Zusammenhängen gesehen werden. Denn viele der Anfangsprobleme, die von Lehrer/innen bewältigt werden müssen, sind institutionell „hausgemacht", d.h. sie liegen weitgehend in der Schulorganisation selbst begründet. Hier versucht, bereits seit den 70er Jahren, die „von unten aufbauende" *Grundschulreform* anzusetzen (vgl. Neuhaus, E.: Reform der Grundschule 1994).

2.1.2 Übergangsmodell der „Eingangsstufe"

In den großen historischen Schulentwürfen und -plänen ist die erste Schule von vornherein konzeptionell ins Schulsystem eingebunden: Die „Muttersprachschule" bei COMENIUS, die Primarstufe im französischen Schulplan CONDORCETS (1792), die allgemeine Elementarschule nach SÜVERN im preußischen Unterrichtsgesetz (1819), die Elementarbildung und -erziehung nach PESTALOZZI. Immer wird die erste Schulstufe als *Grundlage* des gesamten Schulaufbaus gesehen, nicht nur als *Vor*schule.

Mit Konstituierung der Grundschule durch die WEIMARER VERFASSUNG ist die Funktion als erste (verpflichtende) Schule festgeschrieben, die zu den bereits genannten pädagogischen Übergangsproblemen führt.

In Abkehr von reifungstheoretischen Prämissen der Entwicklungspsychologie und aufgrund zunehmender Favorisierung eines „dynamischen Konzepts der Begabung" (Lerntheorie) in den 60er Jahren, wird die Bedeutung der (frühen) Kindheit als „bildsamste Phase" hervorgehoben, was konsequenterweise die Forderung eines Ausbaus auch vorschulischer Bildungsangebote beinhaltet.

Diese Forderung steht im Zusammenhang mit einer umfassenden Neukonzeption des Schulsystems, wie sie der DEUTSCHE BILDUNGSRAT in seinem „Strukturplan für das Bildungswesen" 1970 vorgeschlagen hat: Die Aufteilung nach Elementar-, Primar- und Sekundarbereich.

Der neugeordnete Primarbereich sollte die bisherige Grundschule ablösen:

> „Er umfaßt vier Schülerjahrgänge oder, bei Einbeziehung der Orientierungsstufe in diesen Bereich, sechs Schülerjahrgänge und ist in zwei oder drei Zweijahresstufen gegliedert: Eingangsstufe, Grundstufe und ggf. Orientierungsstufe [2+2(+2)]. Diese Stufen sind Einheiten mit besonderer pädagogischer Zielsetzung und gleichzeitig im Rahmen des kontinuierlichen Verlaufs der Bildungsprozesse aufeinander bezogen. Als längerfristige Zielsetzung wird empfohlen, alle Kinder zum ersten Termin nach Vollendung des 5.Lebensjahres einzuschulen. Um der Gefahr vorzubeugen, daß die Grundschule in ihrer gegenwärtigen Form lediglich nach unten ausgedehnt wird, muß der Einführung des früheren Schuleintrittsalters die Veränderung der Stufung, Inhalte und Lehrverfahren im Primarbereich vorausgehen" (S. 123).

Mit dem *Eingangsstufenmodell* wird der Versuch unternommen, die Übergangsproblematik institutionell zu lösen. Hauptintention ist es, Startchancengerechtigkeit herzustellen, indem für alle Kinder ein angemessener Zeitraum zur Verbesserung ihrer Lernfähigkeit und -bereitschaft vorgeschaltet wird. Durch gezielte Förderung sollen soziokulturell bedingte Unterschiede abgebaut und größere Vergleichbarkeit der Lernvoraussetzungen erreicht werden, um alle Kinder auf die neuen sachlichen Anforderungen der Grundstufe vorzubereiten. In den Empfehlungen der Bildungskommission wird ausdrücklich auf eine „Längsschnittförderung" hingewiesen, d.h. auf eine pädagogische Absicherung der „kritischen Zeit" des Übergangs.

Hierin wird die *Brückenfunktion* der Eingangsstufe deutlich, die eine kontinuierliche Weiterführung der Lern- und Erziehungsprozesse des Elementarbereichs gewährleisten soll. Der oft problematische Einschnitt des Schulanfangs als „schicksalhafte Schwellensituation" soll entschärft werden. Dadurch, daß auch schon für den Elementarbereich curriculare Angaben vorhanden sind, kann im Primarbereich gezielt an vorschulische Erfahrungen angeknüpft werden. Das sei erforderlich, weil das herkömmliche erste Schuljahr so mit vielfältigen Aufgaben überfrachtet ist (Kulturtechniken, Sozialerziehung, Einführung ins schulische Leben, Lernen und Arbeiten), daß hierfür eine Verteilung auf zwei Jahre angemessen sei.

Die *Ausgleichsfunktion* der Eingangsstufe zielt auf einen möglichst konfliktfreien Lernbeginn in der Schule ohne die übliche Auslese durch Schulreifetests ab. Vorhandene Benachteiligungen (sei es durch mangelnde Förderung im Elternhaus, sei es durch Lernbehinderungen usw.) sollen möglichst frühzeitig erkannt und abzubauen versucht werden (vgl. Horn 1991, S.81). Sozialpädagogisch wird darüberhinaus das Argument angeführt, daß beim Übergang in die Grundstufe die Kinder als Gruppe zusammenbleiben und sich so die Sozialisationsprozesse stabilisieren könnten (was allerdings auch Nachteile nach sich zieht).

Aus diesen Zielvorstellungen ergaben sich grundsätzliche Forderungen für die Organisation des Schulanfangs, wobei zwei Modelle entworfen wurden:

Bei der *einjährigen Eingangsstufe* handelt es sich um ein Vorbereitungsjahr, das bei den Fünfjährigen die Voraussetzungen für die Lernverfahren der Schule anbahnen soll. Vorteil ist, daß die bestehende Organisation der Grundschule kaum verändert wird, Nachteil, daß durch die kurze Dauer die Möglichkeit ausgleichender und differenzierender Förderung der Kinder begrenzt ist.

Nach dem Entwurf einer *zweijährigen Eingangsstufe* sollen die Vorklasse und die herkömmliche erste Grundschulklasse zu einer Einheit verbunden werden. Der Vorteil wird darin gesehen, daß alle Kinder entsprechend ihrem Entwicklungstempo gefördert werden. Allerdings bedeutet dieses Modell eine gravierende Umstrukturierung der Grundschule, insbesondere beim Ausgestalten der dann unter anderen pädagogischen Bedingungen arbeitenden „Grundstufe".

Abgesehen von einzelnen bestehenden Vorklassen- und Eingangsstufeneinrichtungen in einigen Bundesländern (vgl. die Angaben bei Horn 1991, S.83) haben sich weder die genannten noch andere ähnliche Modelle als Regelform durchgesetzt, wofür neben dem Problem der Finanzierung vor allem Einwände gegen die Herabsetzung der Schulpflicht auf das 5.Lebensjahr ausschlaggebend waren.

Die pädagogischen Innovationen der Eingangsstufenidee für eine veränderte Grundschule sind jedoch unverändert aktuell und zeigen die Notwendigkeit, daß eine befriedigende Lösung aller Einschulungsprobleme nicht allein mit „pädagogischem Takt" der Erstklaßlehrer, sondern erst in Verbindung mit entsprechender organisatorischer Umgestaltung der Grundschule erreicht werden kann.

Vor diesem Hintergrund wird deutlich, daß das nachfolgend dargestellte Konzept allenfalls als „Kompromißlösung" angesehen werden kann.

2.1.3 Kooperation zwischen Kindergarten und Grundschule

Auch wenn die gegebenen institutionellen Anfangsbedingungen im Schulsystem ungünstig sind, darf die Grundschule ihre Funktion als „Vermittlungsschule" nicht vernachlässigen; so gehört es zu den selbstverständlichen grundschulpädagogischen Aufgaben, den Kindern den Übergang vom Kindergarten zur Grundschule zu erleichtern (vgl. Horn 1982, Haarmann/ Horn 1998).

Während entsprechende *Modellversuche*, z. B. in Hessen und im Saarland, vor allem die curriculare Kontinuität zwischen Kindergarten und Grundschule akzentuierten, wird im bayerischen Modell „Kooperation" stärker die Milderung von Lernschwierigkeiten in der Eingewöhnungsphase, die Verbesserung des Lernklimas und der individuellen Fördermöglichkeiten akzentuiert:

Dic Aufgabenstellung im *institutionell-personellen* Bereich richtet sich auf Kontinuität im Wechsel der pädagogischen Bezugspersonen und der Lernumwelt sowie auf Verminderung von Differenzen der Erziehungsauffassung von Erzieherinnen und Lehrerinnen.

Im Bereich der *Förderinhalte* geht es um gegenseitiges Kennenlernen der Erziehungs- bzw. Unterrichtsinhalte und um Erfahrungsaustausch hinsichtlich gezielter Förderung aufgrund genauer Beobachtung kindlichen Verhaltens.

Im *methodischen* Bereich steht die kontinuierliche Überleitung von mehr situationsgebundenem in zunehmend zielgerichtetes, geplantes Lernen, von spielorientierten Lernformen in mehr sachstrukturierte Arbeitsformen im Vordergrund.

Möglichkeiten der Zusammenarbeit (beispielsweise nach Empfehlungen des bayerischen Staatsministeriums für Unterricht und Kultus 30.10.1980 Nr. III A 4) sind:

Gemeinsame Konferenz: Vertreter des Kindergartens (Träger, Erzieher) und der Schule (Schulleiter, Lehrer) tauschen grundlegende Informationen aus und erörtern Fragen und Möglichkeiten der Zusammenarbeit.

Gegenseitige Besuche von Erziehern und Lehrern: Lehrer lernen bei Hospitationen ihre künftigen Schüler kennen und erhalten Einblick in die Arbeitsweisen des Kindergartens. Erzieher können die Entwicklung der Kinder weiterverfolgen und begegnen Unterrichtsformen des Erstunterrichts.

Besuche der Kindergartenkinder in der Grundschule: Die Kinder lernen dabei ihre künftigen Lehrer kennen und gewinnen erste Eindrücke von der Schule (vgl. Krenzer 1995).

Gemeinsame Unternehmungen: Dem gegenseitigen Kennenlernen dienen weiterhin gemeinsame Anlässe wie Feste, Feiern und Ausflüge.

Gestaltung des Erstunterrichts: Angeknüpft wird an Lernformen, Lieder, Gedichte und Spiele, welche die Kinder aus dem Kindergarten kennen.

Zusammenarbeit mit den Erziehungsberechtigten: Bei Elternveranstaltungen der Grundschule und des Kindergartens zu Fragen des Schuleintritts sind wechselseitig Erzieherinnen bzw. Lehrer/innen beteiligt.

Beratende Funktion der Erzieherin bei Fragen der Schulfähigkeit: Aufgrund längerfristiger Beobachtungsmöglichkeiten des Entwicklungsstands der Kinder kann die Erzieherin eine wichtige Entscheidungshilfe bei der Schuleingangsdiagnostik leisten (vgl. Burgener-Woeffray 1996, S. 95-98).

Gemeinsame Fortbildungsveranstaltungen: Schulämtern und Verbänden der Kindergartenträger wird empfohlen, zu Fortbildungsveranstaltungen mit einschlägigen Themen auch die Pädagogen aus Kindergarten bzw. Grundschule einzuladen (vgl. auch Barth 1996).

Wesentlich intensiviert werden könnten solche Ziele und Formen der Zusammenarbeit durch Einrichtung von *Schulkindergärten*, da diese den Intentionen der Eingangsstufe nahekommen (vgl. Horn 1991, S. 83-87; Bairlein / Butters 1996).

Insgesamt ist festzustellen, daß aufgrund relativ starrer Einschulungsregelung in Deutschland der Schulbeginn weiterhin ein neuralgischer Punkt in unserem Bildungswesen ist. Die Gesamtproblematik ist grundsätzlich nur institutionell durch eine verpflichtende Übergangseinrichtung zu lösen. Abgemildert werden können die Belastungsfaktoren aber durch enge Zusammenarbeit von Kindergarten und Grundschule, was die Einbindung der Eltern einschließt.

2.2 „Schulfähigkeit“ des Kindes als Einschulungsvoraussetzung

Der Aufgabenkomplex Einschulung und Schuleintrittsdiagnostik basiert auf der gesetzlichen Vorgabe der *Schulpflicht* und des festgelegten *Einschulungsalters*.

Die heute gültige Regelung wurde durch das sogenannte „Hamburger Abkommen“ der Kultusministerkonferenz vom 28.10.1964 bundeseinheitlich festgelegt: Kinder, die bis zum 30.6. eines Jahres das 6. Lebensjahr vollenden, werden zum 1.8. dieses Jahres schulpflichtig. Auf Antrag der Erziehungsberechtigten können Kinder in die Grundschule aufgenommen werden, die bis zum 31.12. des Einschulungsjahres das 6. Lebensjahr vollenden, wenn ihre körperliche und geistige Entwicklung erwarten läßt, daß sie mit Erfolg am Unterricht teilnehmen werden. Ein Kind, das am 30. Juni mindestens 6 Jahre alt ist, kann auf die Dauer eines Schuljahres vom Schulbesuch zurückgestellt werden, wenn zu erwarten ist, daß es nicht mit Erfolg am Unterricht teilnehmen kann. Die Zurückstellung ist nur zulässig, wenn kein Anlaß auf Sonderschulzuweisung besteht.

Die „Normaleinschulung“ erfolgt damit zwischen 6;1 und 7;2 Jahren. Unter Einbezug vorzeitiger Einschulung bzw. Zurückstellung liegt die Einschulungszeitspanne zwischen 5;6 und 8;2 Jahren.

Daß die Festlegung des Einschulungsalters von unterschiedlichen Bedingungen abhängig ist, zeigen unterschiedliche Regelungen in anderen Ländern (z. B. zwischen 5,0 und 8,0 Jahren in Europa, Einschulung der Kinder exakt an ihrem 5. Geburtstag in Australien), aber auch aktuelle bildungspolitische Diskussionen um Vorstöße deutscher Kultusminister, das Einschulungsalter vorzuverlegen.

Grundschulpädagogisch wirkt sich die Stichtagsregelung in zweifacher Hinsicht aus:

- Sie zwingt zu einer „amtlichen“ Bestimmung von Schulfähigkeit, da mit der Schulpflicht nicht unmittelbar das Recht verbunden ist, in die erste Klasse der Grundschule aufgenommen zu werden;
- sie legt jährlichen Schulbeginn und Jahrgangsklasse fest (denkbar wäre auch halbjähriger Einschulungsturnus oder noch flexiblere Terminierung).

Mit Schulpflicht und Einrichtung einer gemeinsamen Schule für alle Kinder durch die Weimarer Verfassung ist die Frage der Erfassung der „Schulreife“ bzw. „Schulfähigkeit“ so alt wie die Grundschule selbst, wobei sich allerdings ein deutlicher Wandel in der Aufgabenstellung vollzog.

2.2.1 Schuleingangsdiagnostik

Wissenschaftlich fundiert bearbeitet wurde das Schulreifeproblem bereits bei Penning 1926, der aufgrund empirischer Erhebungen zum Ergebnis kommt, daß die Einschulung der Kinder grundsätzlich nach dem Entwicklungsalter, nicht nach dem Lebensalter zu erfolgen hat (!), aus schulorganisatorischen Gründen sich aber für eine Schulpflicht mit vollendetem 7. Lebensjahr ausspricht (S. 200).

(a) Die ersten Modelle zum Verständnis der *Schulreife* aus kinderärztlicher und psychologischer Sicht wurden in den dreißiger Jahren entworfen. Entsprechend der damals vorherrschenden Reifungs- und Stufentheorie (vgl. 1.1.2) nahm man an, daß sich Schulreife endogen, nach innerlich angelegten Reifungsvorgängen im Organismus entwickle, daß der Fortschritt in allen Dimensionen körperlicher und seelischer Entwicklung synchron erfolge. Als biologischer Reifungsschub wurde z. B. der Zahnwechsel angesehen.

Als ein Hauptvertreter des Schulreifekonzepts ging A. Kern von der Beobachtung aus, daß Sitzenbleiber nur wenig von der Klassenwiederholung profitierten („Sitzenbleiberelend und Schulreife“ 1951), was er bei diesen Kindern vor allem auf reifungsmäßig zu frühen Schulbeginn zurückführte. Er plädierte deshalb für eine psychologisch fundierte Erfassung der psychischen Schulreife und entwickelte hierfür den sogenannten „Grundleistungstest“ (GLTP), der jahrzehntelang für viele weitere Schulreifetests als Modell diente:

Die Kinder malen ein (Schreibschrift-) Sätzchen von der Tafel ab und fertigen eine („Männchen-“)Zeichnung dazu, malen Mengengestalten ab, erfassen bzw. benennen simultan Mengen und suchen aus Reihen von ähnlichen symbolhaften Abbildungen diejenige heraus, die exakt dem Vergleichsobjekt entspricht.

Die Überprüfung der Schulreife konzentrierte sich somit auf visuelle „Gliederungsfähigkeit“, die als Kriterium für den gesamten Entwicklungsstand und als zentrale Grundleistung schulischer Anforderungen angesehen wurde.

(b) Mit der Kritik an Reifungstheorie und biologischer Sichtweise (unzulässige Übertragung von Kriterien körperlicher auf die geistige Entwicklung) richtete sich das Interesse ab den sechziger Jahren mehr auf (vorschulische) *Lern*prozesse und auf die Komplexität menschlichen Leistungsverhaltens. Das Schulreifekonzept wurde abgelöst durch eine neue Begriffsbestimmung der *Schulfähigkeit* (vgl. Krapp/ Mandl 1977), was Einbezug weiterer Faktoren des Schulerfolgs wie Motivation, Arbeitshaltung und Schulfähigkeit bedeutete. Schenk-Danzinger (1969) ergänzte den Begriff Schulfähigkeit (notwendige kognitive Funktionen der Unterweisung im Klassenunterricht) durch den Begriff der

Schulbereitschaft: Interessen und Einstellungen gegenüber schulischen Inhalten und Gegebenheiten.

Seit dieser Zeit legt Schuleingangsdiagnostik folgende *Hauptkriterien* (vgl. z. B. Weigert/ Weigert 1991) zugrunde:

- *Körperliche Aspekte* (allgemeiner Gesundheitszustand, körperliche Konstitution, Grob- und Feinmotorik, ...),
- *Sozialfähigkeit* (Einordnen in die Gruppe, Umgang mit Regeln, gemeinsames Arbeiten in der Gruppe, Selbständigkeit und Ablösen von kleinkindhafter Bindung an familiäre Bezugspersonen, Kontaktaufnahme von Beziehungen zu Gleichaltrigen und Erwachsenen, Konfliktverarbeitungs-, Kommunikationsfähigkeit, ...),
- *Motivationale und emotionale Stabilität* (Anstrengungsbereitschaft, Ausdauer, planmäßige Aufmerksamkeit, Selbststeuerung, Bereitschaft zum Verzicht auf Durchsetzung eigener Bedürfnisse zugunsten gemeinsam übernommener Aufgaben, Spielverhalten, ...),
- *Geistige/kognitive Schulfähigkeit* (differenzierte Umweltwahrnehmung und Gliederungsfähigkeit, Sprachentwicklung, gegenstandsgemäßes und zielgerichtetes Handeln, „Werkreife", Aufgabenverständnis, Gedächtnis, Denkfähigkeit, optische und akustische Differenzierungsfähigkeit, ...).

Die *Kritik* an einer solchen Schulfähigkeitsdiagnostik entzündete sich weniger an den genannten Kriterien als vielmehr an den „Meßverfahren" entsprechender *Tests*. Einwände und Bedenken stellt Burgener-Woeffray (1996) auf der Basis empirischer Untersuchungen zusammen:

Schulfähigkeitstests erfassen vorwiegend kognitive Fähigkeiten; sie sind verkürzte Prognoseinstrumente, die die Zahl der Schulversager nicht verringern können; sie sind normorientiert, d. h. als Maßstab dient ein abstrakt gedachtes „Normalkind"; sie verringern kaum Fehlentscheidungen; sie dienen der Selektion aufgrund einseitiger Leistungskriterien; sie sind kindgerecht verpackte Intelligenztests in einem einmaligen Testakt; sie erzeugen bei schlechtem Testergebnis eine negative Leistungserwartung, die das Kind auf Dauer in seinem Selbstkonzept prägt (S. 31-36).

Festzustellen ist, daß Schulfähigkeitsdiagnostik auf bloßer („schriftlicher") Testgrundlage mit dem pädagogischen Auftrag der Grundschule nur unzureichend in Einklang zu bringen ist.

(c) Das Bemühen, weitere Bedingungsvariablen von Schulfähigkeit zu erfassen, zu systematisieren und den Stellenwert der Schule einzubeziehen, ist im *ökologisch-systemischen Schulreifemodell* nach Nickel (z. B. 1991) erkennbar, das sich an der ökologischen Entwicklungstheorie von Bronfenbrenner (1981) anlehnt. Hier wird versucht, Wechselwirkungen zwischen individuellen Lernvoraussetzungen, soziokultureller und materieller Gegebenheiten und schulischer Anforderungen in einen gesellschaftlichen Gesamtzusammenhang zu stellen. Allgemeine Ziel- und Wertvorstellungen, sozial-ökonomische Strukturen und Einstellungen zum Leistungsverhalten werden auf die drei Hauptfaktoren SCHULE-SCHÜLER-ÖKOLOGIE bezogen. Es wird nicht nur die Frage gestellt, welche Voraussetzungen das „Teilsystem" Schüler (im Sinne oben genannter Schulfähigkeitskriterien) einbringt, sondern gleichgewichtig die Frage, welchen Beitrag die Grundschule zum Schulfähigkeitskonzept leistet (Lehrpläne, Richtlinien zur Leistungsbeurteilung, Organisation des Lernens, Unterrichtsstil usw.) und -als ökologische Komponente- wie sich vorschulische und familiäre Bedingungen auswirken (vgl. auch Knörzer/Grass 1992, S. 89-95).

Mit dieser wesentlich erweiterten Sichtweise sind in der neueren Schuleintrittsdiagnostik modifizierte Verfahren einhergegangen:

Kriteriumsorientierte Tests basieren auf der Messung des Lernerfolgs in einem genau bestimmten Themenbereich über einen längeren Zeitraum (z. B. Erfassung des Ausgangsstandes schon in der Vorschulzeit, gezielte Intervention, Überprüfung des Erfolgs zu Schuleintritt).

Subjektive bzw. informelle Verfahren im Sinne einer „pädagogischen Ökologie", die auch nicht-kognitive Persönlichkeitsaspekte einbeziehen, beruhen z. B. auf Beobachtungs- und Beurteilungsbögen für Erzieherinnen, auf Elterngesprächen und vorschulischen Einzeluntersuchungen von Kindern.

(d) Aufgrund einer systematisch-historischen Analyse aller bisherigen Schulfähigkeits- und Diagnosekonzepte bestimmt Burgener-Woeffray (1996) den heutigen Stand der Schuleintrittsdiagnostik als *entwicklungstheoretisch und ökologisch orientierte Pädagogische Diagnostik.* Unter Zusammenführung der Entwicklungstheorie von Piaget, des systemisch-ökologischen Ansatzes von Bronfenbrenner sowie struktur-niveauorientierter Lerntheorie von Kutzer/ Probst wird Schuleintrittsdiagnostik als komplexes Zusammenspiel von drei Aspekten ausgelegt:

- Unter dem „Aspekt der praxisnahen Entscheidung" als professionelle Zusammenarbeit zwischen Kindergarten und Grundschule in Abwägung von Erschwernissen und möglichen Erleichterungen im Lebenskontext des Kindes.
- Unter dem „Aspekt verwendbarer Theorien" als Einbezug bewährter Diagnostikinstrumente zur Erfassung mathematischer, sprachlicher, sozialer Fähigkeiten und der Aufmerksamkeitsstruktur sowie ökologischer Faktoren (Familie, Kindergarten, Hort usw.).
- Unter dem „Aspekt theoriegeleiteter Verfahren" als Arrangement subjekt- und handlungsorientierter Gesprächs-, Spiel- und Beobachtungssituationen (unter Verzicht auf klassische Testgütekriterien).

(e) In der *gegenwärtigen Diskussion* zeichnet sich die Tendenz ab, daß Schulreife- bzw. -fähigkeitstests in ihrer Zuverlässigkeit und Effizienz skeptisch eingestuft werden, vor allem, wenn sie zeitlich punktuell (Stichtag) einseitig kognitive Leistungen zu erfassen suchen. Zunehmend bemüht man sich, von einer Schuleintrittsuntersuchung als „Spätdiagnose“ wegzukommen und den Schwerpunkt auf *Früherkennung schulischer Lernstörungen* zu legen. Dabei geht es nicht nur um spektakuläre Symptome, sondern um Auffälligkeiten im Alltagshandeln des Kindes, die von der Erzieherin im Altersgruppenvergleich wahrgenommen werden können (Ball fangen, auf einem Bein hüpfen, Bastelarbeiten durchführen, Lieder und Verse merken, Rhythmus mitklatschen, mit der Schere etwas ausschneiden, sprachlich etwas mitteilen ... können). Bei der Abklärung etwaiger Wahrnehmungsstörungen (taktil, kinästhetisch, vestibulär, visuell, auditiv) wird verstärkt mit weiteren Fachkräften wie Schulpsychologen, Heilpädagogen, Logopäden kooperiert.

Dies ist vor dem Hintergrund der Entwicklung zu sehen, daß in den letzten Jahren - meist auf Wunsch der Eltern - in Deutschland Kinder immer später eingeschult werden, die Zahl der vorzeitig eingeschulten Kinder rückläufig, die der Zurückstellungen aber stark gestiegen ist. Zurückstellungen können aber nicht verhindern, daß Kinder ein Schuljahr wiederholen müssen; vielmehr weisen zurückgestellte Kinder die höchste Wiederholungsquote bis ins vierte Schuljahr auf. Je älter die Kinder bei der Regeleinschulung sind, desto weniger läßt eine Zurückstellung das Aufholen von Rückständen erwarten (vgl. Barth 1997).

Da die Grundschule auf die Entwicklung des Kindes im Vorschulalter nur sehr bedingt Einfluß nehmen kann, stellt sich die Frage, welchen (pädagogischen) Beitrag sie (unter fehlenden Eingangsstufenbedingungen) für die Bewältigung der Schulanfangsproblematik zu leisten vermag.

2.2.2 Konsequenzen für Schulanmeldung und -vorbereitung

Die übergeordnete grundschulpädagogische Aufgabe liegt im Spannungsfeld heterogener Voraussetzungsprofile der Kinder einerseits und gemeinsamer verbindlicher Bildungsziele andererseits. Trotz berechtigter Kritik an bestimmten Testpraktiken, ist es deshalb weiterhin sinnvoll, bewährte Verfahren der Schuleingangsdiagnostik zu nutzen. Im Vordergrund steht dabei nicht Selektion, sondern *Prävention* mit dem Ziel, möglichem Schulversagen vorzubeugen, aber auch unnötige Zurückstellungen zu vermeiden.

„Der weitgehende Verzicht auf eine Einschulungsuntersuchung bedeutet nicht gleichzeitig, daß eine Einschätzung des kindlichen Lern- und Entwicklungsstandes überflüssig würde. Die heute oft gängige Argumentation, jede Diagnose müsse vermieden werden, da sie zur 'Aussonderung' führe und damit stigmatisiere, ist kritisch zu hinterfragen. Der Verzicht auf frühdiagnostische Verfahren ist wenig sinnvoll, da Lern- und Entwicklungsauffälligkeiten zu spät erkannt werden" (Barth 1997, S. 64).

Unter diesem Aspekt wird deutlich, daß die Kernaufgaben der ersten Schulstufe schon weit vor dem ersten Schultag beginnen. Grundschulpädagogisch ist *Einschulung* nicht als juristischer Akt, sondern *als begleiteter und gestalteter Prozeß* zu verstehen.

Organisatorisch zuständig ist hierfür in erster Linie der Schulleitung, welche die Zusammenarbeit mit dem Schulamt, Gesundheitsamt, Schularzt, Elternkreis und (Schul-) Kindergarten initiiert und organisiert.

Der erste Elternabend findet frühzeitig (z. B. Januar/Februar), meist auf Einladung der Kindergärten, statt, wobei Erzieherinnen und Lehrer/innen über organisatorische und inhaltliche Probleme des Übergangs informieren.

Die *pädagogisch gestaltete Schulanmeldung* vermeidet den Eindruck, es handele sich nur um einen bürokratischen Verwaltungsakt (der auch von der Sekretärin erledigt werden kann). Vielmehr wird das Kind im Mittelpunkt stehen und die Gelegenheit erfaßt, erste *diagnostische Hinweise* zu erhalten. Die aufnehmende Person, im günstigsten Fall der/die künftige Klassenlehrer/in, führt mit dem Kind ein Gespräch (z. B. Vorstellung von Schule, Lieblingsbeschäftigung), das sich auch über bereitliegendes Material (Bilderbuch, Plastilin, einfaches Puzzle,...) entwickeln kann.

Darüber hinaus ist der Schuleinschreibungstermin auch eine gute Gelegenheit zur *Selbstdarstellung der Schule*: Eltern und Kinder erfahren, daß die Schule ein angenehmer Lernort ist, der ein reiches Angebot von Spiel- und Lernmitteln bereithält und durch die Schulhaus- und Klassenzimmergestaltung die stete Bemühung um eine gute Atmosphäre des Schullebens dokumentiert (vgl. Hacker 1992, S. 80/81).

In den letzten Jahren sind viele Schulen dazu übergegangen, lange vor Schulbeginn kinderfreundliche „Spielstunden", „Schnupper-„ oder „Schultage" (zum Teil in Orientierung am „Kieler Einschulungsverfahren") einzurichten, die ein gegenseitiges Kennenlernen von Kind und Schule eröffnen. Oftmals werden hierbei informelle Verfahren zur Einschätzung der Schulfähigkeit des Kindes einbezogen (vgl. Schrodin 1988).

Beim sogenannten *Screening-Verfahren* handelt es sich um ein Sichtungsverfahren, das der Groborientierung dient, die Aufmerksamkeit der Beobachter auf Verhaltens- und Entwicklungsauffälligkeiten lenkt und Anhaltspunkte für die Notwendigkeit weiterer Untersuchungen und Fördermaßnahmen abgibt.

Im Konzept des „Bayreuther Verfahrens“ (vgl. Kästel/ Peuke 1997) wird beispielsweise bereits im März für alle zur Einschulung anstehenden Kinder eine Art Probeunterricht in Spielform durchgeführt, wobei eine Grundschullehrerin dieses „Unterrichtsspiel“ mit jeweils sechs Kindern leitet, während zwei Kolleginnen gezielte Beobachtungen durchführen und in Beobachtungsbögen eintragen (zwischenzeitlich erledigen die Erziehungsberechtigten in einem anderen Raum die Einschreibungsformalitäten).

Während der Begrüßungsphase und in einem Spiel zum Kennenlernen (im Kreis Ball zuwerfen) können Kontaktaufnahme, Konzentration, akustisches Kurzzeitgedächtnis, Sprachverhalten und Motorik beobachtet werden. Beim Erzählen zu einem Wandbild ergeben sich Hinweise zur sprachlichen Ausdrucksfähigkeit, zur Auffassung von Mengen, Farben und Größenrelationen und zur visuellen Figur-Grund-Wahrnehmung. In Balancierübungen über farbige Linien auf dem Fußboden sind Aufgaben wie Bewegungssteuerung, Gleichgewichtsfähigkeit, Lateralität und grobmotorische Koordination enthalten. Als „schriftlicher“ Aufgabenteil werden Items aus dem „Göppinger sprachfreien Schuleignungstest“ übernommen, die auf Merkfähigkeit, Formauffassung und -unterscheidung, Feinmotorik und Erfassen von Größen-, Mengen- und Ordnungsverhältnissen abzielen.

Auch wenn einem solchen Vorgehen ein „negativer Beigeschmack der Auslese von Unfähigen“ (Portmann 1993, S. 19) unterstellt werden könnte, ist zweifellos von großem Vorteil, wenn *frühzeitig* eine *Diagnose* eingeleitet wird, die ggf. zu *Beratung der Eltern* über gezielte Fördermaßnahmen, Hilfestellung durch Fachkräfte und sonderpädagogische Einrichtungen führt. Dadurch wird Zeit gewonnen, die bei einer völlig undiagnostizierten Pauschalaufnahme aller Schulanfänger auch in einem differenzierten Anfangsunterricht kaum mehr aufgeholt werden kann.

Aufgabe der Grundschule ist demnach *schulbezogene „Alltagsdiagnostik“*, die nicht nur Defizite feststellt und zur „Therapie“ weiterleitet, sondern auch vorhandene Fähigkeiten, Entwicklungs- und Lernvorsprünge erkennt, um bei Schulanfang daran anzuknüpfen und Unterforderung vermeiden zu können.

2.3 Förderung der Schulfähigkeit des Kindes als grundschulpädagogische Aufgabe

Während das grundschulpädagogische Hauptaugenmerk *vor* Schulbeginn auf Informationsgewinnung über vorhandene bzw. fehlende Voraussetzungen beim Kind und entsprechenden präventiven Maßnahmen liegt, geht es *nach* Schulbeginn vornehmlich darum, dem Kind zu einem *erfolgreichen Schulstart* zu verhelfen.

Alois Fischer hat dieses doppelte Anliegen bereits 1928 formuliert: „Schule in strengem Sinn setzt Schulfähigkeit voraus, und diese nach allen Seiten schaffen zu helfen, wird in erster Linie Aufgabe der Unterstufe werden" (zitiert nach Schmack 1970, S. 57).

Derzeit wird die Wechselbeziehung zwischen „Voraussetzung" und „Ziel" eher zugunsten eines Einschulungs*rechtes* des Kindes ausgelegt und gefordert: „Die Grundschule muß ihr pädagogisches Konzept so abwandeln, daß Schulfähigkeit nicht mehr vorausgesetzt, sondern in ihr erworben werden kann" (Susteck 1997, S. 424). In der entsprechenden Konzeption einer „integrativen Grundschule" (Faust-Siehl u. a. 1996, S. 143 f.) sollen ausnahmslos alle schulpflichtigen Kinder - ohne Eingangsdiagnostik - aufgenommen werden und auch keine Zurückstellungen mehr erfolgen. Vorgeschlagen wird eine weitreichende Umgestaltung des Erstunterrichts: Kleinste und jahrgangsübergreifende Schulanfangsgruppen, die durch Teams von Grundschul-, Sonder- und Sozialpädagogen geführt werden.

Abgesehen von der Gefahr personeller Überpädagogisierung und bloßer Verschiebung diagnostischer Maßnahmen auf die spätere Schulzeit in einem solchen Modell, zeichnet sich doch ein Paradigmenwechsel ab, dem die Leitidee einer gemeinsamen Grundschule für *alle* Schulanfänger zugrunde liegt:

„Schulfähigkeit" wird nicht nur als „Eingangsbedingung" gesehen, die das Kind zu erbringen hat, sondern vor allem auch als *Aufgabe der Grundschule, die Schulfähigkeit des Kindes zu fördern.* Damit ist ein Schwerpunkt der grundschulpädagogischen Arbeit in den ersten (beiden) Schuljahren vorgegeben.

2.3.1 Pädagogische Gestaltung des Schulanfangs

Übergänge gehören zum Lebensalltag und beinhalten stets Gefahren und Risiken, aber auch neue Perspektiven und Chancen für die Persönlichkeitsentwicklung des Menschen. Schulisch sind Übergänge feste Bestandteile des gestuften Bildungssystems, die auf dem Lebens- und Bildungsweg des einzelnen von schicksalhafter Bedeutung sein können. Da es sich beim Schuleintritt um den ersten (unumgänglichen) Übergang handelt, wird mit Recht die nachhaltige Wirkung dieses Ereignisses hervorgehoben: Der Grundschule kommt erhöhte pädagogische Verantwortung zu, da sie beim Kind die Vorstellung von Schule nachhaltig prägt. Konkretes Erleben der ersten Lehrerin bzw. des ersten Lehrers bestimmt lange das persönliche „Lehrerbild", das erste Schulhaus und die dort gemachten positiven wie negativen Erfahrungen erzeugen ein „Schulbild", das zur Vergleichsgrundlage bei allen nachfolgenden Etappen der Schullaufbahn wird.

Unter diesem Gesichtspunkt erweist sich Schulanfang nicht nur als spezielles Teilproblem der Grundschulpädagogik, sondern auch als grundsätzliches Theorie-Praxis-Problem; dann nämlich, wenn danach gefragt wird, *welches* Bild von Schule überhaupt entworfen werden soll.

„Bild" als Wortstamm von „Bildung" kennzeichnet die prägende Kraft einer ersten „Ein-Bildung", die überdauernde Einstellungen und Haltungen gegenüber der Schule in sich trägt. Insofern stellt Schulanfang - über eine zeitliche Ausgangsmarkierung hinaus - die inhaltliche und intentionale Fokussierung des Schulsystems dar.

Für jede weiterführende Schulart ist es von Interesse, welche grundlegende Schuleinstellung bei den Kindern angebahnt wird, da dies merkliche Auswirkungen auf die Erwartung der Kinder an die neue Schule, aber auch auf die Erwartung der Schule an die aufzunehmenden Schüler hat. Auch Schulanfang steht selbstverständlich im übergeordneten Kontext einer allgemeinen „Theorie der Schule". Entsprechende Auseinandersetzung mit der „Sachverhaltsstruktur" Schule ist notwendig, wenn sich Schule selbst als Unterrichtsthema und Gegenstand kindlicher Reflexion versteht.

a) Schulanfang als „gleitender Übergang" *und* Neubeginn

Im Sinne einer *Pädagogik der Kontinuität* (Hacker 1992) wird ein *möglichst bruchloser Übergang* von Elternhaus und Kindergarten zur Grundschule angestrebt. Anknüpfend an Kooperationsmaßnahmen zwischen Kindergarten und Schule (vgl. 2.1.3) führt der Erstunterricht vertraute Lernformen weiter und baut auf bekannte Inhalte (Lieder, Verse, Spiele und Themen) auf. Gezieltes Aufgreifen von Vorwissen und Vorerfahrungen sowie individuellem Können (vgl. 1.2.2) dient dazu, durch Vertrautes innere Sicherheit und emotionale Geborgenheit zu vermitteln.

Wie jeder Unterrichtsgrundsatz steht aber auch dieser in einem polaren Spannungsverhältnis zu einem Gegenprinzip. So ist dem Kontinuitätsprinzip der *bewußte Neubeginn* gegenüberzustellen.

Es wäre ein Mißverständnis, bruchlosen Übergang als „unmerkliches Gleiten" und „langsames Übergehen" von der Spiel- in die Arbeitswelt des Kindes zu gestalten. Dagegen spricht, daß jeder Lebensabschnitt ein *Anfangserlebnis* bietet, das voll durchlebt und ausgeschöpft werden sollte: Für das Kind ist der Schritt in die Schule von ganz besonderer Bedeutung im Hinblick auf sein Lebens- und Selbstwertgefühl.

Diese Chance sollte *nicht* durch Vermischung der Eigenarten von vorschulischen Institutionen und der Schule vergeben werden.

„Die Diskussion um den sogenannten gleitenden Übergang führt dann in eine pädagogisch und didaktisch bedenkliche Richtung, wenn die institutionstypischen Besonderheiten, die den Kindergarten von der Grundschule inhaltlich und formal abgrenzen und umgekehrt, ... verwischt werden" (Hansel 1982, S. 125).

„Die Diskussion um den gleitenden Übergang und um die Kooperation Kindergarten - Schule ... darf nicht zur Verschulung des Kindergartens und nicht zum Verspielen des Lernens in der Schule führen" (Lichtenstein-Rother / Röbe 1982, S. 51).

Kinder freuen sich in der Regel auf die Schule und gehen zuversichtlich auf neue Anforderungen zu. Sie wären in ihren Lernerwartungen und in ihrem Schulbild enttäuscht, wenn nur Altbekanntes angeboten und neue Lernanreize vorenthalten würden.

Für einen pädagogisch begründeten *Neubeginn* spricht, daß das Kind auf seinem Lebensweg die Schule als etwas Besonderes erfahren möchte, als „Initiation" und „höheren Status", der seiner neuen gesellschaftlichen Rolle als Schüler entspricht. Es läuft demnach nicht den Bemühungen um „Entdramatisierung des Schulanfangs" (Witting 1989) und Abbau erwachsenenorientierter Einschulungsrituale (vgl. Hinz 1997) entgegen, wenn Schulanfang als positives, auf Sachinteresse basierendes „Bildungserlebnis" verstanden wird.

Der Begriff *Kontinuität* beinhaltet im Grunde beide Intentionen: Anknüpfen an Vertrautes sowie „Weiterführung und Weiterentwicklung" (Wenzel 1988, S. 134), aber auch Neubeginn als behutsames Eröffnen neuer Erfahrungen und Lernmöglichkeiten im Spannungsfeld zwischen Anpassung des Kindes an schulische Anforderungen und Anpassung der Schule an kindliche Voraussetzungen (vgl. grundsätzlich dazu: Luhmann/ Schorr 1990).

„Kontinuität der Erfahrungen herausstellen heißt, daß das Aufarbeiten von Erfahrungen manchmal Vorrang vor dem Vermitteln neuer Erfahrungen haben muß. Das gilt besonders in einer Zeit, in der die Kinder mit einem Kopf voll unverstandener Informationen und Bilder in die Schule kommen" (Garlichs 1984, S. 18).

Vor diesem Hintergrund ist sehr wohl zu überlegen, *wie* erste schulische Erfahrungen des Kindes arrangiert werden müssen, damit ein strukturiertes, vielseitiges und entwicklungsfähiges Schulbild entstehen kann.

b) Pädagogisches Arrangement erster Schulerfahrungen des Kindes

Ausgangsüberlegung der Öffnung verschiedener Erfahrungsdimensionen für das Kind ist sein *Neugierverhalten*, das eng mit Lust an Leistung zusammenhängt. Versteht man den Sinn der Neugier darin, aus Unbekanntem Bekanntes zu machen, ist Neugier eigentlich ein „Sicherheitstrieb" (von Cube). Der Schulanfang als Beginn eines neuen Lebensabschnitts ist ein ambivalentes Erfahrungsfeld, das es in sich trägt, ob aus unbewältigter Unsicherheit Angst oder aus bewältigter Unsicherheit neuer Ansporn erwächst.

Gestaltungsideal ist, Kindern ein „Hochgefühl" - wenn man will: ein „Flow-Erlebnis" - als *Lust am Gewinn von Sicherheit* zu ermöglichen. Schule könnte die Chance geben, Herausforderungen zu bestehen und aus Unsicherem Sicheres machen zu dürfen. Wenn an der Schule das Spannende, Neue und Aufregende entdeckt werden kann und das Kind erlebt, daß es Schule aktiv mitgestalten darf, wird die persönliche Identifikation mit dieser Institution erleichtert und *Bindung* an sie als lustvoll erlebt.

In der grundschulpädagogischen Literatur wird die Bedeutung der ersten Schulerfahrungen deutlich hervorgehoben (vgl. Lichtenstein-Rother 1988, Hacker 1992). Unter dem Aspekt „Neugier des Kindes" erhält die (empirische) Beschreibung von Erfahrungsfeldern eine stärkere normative Wendung, nämlich als eine Aufgabe der Grundschule, die man unter doppeltem Leitgedanken fassen kann:

- Das Kind *entdeckt Schule als persönliche Herausforderung* und bereicherndes (Bildungs-)Angebot.
- Das Kind erfährt *Bindung an die Schule als Mitgestaltungsprozeß.*

Besondere Initiationseffekte bei Kindern (und indirekt bei Eltern) werden sich dort ergeben, wo Vorkenntnisse und Vorurteile über Schule durch überraschende Neuerfahrungen in Frage gestellt werden müssen.

Die Erfahrung der Schulgemeinschaft

Hier wird Schulleben nicht nur als „Klassenleben", sondern als Zusammenleben aller Mitglieder der gesamten Schule verstanden, durchaus im Sinne der „Schulgemeinde" bzw. „Lebensgemeinschaftsschule" Peter Petersens. Auch die älteren Schüler und die Lehrkräfte höherer Klassen erleben den Schulanfang mit; die Schulanfänger erfahren, daß sie nun in die Schulgemeinschaft aufgenommen und als Mit-/Schüler akzeptiert sind.

Lichtenstein-Rother / Röbe (1982, S. 56 ff.) schlagen vor, den Schulbeginn zu einem Fest für die ganze Schule werden zu lassen, mit festlichem Einzug ins Schulhaus, mit Begrüßungsrede des Rektors, mit Musik- und Theaterdarbietungen höherer Klassen. Am ersten Schultag und in den weiteren Wochen werden die Schulanfänger von Kindern der „Patenklasse" (z. B. 3. Schuljahr) betreut und schrittweise in schulische Regeln eingeführt.

Mit dem Kennenlernen älterer Schüler, anderer Lehrer und Eltern, des Hausmeisters, des Putzpersonals usw. beginnt das Heimisch- und Sicherwerden, auch außerhalb des Klassenzimmers. Kontakte werden aufgenommen und erwidert. Dies bleibt nicht dem Zufall überlassen, sondern wird (situationsangemessen und flexibel) arrangiert, gepflegt und zielt auf Bindung des Kindes ab: „Das ist *meine* Schule!"

Die Erfahrung der Klassengemeinschaft

Die Kinder müssen lernen, sich im sozialen Gefüge der neuen Bezugsgruppe „Schulklasse" zurechtzufinden. Dazu reicht allein die Erfahrung, mit Mitschülern im selben Raum zu sein, nicht aus. Aufgabe ist es, ein soziales Klima zu schaffen, das nicht vom Neben- und Gegen-, sondern vom Miteinander geprägt wird und das es jedem Kind ermöglicht, sich zu integrieren. Erleichtert wird dies zunächst durch gezieltes Arrangement kleinerer sozialer Einheiten: Aus dem Tischnachbarn wird der *Partner*, aus der Tischgruppe die *Spiel- und Arbeitsgruppe*. Eine entsprechende Einführung in Sozialformen des Unterrichts wird selbst zum Unterrichtsthema (vgl. Pfeuffer 1994, S. 79 ff.).

Damit entstehen im noch offenen Sozialfeld der Schulklasse erste Ordnungsmuster, die das Zusammenleben und Miteinanderlernen strukturieren. Gleichzeitig geht es um gezieltes Bewußtmachen von *Regeln und Ordnungen*, das sich teils aus situativen Anlässen (vgl. Schorch 1974), teils aus lehrplanorientierten Unterrichtseinheiten (z. B. Themenbereiche „Kind und Schule", „Kind und Gemeinschaft") entwickelt.

Ausgehend vom „kategorischen Imperativ" Kants, nach dem der einzelne stets so handeln solle, daß die Maxime seines Handelns zum allgemeinen Gesetz werden könnte, gilt es, den Sinn von Regeln und Ordnungen einsichtig zu machen. Dies betrifft besonders Verhaltensanweisungen, die von der Lehrerin neu eingeführt werden. Das Verständnis für die Notwendigkeit sozialer Regeln wird jedoch um so größer sein, wenn sie auf eigenen Vorschlägen der Kinder beruhen, gemeinsam erstellt, erprobt, revidiert und schließlich konsensbereit eingehalten werden (vgl. 3.3):

Soziale Bindung nicht als äußerer Druck, sondern als Grundlage innerer Sicherheit.

Die Heterogenität in der Zusammensetzung der Schulklasse ist auch für Kinder augenfällig und fordert die konkrete Frage nach *Akzeptanz und Toleranz* individueller Eigenarten und Abweichungen heraus. In vielen Klassen ist es angebracht, den Schulanfang *interkulturell* zu gestalten, wobei (sprachliche) Verständnisschwierigkeiten eher überwunden werden, wenn durch symbolorientierte Formensprache sowie sozialintegrierende *Rituale* das gemeinsame Leben und Lernen deutscher und ausländischer Kinder unterstützt (vgl. die Beispiele bei Röber-Siekmeyer 1997) und Geborgenheit in der großen Gruppe genossen wird.

Die Erfahrung, eine/n Lehrer/in zu haben

Die Klassenlehrerin bzw. der Klassenlehrer bildet für den Schulanfänger den wichtigsten Bezugspunkt in der neuen Institution.

„In der Schule werden Erwachsene als Lehrer den Aufwachsenden zum Schicksal ... Der erste Lehr- und Lebensstoff, den die Schule den Kindern zu bieten vermag, das sind die Lehrer selbst. Ihre Werthaltung, ihre Werterfülltheit macht die Schule wertlos oder wertvoll. Wahrheit vermittelt sich dort zunächst durch die Lehrerin und den Lehrer" (Bärmann 1980, S. 526).

Die Erfahrung der ersten Lehrerpersönlichkeit und das entstehende Bild von Schule fallen für den Schulanfänger eng zusammen. Die Lehrerin führt die Kinder geduldig in die Welt der Schule ein, d. h. auch, daß sie die Kinder für die *doppelte Lehrerrolle* sensibilisiert:

In seiner Funktion als *Vertrauensperson* ist der Lehrer Beschützer des Kindes und eine Bezugsperson, die sich mit analogen Erwartungen des Kindes an die Mutter- oder Vaterrolle konfrontiert sieht. Auch wenn nicht auf alle persönlichen Probleme, Wünsche und Bedürfnisse eingegangen werden kann, kommt es darauf an, daß sich das Kind in seiner Individualität angenommen fühlt. Allmählich wird der Unterschied zwischen Eltern- und Lehrerrolle verstanden und akzeptiert, was besonders bei überbehüteten oder sozial vernachlässigten Kindern erhöhten pädagogischen Takt erfordert.

In der Funktion als *Wissensvermittler* ist der Lehrer Repräsentant der durch gesellschaftlichen Auftrag verpflichteten Bildungsinstitution Schule mit entsprechenden Aufgaben hinsichtlich Lehrstoff, Leistungsanforderungen, Beurteilung und Bewertung, Disziplin usw. Er wendet sich in dieser Rolle der gesamten Klasse zu und konzentriert sich auf das Gemeinsame und Allgemeine.

Die hier zugrunde liegenden Spannungsverhältnisse von Erziehung und Unterricht, Individuum und Kollektiv, Nähe und Distanz sind symptomatisch für die Grundschule. Insofern gilt es, das Kind auf diese Realität einzustellen und ihm Hilfen zu geben, die Lehrerin als „seine" Lehrerin zu akzeptieren, auch wenn sich diese an alle oder andere Schüler wendet.

Einen Beitrag hierzu leistet ein Unterricht, bei dem das Kind den *Lehrer als persönlichen Lernbegleiter* entdecken kann.

Erst behutsames Abwarten der Kinderfragen und Vermeiden vorschneller Antworten führt für das Kind zur *Erfahrung, daß man vom Lehrer etwas Neues lernen kann.* Langatmiges Vortragen von Lehrstoff und Überstülpen unverstandener Wissensinhalte beinhaltet die Gefahr, daß sich das Kind frühzeitig daran gewöhnt, Schule nur zu ertragen und den Unterrichtsvormittag „durchzustehen". Anzubahnen ist vielmehr die Einsicht und Grundeinstellung, daß Bildung nicht ohne eigenes Zutun von anderern „vermittelt" wird, sondern eigenaktiv erarbeitet werden muß und kann.

Die Erfahrung der Mitverantwortung für den eigenen Lernprozeß

Leitend ist das übergeordnete *Ziel der Selbständigkeit:* Es umfaßt das Recht, in Freiheit Entscheidungen treffen zu können, aber gleichzeitig die Pflicht und Zumutung, rational planen, zeitliche, räumliche und informative Gegebenheiten nutzen zu müssen (vgl. Rülcker 1995).

„Vom ersten Schultag an sollte das Kind ermuntert werden, von sich aus aktiv Möglichkeiten des Tuns und Lernens aufzugreifen. Es sollte erfahren, daß es selbst Verantwortung für sein Lernen trägt. Kinder müssen erleben, daß sie selbst etwas bewirken können, daß es auf ihre Phantasie und ihre Interessen, auf ihren Fleiß, auf ihre 'Hartnäckigkeit', an einem Problem zu arbeiten, ankommt, daß sie nicht einfach auf dem laufenden Band liegen, das vom Lehrer fortbewegt wird" (Knörzer/Grass 1992, S. 129).

Dies wird eher gelingen, wenn Kindern zunächst die Gelegenheit gegeben wird, vorhandene Fähigkeiten einzubringen, auf denen ihr Selbstvertrauen und Selbstkonzept beruht. Das Erlebnis, in der Schule persönlich willkommen zu sein, intensiviert sich mit dem Gefühl, gebraucht zu werden - gebraucht für die Mitgestaltung von Schule: „Auch ich bringe mit meinen Fähigkeiten und Ideen Farbe in die Schule hinein!"

In fruchtbarer Wechselwirkung von vorgegebenen Lehrinhalten und Eigenaktivität der Schüler verhilft die Schule dazu, Neugierde und intellektuelle Funktionslust zu befriedigen. Ausgangspunkt und Ziel schulischen Lernens ist dabei, daß das Kind den Unterrichtsstoff letztlich als sein persönliches „individuelles Curriculum" (Garlichs 1984) akzeptiert.

Schon ab dem ersten Schultag erfährt das Kind, daß Schule Aktivsein bedeutet. Es wählt zwischen verschiedenen Lern- und Spielmaterialien aus, übt auf einem vorbereiteten Blatt den eigenen Namen, malt ein Bild zur Klassenzimmerverschönerung, setzt sich Ziele für den nächsten Schultag, führt selbständig begonnene Arbeiten weiter ... kurz, es begreift (idealerweise) die *Schule als Ort aktiven Lernens*.

Unterstützt wird das durch frühzeitige Einführung von Phasen *Freier Arbeit* und von *Wochenplanarbeit* (vgl. 3.2.2), aber auch im „gebundenen Unterricht", wenn Kinder selbständig weiter üben und ihr Können steigern, neue Aufgaben erfinden, Vorschläge zum weiteren Unterrichtsverlauf einbringen usw., wenn sie lernen, daß man sich auch in der Nutzung von Klassenbibliothek, Fernsehen und Multimediaangeboten eigenständig Wissen aneignen kann.

Ergänzt wird eine solche lernorientierte Selbststeuerung durch ein (zeitlich angemessenes) Arrangement von Situationen, die *sinnenbezogene Ich-Erfahrung* ermöglichen, sei es in Entspannungs- und Stilleübungen, Meditationsphasen, beim Tanzen, Malen oder Musizieren.

Die räumliche Erfahrung der Schule

Die *Entdeckung des Raumes* veranschaulicht dem Schulanfänger sinnenfällig seine neue Lebens- und Lernphase. Meist ist dies mit Enttäuschung verbunden, wenn die reichhaltige Ausstattung des eigenen Kinderzimmers oder eines zeitgemäßen Kindergartens kein entsprechendes Pendant in der Grundschule vorfindet. Um so notwendiger ist es, vorhandene Ressourcen gezielt einzusetzen. Ein kahles Klassenzimmer wird ebenso kontraproduktiv wirken wie ein unüberschaubarer „Gemischtwarenladen".

„Ein von der Schulgemeinschaft entsprechend vorbereiteter Raum erscheint den Ankömmlingen allemal einladender und hat zunächst sicher auch in sozialer Hinsicht positivere Wirkungen. Allerdings ist die Zeit der ersten Tage und Wochen eine Zeit gemeinsamer räumlicher Umgestaltung. In jedem Kind und in der Klassengemeinschaft muß allmählich das Gefühl wachsen, das ist unser Raum, denn mit der Raumidentifikation wachsen andere Identifikationen" (Hacker 1992, S. 113).

Das „*Klassenzimmer als Lernumwelt und schulischer Lebensraum*" (Lichtenstein-Rother/Röbe 1982, S. 61) wird sukzessive entdeckt, genutzt und verändert, die Lese-, Bastel-, Spielecke ebenso wie Wandtafel, Individualfach für persönliche Dinge, Schreibmaschine und PC sowie Ruhezonen. Die Einteilung in Ecken gliedert den Raum, macht ihn überschaubar und regt, z. B. durch Pinwandflächen, zur ästhetischen Gestaltung an (vgl. auch Kasper 1979, Weigert/ Weigert 1991, S. 60-73 und Bairlein/ Butters 1996, S. 43-44).

Die *Sitzordnung* ist geradezu ein Symbol für die *Schule als Ort des Zusammenlernens und Miteinanderlebens*.

„Soll die Raumgestaltung Vorordnung, Angelpunkt für Kooperation, Gespräch, Kennenlernen, Aufeinander-Aufmerksam-Werden sein, soll diese mit der Ermöglichung gemeinsamen Lernens auf den anderen verweisen und

Grund für soziale Erfahrung legen, so wird sie hier ein Kernstück pädagogischer Planung“ (H. Röbe 1997, S. 54). Das geht weit über zeitweise „Partnerarbeit mit dem Tischnachbarn hinaus; Schülerinteraktionen im Klassenzimmer werden nicht nur geduldet, sondern - z. B. durch Pendeln zwischen den Aktivitätszonen und „Arbeitsateliers“ wie bei Freinet - gefördert, organisiert und eingeübt.

Eine solche Kooperations- und bewegungsorientierte Raumgestaltung steht freilich in ausgewogenem Verhältnis zum (notwendigen) gelenkten, lehrerorientierten Unterricht in Hufeisenform, Sitzkreis oder Frontalsitzordnung.

Die zeitliche Erfahrung der Schule

Die *Erfahrung der Zeit* steht in der Schule unter doppelter didaktisch-pädagogischer Intention. So ist Zeitbegriffsbildung /Zeitverständnisförderung eine eigene Lehrplanaufgabe mit spezifischen Unterrichtsinhalten („Die Uhr“, „Der Kalender“ usw.), richtiger „Umgang mit der Zeit“ aber auch ein schulbezogenes Anwendungsfeld: Siehe 2.3.3!

Schulanfänger erfahren sehr bald, daß die Schulzeit begrenzt ist und man Aufgaben in einer bestimmten Zeitspanne und zu einem bestimmten Zeitpunkt erledigen muß. Dahinter steht eine umfassende „Erziehung zur Zeitlichkeit“, die nicht nur auf Pünktlichkeit und Einhaltung von Zeitordnungen abzielt, sondern vor allem auf Nutzung der Zeit, Vorausschau und Zukunftsorientierung: Das Lern- und Bildungsangebot nutzen und den eigenen Bildungsprozeß in eine längerfristige Zukunftsperspektive einordnen können (vgl. Schorch 1982).

Das wird unterstützt, wenn das Kind *Schulleben als zeitlich strukturierte Ordnungsgestalt und Planungsaufgabe* erfährt, wenn z. B.

- der Schultag einen Rhythmus erhält, der für das Kind überschaubar ist und auf den es sich einstellen kann,
- der Schultag mit der Ansage des jeweiligen Datums beginnt,
- im Wochenrhythmus für jeden Tag ein kleiner Höhepunkt vorgesehen ist, auf den sich das Kind freuen kann (Wochenendbericht, Bücherstunde, freie Spielzeit, Fragestunde, Erzählstunde,...),
- das Kind in der Vorschau auf die Monats- und Jahresarbeit erkennt, daß schulisches Lernen einen zeitlich geplanten Prozeß darstellt,
- in der Rückschau auf die Wochen-, Monats-, Halbjahres- und Jahresarbeit Lernfortschritte überschaut und damit „Wachstumsbewußtsein“ gefördert wird,

- bedeutsame Ereignisse im Schuljahresverlauf im Klassentagebuch und auf der Jahreszeitleiste festgehalten und beim Rückblick am Jahresende in Erinnerung gerufen werden,
- Feste, Feiern und geplante Unternehmungen in eine Jahreszeitleiste eingetragen und symbolisch gekennzeichnet werden,
- Vorhaben wie Ausflüge, Unterrichtsgänge, Theatervorführungen, Langzeitbeobachtungen gemeinsam geplant werden.

Besondere Bedeutung für schulische Zeiterfahrung haben auch bestimmte *Rituale* in Schulalltag und Jahreslauf als Ausdruck sozial-ethischer Orientierung (vgl. E. Röbe 1997) sowie zeitbezogene *Ordnungen und Regeln* als Synchronisationsgrundlage des Zusammenlebens (vgl. 3.3).

2.3.2 Kennzeichen des Anfangsunterrichts

Der Begriff Anfangsunterricht wird in der Geschichte der Grundschule mit verschiedenen pädagogischen und didaktischen Konzepten verbunden und seit den „Richtlinien zur Aufstellung von Lehrplänen für die Grundschule" von 1921 in der pädagogischen Literatur verwendet. Synonym werden häufig auch die Begriffe Schulanfang und Erstunterricht gebraucht, wobei sich diese seit Lichtenstein-Rother (1954) bzw. Rabenstein (1974) auf die ersten beiden Schuljahre beziehen. Trotz verschiedener Definitionsversuche (z. B. Meiers 1981, Weigert 1991) ist eine begriffliche Trennung von Anfangs- und Erstunterricht nicht gelungen und grundschulpädagogisch wohl auch nicht von Bedeutung.

Nach wie vor aktuell ist jedoch die inhaltliche Auseinandersetzung mit verschiedenen Auffassungen von Anfangsunterricht, dessen *Grundkonzeptionen* kurz skizziert werden:

Der GESAMTUNTERRICHT im 1./2. Schuljahr (siehe 1.1.2) stellte einen ungefächerten Unterricht dar, der nicht nach Fachstunden und -themen aufgegliedert war, sondern Erlebnis- und Erfahrungseinheiten aus der „Eigenwelt des Kindes" unter Beachtung gemüthafter, tätiger und ganzheitlicher Beteiligung des Kindes thematisierte. Ziel dieser „Vorstufe" eigentlichen Schulunterrichts war es, das Kind aus der vorschulischen Spielwelt behutsam in die Schularbeit einzuführen.

Als *Vorteile* sind zu sehen: Lebensweltorientierung, Erlebnisbezug und „Kind-Sein-Dürfen" in der Schule; Lernökonomie durch thematische Konzentration und Bemühung um „Sinnmitte" des Unterrichts; flexible Zeiteinteilung.

Als *Nachteile* wurden - mit beginnender „Curriculum-Phase" - bestimmte Grundlagen und (Fehl-) Formen kritisiert: Ausrichtung an einer überwundenen Theorie „volkstümlicher Bildung", undeutliche Lehrabsicht und unklare Zielformulierung, willkürliche und unsystematische Auswahl der Leitthemen, „Häppchenmanier" und Lernunruhe durch Überbetonung von Tätigkeitswechsel und unterschiedlichen Betrachtungsweisen, unzulängliche Beachtung der Eigenstruktur des Lerngegenstandes und Fachlehrgangs, damit unzureichende Vorbereitung auf den Fachunterricht folgender Schuljahre.

ERSTUNTERRICHT ALS ELEMENTARER FACHUNTERRICHT (siehe 1.1.3) wurde unter Einbezug dieser Kritik und dem Einfluß von Lern- und Curriculumtheorie eher als gefächerter Unterricht konzipiert, der sich in Struktur und Verfahren an der jeweiligen Bezugswissenschaft orientierte (wobei der Unterricht allerdings nicht nach Einzel-Fachstunden, sondern, besonders beim Sachunterricht, „epochal", d.h. nach fachlich akzentuierten Wochenschwerpunkten, angelegt war). Er war ziel- und ergebnisbezogen, auf Eigengesetzlichkeit der Sachstruktur und Unterrichtsbereiche bedacht und sollte in systematischer fachlicher Grundlegungsarbeit auf den weiterführenden Fachunterricht vorbereiten. Grundintention ist nicht mehr volkstümliche Bildung, sondern der wissenschaftlich gebildete Mensch.

Als *Vorteile* können, auch aus heutiger Sicht, hervorgehoben werden: Zielklarheit (Themenauswahl wird dem Ziel untergeordnet), Kontrollierbarkeit der Unterrichtsergebnisse, Zukunftsorientierung und systematische Förderung umwelterschließender Denkstrukturen.

Als *Nachteile* sind jedoch bestimmte Fehlformen zu kritisieren: Überbetonung kognitiver Ziele und Verarmung des Emotionalen, stoffliche Verfrühung, Überfrachtung mit Fachbegriffen (Beispiel Mengenlehre), lebensfremde Auffächerung, Anwachsen der Stoffülle (Überbetonung der Ergebnissicherung, Überforderung, Schulstreß).

Aus der dialektischen Diskussion dieser beiden extremen Auffassungen haben sich seit den 80er Jahren Neuansätze entwickelt, die die Nachteile zu minimieren und die Vorteile zu optimieren suchten, wobei sozusagen als *Synthese* (in Anlehnung an den Gesamtunterricht) das Ernstnehmen der Eigenart und Lebenssituation des Schulanfängers, der lebenspraktische Bezug sowie (in Anbetracht des elementaren Fachunterrichts) das solide Fundament für aufbauendes Lernen, die Orientierung an Sachstruktur und am Primat der Zielsetzung erhalten geblieben sind.

So bemühte sich z. B. die KONZEPTION DES GRUNDLEGENDEN UNTERRICHTS nach dem bayerischen Grundschullehrplan, einander überschneidende Aufgaben zu koordinieren:

- Einführung ins schulische Lernen und Arbeiten,
- grundlegendes Lernen in verschiedenen Lernbereichen (in elementaren Lehrgängen und nicht-lehrgangsgebundenen Unterrichtseinheiten),
- Grundlegung individueller Lernprozesse,
- Grundlegung gemeinsamen Lernens.

„Die Konzeption des grundlegenden Unterrichts stellt den Versuch dar, klare Angaben zur Zielsetzung des Anfangsunterrichts in allen Lernbereichen mit einem hohen Grad an Gestaltungsfreiheit für den Lehrer zu verbinden" (Rabenstein 1982, S. 71).

Organisatorisch wird dies durch Beibehaltung des Klassenlehrerprinzips und Freiheit der Zeiteinteilung unterstützt. Der Lehrer kann innerhalb des Blocks von ca. 15-17 Unterrichtsstunden pro Woche Reihenfolge, Dauer und Gewichtung der Unterrichtsabschnitte selbst bestimmen.

Die aktuelle „Kindheit-Heute-Diskussion" einerseits und „Zukunft-Braucht-Bildung-Debatte" andererseits erinnert in ihren grundlegenden Wesenszügen an die grundschulpädagogische Auseinandersetzung zwischen einer an der kindlichen Lebenswelt und Gegenwart orientierten Konzeption des Anfangsunterrichts der „Weimarer Grundschule" sowie einem zukunfts- und wissenschaftsbezogenen Erstunterricht der einsetzenden „Curriculum-Epoche".

Mit entsprechendem historischem Bewußtsein sollte man heute nicht hinter den damals erreichten Diskussionsstand zurückfallen, weder im Sinne überzogener individualistischer „Kinderkultur", noch im Sinne einseitiger Ausrichtung auf Leistungsselektion für die weitere Schullaufbahn.

Heutiger Anfangsunterricht ist auf Ausgewogenheit bedacht: Er knüpft an (schulisch und außerschulisch erworbene) Vorkenntnisse und -erfahrungen an und führt zielstrebig zu neuen Denkstrukturen weiter.

2.3.3 Anbahnung schulischer Lern- und Arbeitsweisen

Im Sinne solcher Ausgewogenheit wird die Grundschule als „Vermittlerschule" (vgl. 2.1.1) behutsam an die Welt des Spiels anknüpfen und zu bewußter Arbeitshaltung führen. Im Vordergrund steht dabei nicht strikte Trennung, sondern die wechselseitige Befruchtung von Spiel und Arbeit, wobei die unterschiedlichen Anforderungen beider Tätigkeitsformen den Kindern durchaus bewußt werden sollten.

a) Die „Brückenfunktion“ des Spielens

Moderne Grundschulpädagogik sieht Spiel und Arbeit nicht als Gegensatzpaar; weder in einem „spielpuristischen“ Ansatz mit idealistisch überhöhtem Anspruch des Kinderspiels noch in einseitiger Funktionalisierung für Lernzwekke.

„Für einen bruchlosen Übergang in die Grundschule sollten die Kinder die Gelegenheit haben, in den ersten Schuljahren vertraute Formen des spielorientierten Umgangs mit Gegenständen und Themen vorzufinden. Man kann auch evolutionär argumentieren: Da Spielen stammesgeschichtlich gesehen eine so bedeutende Lernform ist, sollte die Schule das Spielen nicht schlagartig abstellen. Das Spiel erfüllt eine Brückenfunktion zwischen dem freien, spielerischen Lernen im Vorschulalter und dem systematischen, institutionell abgesicherten Lernen in der Schule“ (Einsiedler 1992, S. 117).

Zentrale Begründungen für spielorientiertes Lernen in der Grundschule sind:

- *Motivation*: Neugieriges Erkunden; Freude an Wiederholung, Üben bis zu Könnenserfahrung und Selbstsicherheit; Selbststeuerung, lustvolles Tun.
- *Unterrichtshygiene*: Verbinden konkreter Handlungen mit inneren, formallogischen Denkprozessen (Piaget) bzw. Einheit von Handeln, Kognition und Emotion; Regenerierung nach anstrengenden fremdbestimmten Lernphasen, Wechsel von Spannung und Entspannung.
- *Probehandeln*: Risikoarmes Antizipieren oder Aufarbeiten von Ernstsituationen, besonders auch im sozialen Bereich (Rollenspiele, Bewältigen sozialer Konflikte, Regelspiele); dabei Abbau von Egozentrismus und Aufbau von Toleranz (vgl. auch Petillon 1997).

Die enge Beziehung zwischen Spielen und Lernen äußert sich im *Lernspiel*, auch wenn dieser Begriff in der Fachliteratur zur Spieltheorie als in sich widersprüchlich umstritten ist und Einwände gegen eine Didaktisierung des Spiels erhoben werden (vgl. Wegener-Spöhring 1994, S.222).

„Im Lernspiel sind ganz einfach Merkmale des Spiels (Spielfreude, eine Spielidee) mit Merkmalen des Lernens (Lernaufgabe) verbunden“ (Einsiedler 1992, S.118). Unter schulischen Rahmenbedingungen liegt der Schwerpunkt ohnehin bei mehr „*gelenkten*“ *Spielformen*, deren „didaktischer Ort“ von übergeordneten Unterrichts- und Erziehungszielen bestimmt wird, so bei Kooperations-, Phantasie- und Experimentierspielen, auch in Formen darstellenden Spiels wie Plan- und Rollenspiel, bei medialen Spielen und Schultheater. Allerdings erhält im Zusammenhang mit Bemühungen um die „ganze Halbtagsschule“ bzw. elternfreundliche „betreute Grundschule“ auch das *freie Spiel* neue pädagogische Bedeutung.

Insgesamt hat in einem integrativen grundschulpädagogischen Konzept, das alle Spielformen und -intentionen einschließt, die *Förderung der Spielfähigkeit* einen hohen Stellenwert (vgl. Themenheft Grundschulunterricht H.1, 1998).

Anbahnung von Spielkompetenz und einer positiven Grundeinstellung zum Spiel wird - auch im Sinne von Schülerdiagnose und kompensatorischer Er - einerseits - unterstützt durch *direktes Spieltraining*, andererseits durch *indirekte Spielförderung*, die durch Bereitstellung von Spielräumen und -materialien sowie durch Anregung sozialer Spielsituationen erfolgt (vgl. Einsiedler 1991).

Bedenken gegenüber spielorientiertem Grundschulunterricht sind zu erheben, wenn Spiel nur als therapeutische Maßnahme oder als methodisches Beiwerk eingesetzt wird (vielleicht sogar im Zusammenhang mit dem häufig gebrauchten, aber mißverständlichen Begriff „Stufe der Motivation") und die Kinder dies bald durchschauen.

Neuerdings zeigt sich in computergestützten Lernspielen die Tendenz, daß primitivste, schon längst überwunden geglaubte, methodische Maßnahmen (beispielsweise beim Lesenlernen) in Lernprogrammen der „neuen" Medien wieder Einzug in die Schule halten.

Schließlich ist vor dem Fehlschluß zu warnen, Spieleffektivität könne mit Lerneffektivität gleichgesetzt werden.

Resümierend ist jedoch festzustellen, daß die Aufgabe der Entwicklung von Schulfähigkeit des Kindes eine vielgestaltige Spielpraxis und Spielkultur einschließt. Nicht von ungefähr gehört bei Petersen neben Gespräch, Arbeit und Feier das *Spiel* zu den *Grundformen der Bildung*.

b) Aufbau positiver Arbeitshaltung und der Leistungsbereitschaft

Grundschulpädagogisch ist ein stimmiges Verhältnis von Spiel und Arbeit einzufordern. Wohl in Vorausahnung bestimmter Fehlentwicklungen schreibt Kant vor über 200 Jahren: „Man ist unter anderm auch darauf verfallen, die Kinder alles wie im Spiele lernen zu lassen... Das tut eine ganz verkehrte Würkung. Das Kind soll spielen, es soll Erholungsstunden haben, aber es muß auch arbeiten lernen" (1975, S.729).

Der pädagogisch verwendete Begriff von „Arbeit" setzt sich, schon in Abgrenzung von „Kinderarbeit", deutlich von einer materiellen Tätigkeit zur Sicherung des Lebensunterhalts ab. Unter pädagogischem Aspekt ist Arbeit zwar auch eine ergebnis- und zielorientierte Tätigkeit, im Vordergrund steht aber nicht die fremdbestimmte Arbeit für andere, sondern die *Arbeit für und an sich selbst*.

Da die Grundschule den Prozeß der Selbstbildung entscheidend prägt, ist es keineswegs nur eine Frage persönlichen, eigenverantwortlichen Erziehungsstils des Lehrers, welchen Stellenwert Arbeitswille und Selbstdisziplin, Zielgerichtetheit, Planungsfähigkeit, Genauigkeit, Gründlichkeit, Sorgfalt, Selbständigkeit, Übungs- und (Haus-)Aufgabenmoral sowie Pflichtbewußtsein im Unterricht einnehmen; vielmehr geht es grundsätzlich um *Mitverantwortung der Schule* für gegenwärtige und zukünftige Daseinsbewältigung der nachfolgenden Generation.

Auf den Schulanfänger bezogen heißt das besonders, *schulisches Lernen in seiner Eigenart* einsichtig zu machen, positive Arbeitshaltungen als relativ überdauernde handlungssteuernde Dispositionen anzubahnen und durch bewältigbare Aufgaben zu Selbstvertrauen und Selbstwertgefühl zu führen.

„Lerneinsatz, Ausdauer und der Wille zur Vollendung übernommener Aufgaben, auch bei Schwierigkeiten und Störungen, sind nicht allein durch gute Arbeitsbedingungen und Gewöhnung an richtiges Lernverhalten zu erreichen, sie hängen auch vom *Verständnis des Lernenden für die Notwendigkeit seines Tuns* ab. Bereits jüngere Kinder sind, wenn auch in Grenzen, zu einer auf Einsicht gegründeten Lerneinstellung fähig. Durch angemessene Gespräche bei gegebenem Anlaß soll ihnen deshalb der Zweck ihres Lernens immer wieder bewußt und einsichtig werden. Auf diese Weise werden Einstellungen und Einsichten erworben, die sie befähigen, mit Lernschwierigkeiten, -hindernissen und -störungen besser fertig zu werden und Mißerfolge zu verarbeiten“ (Rabenstein 1982, S. 63).

Die Bedeutung der so angebahnten Arbeitshaltung für den weiteren Schul- und Lebensweg des Kindes kann nicht hoch genug eingeschätzt werden. Nach Oerter (1985, S.551) baut die Schule eine bestimmte Form von Arbeitshaltung auf, die für die spätere Bewältigung moderner Arbeit unentbehrlich ist.

In diesem Sinn ist auch die Grundschule nicht vom Auftrag entbunden, *Leistung zu fordern und zu fördern.* „Kinder müssen lernen, daß Schule nicht immer nur Spaß machen kann, sondern auch Pflicht, Anstrengung und Mühe bedeutet“ (Bärmann 1980, S. 530).

Spätestens seit Lilly Kemmlers Untersuchung zu „Erfolg und Versagen in der Grundschule“ (1967) prägt die Bemühung um *Förderung der Leistungsbereitschaft und -fähigkeit* grundschulpädagogisches Denken in spezifischer Weise: Als gesellschaftliche Institution ist auch die Grundschule an einen „objektiven“ normorientierten Leistungsbegriff gebunden, der sich - nach dem Gleichbehandlungsprinzip - an verbindlichen Lernzielen und amtlichen Richtlinien ausrichtet und über Zeugnisse Berechtigungen für Schullaufbahnen (und damit Berufschancen) verteilt.

Gegenüber einer solchen „Auslesefunktion“, die auf interpersonalem Vergleich beruht, ist der *pädagogische Leistungsbegriff* vornehmlich auf das individuelle Können des einzelnen, auf den Zuwachs an persönlichen Kräften bezogen. Leistung in diesem Sinne ist mit dem Streben nach Vervollkommnung der eigenen Person verbunden:

„Leistung ist sachliche, geistige und körperliche *Selbst*beanspruchung in sozialer und sittlicher Verantwortung“ (Lichtenstein-Rother 1989, S.7).

Da das Grundschulkind Leistungsbewußtsein, Selbsteinschätzung und Selbstsicherheit erst entwickelt, zielt das pädagogische Förderprinzip auf intrapersonelle Selbstbeanspruchung und auf „Wachstumsbewußtsein". Entsprechende Formen der *Leistungsbeurteilung* sind demgemäß nicht allein ergebnisbezogen angelegt, sondern in erster Linie *prozeßorientiert*. Besonders geeignet hierfür sind Lern- und Leistungsbeurteilung in Berichtsform sowie individuelle Lernberatung (vgl. Bartnitzky/ Portmann 1992).

Vor allem wird darauf zu achten sein, *Lernsituationen und Leistungssituationen deutlich voneinander zu unterscheiden!* Fehler gehören zum Lernen als Selbsterfahrung und Herausforderung dazu, in Leistungssituationen stellen sie ein Indiz für persönliches Versagen dar.

Im Sinne von Fürsorge und Gegenwirken (siehe 4.3) versucht die Grundschule Kinder vor überhöhtem Leistungsdruck, vor Zeugnishysterie und dem abwendbaren Teufelskreis von mangelnder Schulleistung, sinkendem Sozialprestige, abnehmendem Selbstvertrauen, noch schlechterer Schulleistung... , aber auch vor selbstverzehrendem Konkurrenzdenken und übertriebenem Ehrgeiz der Eltern zu bewahren.

Leistungserziehung als Unterstützen, als „Hilfe zur Selbsthilfe" bedeutet vor allem:

- Erkennen und Ermuntern vorhandener persönlicher (auch noch so verborgener) Leistungsansätze und Stärken sowie Anerkennung dieser Bemühungen in der sozialen Gruppe,
- Wecken von Sachinteresse (auch für Spezialgebiete),
- Anregen von Durchhaltefähigkeit und Vollendungswillen,
- Hilfestellung bei besonderen Lernschwierigkeiten und -behinderungen,
- insgesamt: Abstimmung der Leistungsanforderungen an „individuellen Bezugsnormen" (vgl. 3.2).

Unter diesen Vorgaben kann es nicht mißverständlich sein, daß auch die Grundschule eine „Leistungsschule" ist, die Lernprozesse und Aufgabenbewältigung erst ermöglicht (Klafki 1989; vgl. auch Aust 1982 und das Themenheft Grundschule H.2, 1996):

Kindern alle Widrigkeiten aus dem Weg zu räumen, hieße, sie vorsätzlich lebensuntüchtig zu machen.

Um so wichtiger ist jedoch die Beachtung polarer Prinzipien wie Leistung und Muße, Pflicht und Vergnügen, Arbeit und Spiel. Das pädagogische Verständnis von Arbeit läßt sich dabei nicht allein vom Effektivitätsdenken der sog. Leistungsgesellschaft (und der Frage, ob „es etwas bringt") leiten, sondern richtet sich nach der Sinnfrage der Lebenserfüllung: *Zufriedenheit durch Arbeit an sich selbst.*

b) Der Lernprozeß als Bildungsinhalt

Unter schulischem Aspekt sind Arbeit und Leistung immer auf *Lernen* bezogen. Pädagogisch wird dabei Lernen nicht nur im deskriptiven Sinn als bloße Veränderung von Verhalten und psychischer Disposition verstanden, sondern - als präskriptiv-normativer Begriff - eine Form von Arbeit, die Sinnverständnis, persönlichen Zugewinn und Wertorientierung einschließt. Schulische Anforderungen sollen als Bildungsangebote erkannt und genutzt werden.

Da das Kind seine ersten schulischen Lernerfolge in der *Grundschule* erlebt, ist es spezifisches Anliegen dieser Schulstufe, das Lernen selbst in den Mittelpunkt pädagogischen Denkens und Handelns zu stellen. Die Anbahnung der Fähigkeit, immer wieder neu zu lernen, sich selbständig neues Wissen und Können anzueignen, gehört zu den Kernaufgaben der Grundschule. *Als Bildungsinhalt ist demnach nicht nur das Lernergebnis, sondern der Lernprozeß selbst anzusehen.*

So geht es, im Sinne der Steigerung „metakognitiver Kompetenzen" und motivationaler Orientierung darum, den Kindern auch kleinste Lernfortschritte bewußt zu machen und darum, offenzulegen, welche Arbeitsleistungen zum Lernfortschritt oder -erfolg beigetragen haben. Der Prozeß der Selbstbildung wird erleichtert, wenn das Kind häufig die Erfahrung macht, daß es sich lohnt, an sich selbst zu arbeiten. Es wäre dabei allerdings unrealistisch, nur von sog. Primärmotivation auszugehen und die Vielfalt sekundärer Motive (wie Geltungsbedürfnis, Strafvermeidung usw.) zu unterschätzen, vor allem die Identifikation mit dem Erwachsenenvorbild.

Schulisches Lernen stellt nicht einen abgrenzbaren Lebens- und isolierten Persönlichkeitsbereich dar; Erfolg und Mißerfolg in der Schule berühren das Selbstwertgefühl des Kindes insgesamt, Lern- und Lebenseinstellung beeinflussen sich wechselseitig. Schicksalhaftes Hinnehmen schulischen Versagens und selbstzerstörerischer Ehrgeiz sind Extreme, deren Entstehen bereits zu Schulanfang vermieden werden muß.

Gemeint ist nicht „Lernen des Lernens" (vgl. zur Kritik an diesem Begriff: Ruhloff 1998) in vordergründiger gesellschaftspolitischer Ausrichtung am Arbeitsmarkt (Verschiebung der „Alterspyramide", „life-long-learning", Mobilität usw.), sondern Selbstorganisation und Selbstregulierung des Lernens als zentraler Bestandteil der Persönlichkeitsentwicklung und -bildung. Durch behutsame Reflexion der eigenen Lernprozesse kann die Grundschule einen wichtigen Beitrag zu einer solchen *Bildung als Lebensform* leisten.

d) Einführung in grundlegende Lern- und Arbeitsweisen

Zum Aufbau positiver Lern- und Arbeitshaltung ist zunächst auf möglichst günstige äußere und innere schulische Bedingungen zu achten, wie sie bereits (unter 1.2.2 d) konkretisiert wurden. So ist ein anregendes, angstfreies, aber diszipliniertes Lernklima anzustreben, bei dem die persönliche Leistung des Kindes anerkannt und gefördert wird.
Allerdings sollte der Einfluß der Schule nicht überschätzt werden, da Zielvorstellungen, Vorbildwirkung und Lebenseinstellung in Elternhaus und außerschulischer Umwelt bei der Entwicklung von Lern- und Arbeitshaltung mindestens ebenso prägend wirken.

Lernen des Lernens, instrumentale Bildung usw. lassen als Schlagworte leicht vergessen, daß sich dahinter die mühselige pädagogische Kleinarbeit des Schulalltags verbirgt.

Im Sinne einer *Kultur des Umgangs* sind zunächst *Verhaltensformen schulischen Zusammenlebens und -arbeitens* gemeint. So geht es u.a. um pünktliches Erscheinen, zügiges Aus- und Ankleiden, rücksichtsvolles Bewegen im Klassenzimmer, richtiges Melden, Beachten von Gesprächsregeln, kooperatives Verhalten bei Einzel-, Partner- und Gruppenarbeit, geordnetes Verändern der Sitzordnung, selbständiges Erledigen von Klassenämtern, Beachten von Höflichkeitsformen, gegenseitige Hilfe und Beratung.

In Anfangsklassen sind viele dieser Verhaltensweisen keineswegs voraussetzbar, sie müssen als Bedingungen reibungslosen Unterrichtsablaufs selbst zum Gegenstand des Unterrichts gemacht werden, wobei dies durchaus lehrplankonform in Themenbereiche wie „Kind und Schule", „Kind und Gemeinschaft" oder in den situationsbezogenen mündlichen und schriftliche Sprachgebrauch integriert werden kann.

Auch wenn die Kinder schon vorschulische Materialerfahrung besitzen, ist die *Einführung in sachgerechten Umgang mit schulischem Arbeitsmaterial* unumgänglich. So beispielsweise: Richtiges Packen der Büchertasche, Ordnung am Arbeitsplatz, behutsamer Umgang mit Lernspielen, Berücksichtigung der jeweiligen Eignung von Schreib-, Mal- und Zeichengeräten, sauberes Bleistiftspitzen und Füllerpatronenwechseln, sorgfältiges Radieren, Unterstreichen mit Lineal, sachgerechtes Falten, Lochen und Schneiden von Papier, richtiges Abheften von Arbeitsblättern, sparsame Verwendung von Papier und Klebstoff, umweltbewußtes Aussortieren verbrauchten Materials, selbständiges Besorgen neuen Materials.

Es gilt, auch diese Kleintechniken im schulischen Alltag nicht als Privatangelegenheit des einzelnen abzutun, sondern - im Sinne kompensatorischer Erziehung - allen Kindern entsprechende Beratung und Hilfe zukommen zu lassen. Häufige Einzelhinweise auf richtigen Materialumgang während des Unterrichts (z.B. lockere Stifthaltung) gehören dazu ebenso wie gezielte eigene Unterrichtseinheiten (z.B. Einführung in den Gebrauch des Füllers).

Bei der *Einführung in Arbeits- und Lerntechniken* sind folgende Aspekte von Bedeutung:

- Die *Einschulung fachunabhängiger Einzeltechniken* trägt zum effektiven schulischen Arbeiten bei und bereitet auf komplexere Arbeitsweisen vor, beispielsweise zweckmäßiges Ab- und Aufschreiben, übersichtliche Arbeitsblatt- und Heftgestaltung, konzentriertes Zuhören im Unterricht, gezielte Informationsentnahme aus Bild und Text, Nachschlagen in Wörterbüchern, Lexika, Schul- und Fachbüchern, Verwenden von Computerlern- und Informationssoftware, Notieren von (Haus-)Aufgaben, Aufschreiben von Stichwörtern, selbständiges Kontrollieren der Arbeitsergebnisse, rationelles Verbessern von Fehlern, Vortragen, Erklären, Nachfragen, strukturierendes Zusammenfassen.
- *Ratschläge zur Organisation der Lernarbeit* betreffen neben Auswahl und Gestaltung von Arbeitsraum und -platz vor allem die Lern- und Hausaufgabenzeit: Berücksichtigung tagesphysiologisch bedingter Leistungsfähigkeit, Abstimmen der Eß- und Lernzeiten, sinnvolle Pausen, Vermeidung „verdeckter" Pausen, günstige Reihenfolge von Spiel und Arbeit sowie der einzelnen Teilaufgaben nach Schwierigkeitsgrad.
- Die frühzeitige *Hinführung zu selbständiger Lernplanung* basiert vor allem auf Anleitung zu vorausschauendem Handeln und sinnvoller Zeiteinteilung. So z.B.: Abschätzen der erforderlichen und der verfügbaren Zeit geplanter Tätigkeiten, Berücksichtigen von Zeitreserven, Verwenden von Aufgabenheft und Stundenplan bei der Vorbereitung auf den nächsten Schultag, Erstellen und Einhalten von Tages- und Wochenplänen.
- Auch *Grundfragen richtigen Lernens und Übens* werden thematisiert: Hilfen zum Selbsterkennen eigener Stärken und Schwächen, bewußtes Einstellen auf die Lernaktivität („Anwärmzeit"), Einteilen der Aufgaben in „Portionen" und Abwägen der günstigsten Reihenfolge, Aufnehmen des Lerninhalts mit verschiedenen Sinnen, Aneignen effektiver Lesetechnik (Überfliegen, Fragen stellen, gründlich lesen, Wichtiges zusammenfassen), verknüpfendes und strukturierendes Lernen mit allgemeinen (z.B. Regelanwendung) und selbst erdachten Lernhilfen (z.B. „Eselsbrücken"), operatorisches und mechanisches Üben, Steigerung des individuellen Arbeitstempos (Selbstmotivation, Training auf Zeit), Umgang mit Prüfungsangst, Erfinden eigener Übungen zur Aufmerksamkeits-, Ausdauer- und Willensschulung.

Solche Arbeits- und Lerntechniken stellen weitgehend "formale" und themenunabhängige Hilfen im Bildungsprozeß dar. Auf sie bauen *Arbeitsweisen* als gegenstandsspezifische Lernweisen auf, die zur Bewältigung komplexerer

Aufgaben- und Problemstellungen dienen. Gegenstand und Methode bilden hier eine Einheit (vgl. 4.2.2). Zur Anwendung von Arbeitsweisen bedarf es eigenständiger geistiger Leistungen sowie der bewußt angenommenen Einstellung gegenüber dem Gegenstand. Das heißt allerdings nicht, daß Arbeitstechniken ohne entsprechenden Sinnzusammenhang eingeschult werden.

„Das Einüben der Arbeitstechniken sollte im Gegenteil von vornherein ... auf Einführung in die Arbeitsweisen abzielen, und umgekehrt sollte der Versuch, von Schülern anspruchsvollere Arbeitsweisen anwenden zu lassen, niemals isoliert von den dazugehörigen Arbeitstechniken unternommen werden" (Fürnrohr 1982, S.5).

Zugrunde liegt die Bemühung um *methodische Bildung*, die selbständiges Aneignen und Reflektieren von Wissen und Können ermöglicht und wichtige Grundlage fachlichen Lernens ist.

Zusammenfassend ist festzustellen, daß es eine Kernaufgabe der Grundschule ist, Kinder an bestimmtes Lern- und Arbeitsverhalten zu gewöhnen. Unter pädagogischer Verantwortung, die auf Einsicht, Verständnis und (kritisch-konstruktive) Handlungsfähigkeit Wert legt, steht darüber hinaus die bewußte Thematisierung und Anleitung zur Reflexion im Vordergrund. Gerechtfertigt ist dies, weil schulisches Lernen zunächst stets auf die Schule selbst mit ihren Anforderungen und Regeln bezogen ist. Schule ist für den Schulanfänger ein wichtiger Teil seiner Lebenswelt; er lernt in der Schule für die Schule:

Schulisches Lernen und Arbeiten werden selbst zum Gegenstand des Unterrichts!

3. Die Grundschule als *gemeinsame* Schule für alle Kinder

Der in Artikel 3 des Grundgesetzes verankerte Gleichberechtigungsgrundsatz beinhaltet in den Verfassungen der einzelnen Bundesländer auch das Recht auf Erziehung und Ausbildung, ohne Rücksicht auf Herkunft oder wirtschaftliche Lage des jungen Menschen.

In der Weimarer Verfassung erhielt die Grundschule eine Art Monopolstellung im Bildungswesen, da in ihr Bildungs*recht* und Schul*pflicht* miteinander verknüpft sind. So hieß es bereits in § 1 des Grundschulgesetzes vom 11.8.1919: „Die Volksschule ist in den vier untersten Jahrgängen als die *für alle gemeinsame Grundschule*, auf der sich auch das mittlere und höhere Schulwesen aufbaut, einzurichten".

Der lange vorausgegangene Kampf in der Vorgeschichte der deutschen Grundschule (vgl. Rodehüser 1989, S. 69-108) bis hin zur Einheitsschulbewegung einerseits, die aktuelle Diskussion um Integration Behinderter in die Regelschule andererseits, zeigen Chancen und Belastungen, die einer gemeinsamen Schule für alle in Grundsatz und praktischer Durchführung auferlegt sind.

> „Daß die Grundschule die Schule *aller* ist, bedeutet: Sie ist die einzige Schule, die von allen Kindern besucht werden muß und besucht wird. Insofern ist sie, ohne den Namen noch zu tragen, *Volksschule*. Hier besondern sich die Individuen noch nicht nach ihren Berufswünschen oder danach, was die Eltern mit ihnen vorhaben. Der Unterschied zwischen arm und reich, zwischen Mächtigen und Machtlosen, zwischen Einflußlosen und Einflußreichen zählt hier so wenig wie der Geschlechtsunterschied. In der Grundschule sind alle beisammen, eine wahrhaft 'klassenlose Gesellschaft'.
>
> Durch die Entwicklung der letzten Jahrzehnte hat sich freilich noch etwas Neues ergeben: Die Grundschule ist nicht nur Schule des 'Volks', sondern, übertrieben ausgedrückt: der Völker! Nicht nur die schichtspezifischen sozialen Unterschiede gelten hier noch nicht, sondern zunehmend nicht einmal die nationalen und kulturellen Unterschiede; so scheint sich die Grundschule unseres Landes, das einem 'Einwanderungsland' ähnlich wird, von einer 'Volksschule' zur 'Völkerschule' weiter zu entwickeln ..." (Koch 1998, S. 63).

Der verfassungsmäßige Auftrag der Grundschule, dem Prinzip nach für *alle* offen und dennoch bildungswirksam zu sein, stellt ein *zentrales Problem der Grundschulpädagogik* dar, welches die anderen Kernaufgaben zu relativierender Interdependenz zwingt. Es handelt sich um ein strukturelles Problem, das (unter Beibehaltung der gesellschafts- und bildungspolitischen Vorgaben) wohl niemals in sich pädagogisch stimmig gelöst werden kann.

> „Die prägende Wirkung der Lebensverhältnisse, der familialen, biographischen und soziokulturellen Erfahrungen sowie der anthropogenen Voraussetzungen sind durch die Schule allein nicht überwindbar" (Burk 1994, S. 2).

Vor diesem Hintergrund sind viele bildungsidealistische Erwartungen, die oft mit Selbstverständlichkeit an die Grundschule gerichtet werden, mit Zurückhaltung zu betrachten.

3.1 Freisetzende und ausgleichende Erziehung „Pädagogik der Vielfalt"

Mit dem Anspruch gleicher Grundbildung durch dieselbe Schulart für alle ist das *Spannungsverhältnis von Integration und Differenzierung* der Grundschule ins Stammbuch geschrieben. In der Grundschulgeschichte erfuhr die Berücksichtigung der Prinzipien durch die politischen Zeitströmungen unterschiedliche Akzentuierung.

In der „Weimarer Grundschule" erkannte man die Bedeutung individueller Anlage und Neigung für den künftigen Schul- und Bildungsweg, wobei sich allerdings „Begabung" zunehmend zum Faktor gezielter Auslese für das dreigliedrige Schulsystem entwickelte und (institutionelle) Differenzierung eigentlich erst nach Beendigung der Grundschulzeit einsetzte.

Mit Aufkommen des dynamischen Begabungsbegriffs („Begabung heißt Begaben!"), der Lern- und Sozialisationstheorien (vgl. 1.1.3) in den sechziger Jahren richtete sich das Augenmerk mehr auf Ausgleich soziokulturell bedingter Startnachteile, Berücksichtigung der Ausgangslage der Kinder (vgl. Retter 1975) und sogenannte „*Startgerechtigkeit*". Damit konnte das Problem von Integration und Differenzierung nicht mehr weiterverlagert werden, sondern wurde zu einer Kernaufgabe der Grundschule erhoben. Im programmatischen Band „Die Grundschul-Funktion und Reform" (1969) faßte Schwartz zusammen:

> „Das Problem der Chancengleichheit stellt die Grundschule des Bildungswesens vor ihre wichtigste, aber auch zugleich schwierigste Aufgabe. Sie ist nicht mit der '*Startgleichheit*' zu lösen, sondern nur durch '*Startgerechtigkeit*' zu erleichtern; sie ist nicht durch eine *einheitliche* 'Hinaufhebung' aller Schüler auf ein möglichst hohes Niveau der überlieferten schulischen, mittelständisch orientierten Leistungsanforderungen zu meistern.
>
> Die Aufgabe kann nur erfüllt werden, indem die *Gleichheit für alle darin erstrebt wird, daß jedem einzelnen die Bildungsmöglichkeiten angeboten und er in den Stand gesetzt wird, diese wahrzunehmen*" (S. 60).

Freisetzende Erziehung wird von nun an zum Oberbegriff für Integration und Differenzierung, für Anpassung und Emanzipation. „Wo dieser Herausforderung an eine freisetzende Erziehung entsprochen werden soll, kann die *Chancengleichheit der Bildung nur durch Ungleichheit der Lernangebote* gewährleistet werden, was sich im zeitlichen Aufwand, dem inhaltlichen Angebot und in differenzierten Sozialformen darstellen wird" (ebd. S. 25).

Auch wenn sich in der Folgezeit eine einseitige Konzentration ausgleichender Erziehung auf schulschwache und sozial benachteiligte Kinder abzeichnete (vgl. z. B. Sander 1980), aber auch Chancen*gleichheit* als Utopie entlarvt wurde (vgl. Flitner 1977), ist der Gleichberechtigungsgedanke erhalten geblieben: Bei aller Unterschiedlichkeit der Ausgangslagen haben alle Kinder den prinzipiell gleichen Anspruch an die Grundschule: Sie soll jedem *optimale Ausgangsbedingungen und Startgrundlagen auf dem Weg der Selbstbildung* ermöglichen. Dies wird nicht erreicht, indem allen das Gleiche, sondern indem jedem das Seine geboten wird, nicht „idem cuique", sondern „suum cuique" (Kerschensteiner). Auch in der heutigen, zum Teil ideologisch gefärbten, Diskussion um Integration behinderter Kinder in die Regelschule ist diese Leitlinie bedenkenswert!

Voraussetzung einer individuell freisetzenden Erziehung ist stete Feststellung der Ausgangslage der Schulklasse, angemessene Akzeptanz interpersonaler Unterschiede und *Vorrang des Förderprinzips* vor dem Selektionsprinzip.

Während *Auslesen* mit Blick auf Eignung für weiterführende Schulen zu frühzeitiger Trennung führt, ist *Fördern* (als weiter, nicht sonderpädagogisch eingeengter Begriff) ein durchgängiges und daher integratives Prinzip. „Fördern heißt vor allem, Kinder zu stärken, ihnen Mut zu machen, ihr Selbstwertgefühl und ihr Selbstvertrauen, ihre Leistungsfreude und ihren Leistungswillen zu stärken" (Burk 1994, S. 2).

Wenn alle Kinder die Chance vergleichbarer Grundbildung haben sollen, bedeutet dies jedoch:

- „Sie brauchen verschieden viel Zeit, um etwas zu begreifen.
- Sie brauchen verschieden viel Erläuterung.
- Sie brauchen verschieden lange und häufige Übungen, um etwas zu können.
- Sie brauchen verschieden viel positive Verstärkung, um des eigenen Könnens und Wissens sicher zu sein.
- Sie sind unterschiedlich gut in der Lage, eigene Erfahrungen durch Zuhören zu ersetzen.
- Sie haben gegenüber den Aufgaben der Schule eine unterschiedlich starke Leistungsmotivation ...

Jedes Kind liebt es, Dinge zu tun, die es kann. Immer wieder wollen Kinder gerade die Arbeitsblätter noch einmal bearbeiten, die sie schon einmal fehlerlos erledigt haben. Wenn sie bei einer solchen Aufgabe selbst einen deutlichen Lernfortschritt erkannt haben, macht es ihnen besonders viel Spaß, manchmal geraten sie förmlich in einen Rausch.

Sie haben einfach Spaß daran zu spüren, wie und wie gut ihr Intellekt arbeitet, sie genießen intellektuelle Funktionslust. Es wäre wohl die wichtigste Aufgabe *ausgleichender Erziehung*, allen Kindern solche Erlebnisse zu verschaffen ..." (Moeller-Andresen 1974, S. 5; vgl. auch Kothz 1998).

Dies geschieht auf der Grundlage eines gemeinsamen Basislernens, das nicht auf normierten Bildungsstandard am Ende der Grundschulzeit abzielt, sondern günstige und faire Startbedingungen für weiterführendes Lernen schafft.

Die Schule ist so gesehen ein „*Haus des Lernens*" (Denkschrift NRW 1995, vgl. auch Krawitz 1997), in dem individuell Lernende eine „Gemeinschaft" bilden. Die *Grund*schule als gemeinsame Schule für alle ist verpflichtend das *erste* Haus solchen Lernens. Hier ist noch keine institutionelle Bildungskanalisierung (im Sinne des „Berechtigungswesens") erfolgt und kaum inhaltliche Homogenisierung vorausgegangen, d. h. ist „Heterogenität, nicht Homogenität der Normalfall" (Meiers).

Spezifisch grundschulpädagogische Aufgabe ist es deshalb, individuelle Eigenart zu akzeptieren *und* gemeinsames Lernen, Selbst- und Sozialkompetenz zu fördern, die Werte von Individualität *und* Solidarität bewußt zu machen.

Eine *Pädagogik der Vielfalt* (Preuss-Lausitz 1993) betont deshalb „Vielfalt in der Gemeinsamkeit"; diese „zielt auf sozial gleiche Chancen, um Individualität zu entfalten und ist nichthegemonisch orientiert" (S. 34). Das heißt allerdings nicht, daß - in konstruktivistischer Übertreibung der Postmoderne - Bildungsinhalte völlig beliebig seien, und daß schon der „Ruf nach Einheitlichkeit" und Bemühung um Grundkonsens unter Ideologieverdacht gestellt werden darf (vgl. Faust-Siehl 1998, S. 3). Gerade weil für heutige Kinder das Problem von Individualisierungszwängen und die Gefahr sozialer Isolation besteht, darf sich die Grundschulpädagogik nicht einseitig von (vordergründig interpretierten) individualpädagogischen Ansätzen leiten lassen, sondern muß sich auch hier um Ausgewogenheit bemühen:

Die Betonung der Vielfalt in der Gemeinsamkeit muß mit der verstärkten Suche nach Gemeinsamkeit in der Vielfalt korrespondieren!

3.2 Förderung individuellen Lernens

Förderung individuellen Lernens bedeutet, persönlichkeitsabhängige Aneignung von Kenntnissen, Fähigkeiten und Einstellungen „weiter nach vorn" zu bringen. Lernen wird dabei als Prozeß verstanden, der nur vom Lernenden selbst realisiert werden kann. Dieser Lernprozeß steht in untrennbarem Zusammenhang mit persönlicher Identität (als Fähigkeit, Kontinuität des Personkerns zu wahren und Balance zwischen personalen und sozialen Ansprüchen einzuhalten) und dem Selbstkonzept (als durch andere gewonnenes Bild des Ich), das aufgrund direkter, indirekter, vergleichender und reflexiver Merkmalszuweisung geprägt wird (vgl. Einsiedler 1994, S. 54).

„Individualisierung" versteht sich als ein Erziehungs- und Unterrichts*prinzip*, das unterschiedliche Interessen, Neigungen, Motivationen, Begabungen, Vorkenntnisse usw. zu berücksichtigen sowie Identität und Selbstkonzept positiv zu beeinflussen sucht. Zur Verwirklichung dieses Prinzips stehen verschiedene pädagogische und didaktische Maßnahmen (wie innere Differenzierung, Freiarbeit u. ä.) zur Verfügung. Mit Individualisierung ist hier also nicht eine Spezialform der Differenzierung gemeint, sondern ein didaktischer Oberbegriff, dem entsprechende Organisationsformen und Unterrichtskonzepte zugeordnet werden.

3.2.1 Individualisierung durch „innere Differenzierung"

Der didaktische Begriff der Differenzierung ist maßgeblich in der Curriculum-Epoche der siebziger Jahre geprägt worden. So heißt es im Strukturplan für das Bildungswesen 1970:

> „Eine Differenzierung des Unterrichts kann durch Differenzierung von organisatorischen Strukturen, von Lernbereichen, Lernzielen, Lehr- und Lernmethoden sowie Lehr- und Lernmitteln erfolgen... Man unterscheidet die Formen der äußeren Differenzierung (Differenzierung nach Schularten, nach Schulwegen, nach Klassen und Kursgruppen) von den Formen der inneren Differenzierung (Differenzierung der Inhalte, Medien und Methoden des Unterrichts innerhalb einer Lerngruppe)" (S. 70).

Bestrebungen, bereits in der Grundschule eine *äußere Leistungsdifferenzierung* durchzuführen, werden - mit Blick auf verschiedene Untersuchungen über Folgen einer äußeren Leistungsdifferenzierung in den ersten sechs Schuljahren - abgelehnt, da sich zeige, daß eine frühzeitige Differenzierung und Auslese für die lernschwächeren Schüler eindeutige Nachteile (baldige Resignation, mangelnde Lernanregungen durch Überforderung, soziale Abstempelung) ergäben, während befähigtere Schüler kaum Leistungssteigerung zeigten.

Favorisiert wird demgegenüber *innere Differenzierung*: „Sie wird verstärkt dort wirksam, wo die selbständige Arbeit des einzelnen Schülers nach Lernprogrammen, die unterschiedlicher Lerngeschwindigkeit und Auffassungsfähigkeit gerecht werden, gefördert wird" (S. 71).

In der Folgezeit sind vielfältige Maßnahmen und Modelle innerer Differenzierung entworfen und diskutiert (vgl. z. B. Bönsch 1972, Kasper 1974, Preuß 1976) und als stets aktuelle Forderung reflektiert worden (z. B. Seibert 1992). Winkeler (1975) unterscheidet soziale, methodische, mediale und thematisch-intentionale Differenzierung, wobei in Orientierung an Lehrgangsziel und Stoffbewältigung, von einem verbindlichen „Fundamentum" und einem wünschenswerten „Additum" ausgegangen wird.

Zu *Grundformen* innerer Differenzierung gehört die *quantitative Differenzierung,* bei der das unterschiedliche Arbeitstempo berücksichtigt und eine unterschiedliche Anzahl von (Grund- und Zusatz-) Aufgaben gestellt wird.

Bei *qualitativer Differenzierung* werden Lerngruppen nach Schwierigkeits- bzw. Komplexitätsgrad der Aufgaben eingeteilt.

Methodische Differenzierung variiert nach unterschiedlichen Zugangsweisen zum Thema, verschiedenen Denkansätzen und Lerntypen der Kinder und dem Intensitätsgrad der Lehrerhilfe.

Bei *medialer Differenzierung* erhalten die Schüler je nach Abstraktionsfähigkeit unterschiedlich konkrete Repräsentationshilfen (nach Einsiedler 1994).

Kennzeichnend für solch „klassische“ Differenzierungsmodelle ist, daß sie
- innerhalb eines Lernbereichs angewendet werden,
- an übergeordnetem Lehrgangsziel ausgerichtet sind,
- eine exakte Lernstandsdiagnose bei allen Schülern vorausgeht und
- Gruppenzuteilung der Schüler in der Regel nach Leistungskriterien erfolgt.

Schwerpunktmäßiges Anliegen ist es, Schüler mit Lernrückständen und -behinderungen zu fördern. Für die leistungsstärkeren geht es eher darum, sie sinnvoll zu beschäftigen. Um den „Schereneffekt“ nicht noch mehr zu vergrössern, bemüht man sich, „didaktische Schleifen“ einzubauen, die den erreichten Lernstand vertiefen und allenfalls anreichern, nicht aber auf das nächste Unterrichtsziel vorgreifen. Man orientiert sich also an einem bestimmten Sockelniveau, zu dem man zurückkehrt, bevor mit der nächsten Lehrgangsphase begonnen wird.

Ausschlaggebend für die Einleitung differenzierender Maßnahmen ist eine jeweilige Lernstandsdiagnose für jeden einzelnen Schüler nach jedem Lehrgangsabschnitt in verschiedenen Fächern bzw. Lernbereichen (Erhalten geblieben ist hierfür der Begriff der „Lernzielkontrolle“, der besser „Ergebnisfeststellung“ heißen müßte, da nur kontrollierbar ist, ob und inwieweit ein Ziel erreicht wurde).

Hier entsteht das Problem ständiger Überfrachtung des Unterrichts mit Leistungsüberprüfungen, aber auch der Überforderung der Lehrer durch immensen diagnostischen Testaufwand und entsprechender Zuteilung an entsprechenden Förder- bzw. „Therapie“-Maßnahmen und -Materialien (z. B. jeweils unterschiedliche Arbeitsblätter für verschiedene Leistungsgruppen).

Individualisierung durch Maßnahmen innerer Differenzierung ist eine begründete und berechtigte pädagogische Forderung, gleichwohl jedoch sozusagen „verordnetes schlechtes Gewissen“ für Lehrer, da es in ihre Verantwortung gelegt wird, stets diagnostisch und curricular genau abgestimmte Förderprogramme für jede Leistungsgruppe in unterschiedlichen Lerngebieten zielorientiert anzubieten.

3.2.2 *Individualisierung durch „offenen" Grundschulunterricht*

In realistischer Einschätzung, daß Lehrer nicht alle individuellen Lernprozesse überschauen, schon gar nicht exakt „steuern" und über sie „verfügen" können, aber auch angesichts der Gefahren ständigen interpersonalen Leistungsvergleichs innerhalb der Klasse, geht man in Überlegungen zur „Öffnung des Unterrichts" von einer anderen Denkrichtung aus (Impulse kamen auch aus der englischen Primarschulreform, die nach dem Plowden-Report 1967 einsetzte).

„Offener Unterricht" ist ein mehrdimensionaler Begriff, der sich in erster Annäherung negativ eingrenzen läßt als gängiger Kampfbegriff gegen „geschlossene Curricula" und Lernzieldidaktik sowie allgemein gegen einen lehrerzentrierten, meist in Lektionen angelegten Unterricht, der den Schüler vornehmlich als „Objekt des Lernens" versteht.

Demgegenüber wird dem Kind zugetraut, daß es von sich aus lernen möchte und selbst am besten weiß, welche Lernhilfen, welche Anstöße und Anregungen es zum Weiterlernen braucht. Man nimmt also die *Selbststeuerungskräfte* des Kindes sehr ernst und setzt in jedes Kind ein entsprechendes *pädagogisches Vorvertrauen*. Es steht demnach nicht mehr das Lehr(gangs)ziel allein im Vordergrund, sondern das übergeordnete *Ziel der Selbständigkeit und Selbstverantwortung* (nach der Maßgabe Schleiermachers: „Erziehung hat immer das Ziel, sich selbst überflüssig zu machen").

Im Anschluß an eine ursprünglich stark reformpädagogisch orientierte Bildungsauffassung (z. B. Montessori „Hilf mir, es selbst zu tun!") sind die Grundlagen offenen Unterrichts zunehmend auch psychologisch ausgerichtet. Brügelmann (1998, S. 15) nennt als Theorieansätze den Konstruktivismus in der Nachfolge Piagets, die Theorie des persönlichen (Sach-) Interesses nach Schiefele und Krapp, die Theorie metakognitiver Selbststeuerung des Lernens, die humanistische Psychologie im Anschluß an Rogers, das Modell eines kooperativen Lernens mit- und voneinander, die Tätigkeitstheorie, aber auch die allgemeine Anthropologie.

Die Vielfalt und Mehrdeutigkeit der Reformbewegung und -perspektiven läßt sich allenfalls analytisch auf *Grunddimensionen* und entsprechende Begründungen (in Anlehnung an Brügelmann 1998, S. 16) zusammenführen:

- *Persönliche Öffnung* zu den Kindern und Eröffnung von Beziehungen zwischen diesen (Schule nicht nur als Ort des Sachlernens, sondern vor allem des gestalteten sozialen Lernens).
- *Institutionelle Öffnung* der Schule zur Lebenswelt der Kinder (Lernen im und über alltäglichen Lebensvollzug hinaus).
- *Organisatorische Öffnung* der Arbeitsformen (Berücksichtigung unterschiedlicher Lernvoraussetzungen und Arbeitsstile).

- *Inhaltliche Öffnung* der Lernwege und Denkmöglichkeiten (Lernen nicht als passive Nachahmung, sondern als eigenständige Re-/Konstruktion mit persönlicher Bedeutung).
- *Politisch-pädagogische Öffnung* der Entscheidungsverfahren im Unterricht (Ermöglichen von Selbstbestimmung in der Schule als Raum demokratischen Lernens).
- *Methodische Öffnung* (Lernen „mit allen Sinnen" durch verschiedene Wahrnehmungs- und Ausdrucksformen).

Als spezifische Ausprägungen offenen Unterrichts werden in Fachliteratur und Schulpraxis neben Gesprächskreis, Lernen an Stationen, Lernwerkstatt und Projektarbeit vor allem Tages- und Wochenplanarbeit (vgl. z. B. Strote 1980, Huschke/ Mangelsdorf 1988, Claussen u. a. 1993) und Freiarbeit (z. B. Röbe, H.-J. 1986, Potthoff 1992, Reiß/ Eberle 1992, Zimmermann 1993, Claussen 1995, Ludwig 1997) konkretisiert.

a) Tages- und Wochenplanarbeit

Sie werden meist als Vor- und Übergangsformen zu „echter" Freiarbeit verstanden, da hier das Verhältnis von Bindung und Offenheit, Fremd- und Selbststeuerung dosiert gelenkt wird. Die zu bearbeitenden und übenden Inhalte werden vom Lehrer in einem Arbeitsplan nach Pflicht- und Wahlpflichtaufgaben vorgegeben; beachtet wird dabei, daß das Grundpensum sichergestellt ist. Die Kinder haben die Freiheit persönlicher Zeiteinteilung, insbesondere bei Bestimmung von Arbeitstempo und Reihenfolge der Aufgabenbearbeitung, bei Konzentration und Entspannung und bei der Wahl der Sozialformen. Arbeitsplanunterricht gestattet Lernarrangements mit Hilfe von (oben genannten) Maßnahmen innerer Differenzierung und bietet somit den Vorteil individualisierenden *und* curricular überschaubaren Vorgehens. In den Anfangsklassen wird schrittweise über Tages-, Zweitages- und Dreitagespläne an die Wochenplanung herangeführt, damit die Kinder lernen, ihre Arbeiten selbst zu projektieren und zunehmend die Verantwortung für ihren eigenen Lernprozeß zu übernehmen.

b) Freiarbeit

Freie Arbeit hat eine lange Tradition, die vor allem mit reformpädagogischen Strömungen verbunden ist (Kretschmann, Otto, „Freies Arbeiten" bei Petersen, „freie Arbeitsformen" bei Freinet, Freiarbeit bei Montessori) und sich als Kontrast zu einem nur fremdgesteuerten Unterricht in Lektionen verstand. Heute begründet man die Idee auch vor dem Hintergrund von Außensteuerung, flüchtiger Reizüberfrachtung des Kindes durch Medienkonsum, von Handlungsdefiziten, Mangel an originaler Begegnung und Aktivitätsabgrenzung zu Erwachsenen (vgl. 1.1.4).

„Hier liegt die unverzichtbare Bedeutung von Zeiten Freier Arbeit, daß sie dem Schüler die Möglichkeit eröffnet, aktiv zu sein, eigene Fragen und Probleme zu entdecken sowie zu verfolgen, Interessen aufzubauen und die Vielfalt ausserschulischer Eindrücke ins Spiel und Gespräch aufzunehmen, zu ordnen und zu verarbeiten" (Lichtenstein-Rother/ Röbe 1982, S. 209).

Merkmale der Freiarbeit sind vor allem darin zu sehen, daß

- das Klassenzimmer Werkstattcharakter besitzt, als „Lernlandschaft" angelegt ist (Lernzonen, vielfältiges Materialangebot usw.),
- die Lehrerrolle vor allem durch Organisation, Beratung und individuelle Hilfe gekennzeichnet ist (Lehrer als „Lernbegleiter"),
- die Lerntätigkeiten der Schüler durch Selbstkontrolle bestimmt sind (Anbahnung autodidaktischen Lernens),
- die Lernergebnisse möglichst sichtbar gemacht und „veröffentlicht" werden.

Da die Kinder weitgehend selbst entscheiden (sollen), welchen Aufgaben, Projekten und Materialien sie sich zuwenden, wird die pädagogische Diskussion auch von Skepsis getragen; man sieht u. a. die Gefahr, daß Unterricht in äußerer Geschäftigkeit und Aktionismus zerfließt, Schule zum unverbindlichen „Selbstbedienungsladen" wird, in dem doch wieder (nur) konsumiert wird.

Übersehen werden sollte allerdings nicht das Spannungsverhältnis von Freiheit und Eigenverantwortung, das bereits der Begriff „Frei-Arbeit" beinhaltet: „Freiheit" in der Wahl der Aufgabe und ihrem Anspruchsniveau, der Materialien und Partner; „Arbeit" in Entscheidung, Planung, konsequenter Durchführung, Kontrolle und Reflexion.

Schulpraktische Bedenken sind dennoch verständlich, ist doch ein *Umdenken* von Lehrerinnen und Lehrern bei der konkreten Umsetzung erforderlich:

- Leistungsbeurteilung noch stärker personenbezogen und prozeßorientiert (Ausdifferenzierung der Verbalbeurteilung),
- erhöhte Anforderungen und neues Rollenverständnis (erheblicher Vorbereitungs- und Organisationsaufwand, große Vorstrukturierungsleistung, Identifikation mit Helferrolle, aber nicht Laissez-faire Stil, ...),
- kritische Auswahl und Überprüfung, ggf. Selbstherstellung von Materialien,
- Bewältigen räumlicher und finanzieller Schwierigkeiten (beengter Klassenraum, Materialkosten) und zusätzlicher Disziplinprobleme, Überzeugungsarbeit bei Eltern und Kollegen, ...
- vor allem aber die unerschütterliche (freilich durch die Realität vielfach verunsicherte) Überzeugung, daß Kinder zu eigenverantwortlichem Lernen und Arbeiten bereit und fähig sind.

In der aktuellen Bildungsdebatte um die Grundschule als kindgerechte Leistungsschule richtet sich der Blick verstärkt auf Evaluation und empirische Überprüfung der Effektivität offener Unterrichtskonzeptionen. In Zusammenschau bereits vorliegender Untersuchungen werden allerdings erhebliche terminologische, forschungsmethodische und interpretatorische Schwierigkeiten bei einem Vergleich zwischen offenem und sogenannten lehrerzentriertem Unterricht deutlich. Brügelmann (1998) faßt seinen entsprechenden Überblicksartikel vorsichtig mit der Tendenz zusammen, daß es keine empirischen Befunde gäbe, die grundsätzlich gegen eine Öffnung des Unterrichts sprächen:

„Wenn uns Selbständigkeit, Mitverantwortung und Eigenaktivität als pädagogische Ziele wichtig sind, dann ist ein Unterricht vorzuziehen, der mit diesen Prinzipien übereinstimmt, solange keine Verluste/ Nachteile in anderen bedeutsamen Zielbereichen nachgewiesen sind" (S. 13).

Plausibilität in der normativ-pädagogischen Gesamtargumentation hat zunächst immer Vorrang vor empirischen Einzelbefunden, so notwendig diese auch sind. Tatsache ist die bestehende große Heterogenität und Leistungsstreuung in der Grundschule. Eine eigenständige Theorie offenen Unterrichts hilft dabei nicht weiter, schon gar nicht in Dichotomisierung zu einer (als Gegenposition hochstilisierten) Form „traditionellen" Unterrichts. Vielmehr bedarf es der Ausgewogenheit, Ergänzung und Vielfalt von Mischformen, die in einer übergreifenden Erziehungs- und Bildungskonzeption der Grundschule individuelles, gemeinsames und grundlegendes Lernen in Einklang zu bringen suchen.

3.2.3 Altersgemischtes Lernen

Individualisierung bedeutet nicht Vereinzelung oder gar Isolation, sondern beruht auf der Bedingung, daß auch das andere Individuum mit seinen Voraussetzungen, Ansprüchen und Interessen geachtet wird. Berücksichtigung der Individualität des anderen ist insofern ein soziales Erziehungsziel. Die Idee des Lernens in altersgemischten Gruppen läßt sich individual und sozial begründen (und wird deshalb im systematischen Ort zwischen 3.2 und 3.3 angesiedelt).

Die Kritik an der Jahrgangsklasse ist nicht neu. *Peter Petersen* (1884 - 1952) bemängelt, daß das Jahrgangsklassensystem nur daran interessiert sei, einen möglichst homogenen „Lernkörper" zu schaffen. Damit aber würde die Chance vertan, Altersunterschiede als „fruchtbares Bildungsgefälle" zu nutzen. In der Jena-Plan-Schule werden deshalb Schüler aus jeweils drei Jahrgängen in sogenannten Stammgruppen zusammengefaßt, wobei sich eine Binnenglierung ergibt, die mit dem Vergleich einer Stufung von „Lehrling, Geselle und Meister“ charakterisiert wird.

Auch *Maria Montessori* (1870 - 1952) prangert die altersgebundene Jahrgangsklasse als eine künstliche Isolierung an, die die Entwicklung des sozialen Gefühls, vor allem das Helfen der Kinder verschiedenen Alters untereinander verhindere (vgl. Montessori 1972).

Berthold Otto (1859 - 1933) orientiert sich an der geistigen Förderung in der Familie und strebt die „geistige Gemeinschaft verschiedener Lebensalter“ an. Sein „freier Gesamtunterricht“, in dem alle Schüler von 6 bis 17 Jahren gemeinsam im Gespräch sind „bereitet auch darauf vor, daß die Menschen verschiedene Interessen haben, und daß eine gewisse Toleranz, eine gegenseitige Achtung und Duldung geübt und gelernt wird“ (1963, S. 126).

Aus *heutiger Sicht* wird dieses reformpädagogische Ideengut aufgenommen und in neuen Begründungszusammenhang gestellt (nach Laging 1995):

- Vor dem Hintergrund veränderter Kindheit (mehr Einzelkinder = weniger Geschwistererfahrungen usw.) soll die altersgemischte Gruppe *kompensatorisch* wirken. *Heterogenität* wird noch verstärkt, die Unterschiedlichkeit in Lernstand und Interessenbildung *als Lernchance* genutzt.
- Vor dem Hintergrund neuerer Sozialisationsforschung wird die „Bedeutung des anderen Kindes“ (das nicht mehr aus einheitlichen Lebensverhältnissen stammt) hoch eingeschätzt, die *Schule* wird als Gegenpol zum teilweise defizitären außerschulischen Sozialraum, zum *Erprobungsfeld sozialen Umgangs*.
- Mit Blick auf das Erziehungsziel der *Solidarität* erwartet man durch Verschiedenheit der Ausgangsbedingungen größere Augenfälligkeit von Hilfesituationen, die *gegenseitiges Helfen* initiieren. Kinder können als Lehr- und Lernhelfer eingesetzt werden und dadurch die Lehrerfunktion entlasten. In die altersgemischte Gruppe können ggf. auch (einzelne) behinderte Kinder aufgenommen werden, da die Leistungsvorgaben nicht so starr wie in Jahrgangsklassen sind.
- Durch notwendige *neue Organisationsformen* kann die *Schulreform* weitere Impulse erhalten, von Flexibilität in Raumverteilung, Teamarbeit und Lehrereinsatz bis hin zu Versetzungspraktiken und größerem Stellenwert der Lernentwicklungsberichte. Beispielsweise würde eine Zurückstellung nicht mehr nur anspruchslose Wiederholung des Jahrgangs bedeuten.

Das Konzept der Altersmischung strebt die Auflösung des starren Klassenverbandes und damit eine institutionelle Radikallösung an. Günstig wäre es, in *Verbindung mit dem Eingangsstufenmodell* (vgl. 2.1.2), unter Einbeziehung der Eingangs- oder Vorklasse, eine dreijährige altersgemischte Schulanfangsphase einzurichten. Konsequent, aber nicht unbedingt erforderlich, ist eine anschließende Altersmischung der dritten und vierten Jahrgangsstufe. Als Kompromißlösung in der vierjährigen Grundschule werden Zweijahrgangsklassen vorgeschlagen (oder sogar die Verbindung des ersten mit dem dritten und des zweiten mit dem vierten Schuljahr angedacht).

Im Zusammenhang mit den derzeitigen Bestrebungen, den Schuleintrittstermin vorzuverlegen oder zumindest generell alle Sechsjährigen einzuschulen, gewinnt das Modell der Altersmischung zusätzliche Relevanz. Auch im Hinblick auf Aktivitäten der „Mittagsbetreuung", der „ganzen Halbtagsschule" bzw. der „betreuten Grundschule" kann Altersmischung Realisierungsperspektiven setzen und ggf. eine Überfrachtung der Grundschule mit zusätzlichem (pädagogisch nicht geschultem) Betreuungspersonal vermeiden helfen.

Die konsequente Verwirklichung eines solchen Konzepts stößt aber in der derzeitigen inneren und äußeren Schulstruktur auf enge Grenzen, insbesondere bei einer Grundschuldauer von nur vier Jahren. Hinzu kommt, daß auch schon in bestehenden Jahrgangsklassen der Regelschule erhebliche Alters-, Verhaltens- und Leistungsunterschiede vorliegen.

Das allein stellt allerdings noch kein Gegenargument dar, da Altersmischung durchaus die Heterogenitätsproblematik abmildern kann, wie Erfahrungen aus der früheren Praxis wenig gegliederter (Land-) Schulen mit bis zu acht Jahrgängen in einem Klassenraum und einem ausgeprägten Helfersystem zeigen (Freilich besteht bei solchen Vergleichen die große Gefahr, daß die dahinter stehende pädagogische Idee für bildungs- bzw. finanzpolitische Sparmodelle mißbraucht werden könnte).

Bedenkenswert ist es jedenfalls, Altersmischung nicht als schulorganisatorisches Notprogramm, sondern als wohl begründetes Schulangebot (vgl. „Nongraded Schools" in den USA) zu akzeptieren.

Hagstedt (1995) beschreibt drei Modelle, die vom Ansatz her auch in der „normalen" Grundschule denkbar sind: Beim *Tutorenmodell* werden ältere Schüler als Lernhelfer („Schülerlehrer") nach dem Konzept „Lernen durch Lehren" eingesetzt, wodurch auch deren Stärken weiter gefördert werden, im *Ämter-Modell* sind in der Klasse viele kleine Institutionen eingerichtet (z. B. Rechtschreibbüro, Druckerei, Rechnungsprüfer, Computerarbeitsplatz), für die jeweils einzelne Schüler als „Chefs" zuständig sind. Beim *Marktmodell* schließlich werden Lehr-Lernbeziehungen nach dem Prinzip von Angebot und Nachfrage geregelt, etwa wenn bei der Wochenplanarbeit Kinder Hilfe anfordern oder anbieten, beim „Lehr-Lern-Markt" in verschiedenen Lernzonen unterschiedliche Informationen und Aktionen von Einzelkindern oder Gruppen vorgestellt werden.

Solche Modelle basieren, auch in ihrer Kombination, auf der Ungleichheit der Kinder und gleichzeitig auf sozialem Zusammenwirken, wenngleich auch das Risiko (nur) äußerlicher Aktivierung und mangelnder stofflicher Vertiefung gesehen werden muß.

3.3 Förderung gemeinsamen Lernens

Zu den wenigen Erfahrungen, die die nachwachsende Generation heute gemeinsam erwerben kann, gehört der Schulbesuch. Bei der Grundschule als erste gemeinsame Schule für alle Kinder des Volkes ist dabei der erziehliche Auftrag besonders deutlich akzentuiert: Gemeinsamkeit bedeutet nicht nur gleiches Bildungsangebot, nicht nur räumliches Miteinander, sondern auch miteinander leben und lernen als geistiges Beisammensein und Mitmenschlichkeit.

Die Notwendigkeit der *Gemeinsamkeit in der Vielfalt* wird unter verschiedenen Aspekten begründet:

- Veränderte gesellschaftliche Lebensbedingungen und vor allem der Strukturwandel der Familie zeigten *zunehmende Diversifikation von Kindheitsmustern* auch im Sozialverhalten. Insofern müsse die Grundschule mehr als früher zusammenführende soziale Grundqualifikationen erst aufbauen.
- Beklagt werden steigende *soziale Defizite*, insbesondere Ich-Bezogenheit, Erörterungstaubheit, aggressives und destruktives Verhalten, Verrohung aufgrund schädlicher sozialer Leitbilder in den Medien, Feindbildmentalität gegenüber Minderheiten usw. Insofern sei die Grundschule mehr denn je gefordert, sozialpädagogisch und -therapeutisch wirksam zu werden.
- Aber auch im Zusammenhang einer weltweiten Wertedebatte, im Ringen um einen *ethischen Grundkonsens* in komplexen, pluralistischen Gesellschaften bis hin zur Beschwörung eines „Weltethos" angesichts fortschreitender Globalisierung, wird dem frühen schulischen Lernen (z. B. in der interkulturellen Erziehung und Toleranzerziehung) geradezu eine Schlüsselfunktion zugewiesen.

Gegenüber eilfertigen Rufen nach effektiverer Sozialerziehung in der (Grund-) Schule ist allerdings einzuwenden, daß sich soziales Lernen nicht allein in der Schule vollzieht, vielmehr durch außerschulische Bezugspersonen und -gruppen, Medieneinflüsse usw. geprägt wird, einer Halbtagsschule zeitlich enge Grenzen gesetzt sind, und die notgedrungen erforderliche „Verbalpädagogik" bekanntermaßen nur wenig bewirken kann.

Schon seit den sozialpolitischen Intentionen der „Weimarer Grundschule" unterliegt das pädagogische Feld sozialer Bildung der spezifischen Gefahr idealistischer Zielüberhöhung, obwohl psychologische Befunde zur Entwicklung sozialer Kompetenz im Kindes- und Jugendalter eher zurückhaltend im Hinblick auf nachhaltige Wirksamkeit *schulischer Unterweisung als Interventionsmaßnahme* zu interpretieren sind.

Der grundschulpädagogische Einbezug entwicklungs- und sozialpsychologisch fundierter Studien zur Schulkindheit (vgl. u. a. Petillon 1993, Oerter 1994, Fend/ Stöckli 1997) bestätigt hingegen die Annahme, daß die *Schule als soziales Bedingungs- und Erfahrungsfeld* große Bedeutung für die individuell erlebte Beziehung zu Gleichaltrigen und als Sozialkontext für die Konstruktion von Identität besitzt, Mitschüler nicht nur Schul- oder Spielkameraden, sondern gleichermaßen „Entwicklungsgenossen" sind, die Schulklasse ein „mächtiges Sozialisationsfeld" (Krappmann 1991) und geradezu eine „Schicksalsgemeinschaft" (Schorch 1990) darstellt.

Insofern ist die Grundschule, auch wenn man mit Recht vor überzogenen gesellschaftlichen Erwartungen und Überfrachtung mit vielfältigen Aufgaben warnt, weder explizit noch implizit vom sozialerzieherischen Auftrag entbunden. In ihrer Stellung als erste schulische Sozialisationsinstanz ist ihr vielmehr *Sozialerziehung als Kernaufgabe* auferlegt.

3.3.1 Aufgaben der Sozialerziehung

In der „Weimarer Grundschule" war der soziale Auftrag durch den Begriff *Gemeinschaftserziehung* umrissen. In reformpädagogischen Strömungen war Gemeinschaft kein deskriptiver, sondern ein normativer Begriff; das heißt Gemeinschaft muß erst (nach einem bestimmten Idealbild) hergestellt werden. Beispielsweise sollte in der nach dem Stammgruppenprinzip organisierten „Lebensgemeinschaftsschule" Petersens das Kind in die schon bestehende „Schulgemeinde" hineinwachsen und diese später mitgestalten. Im Zusammenhang mit Schlagworten wie Volksgemeinschaft, Heimatliebe und Deutschtum wurde Gemeinschaft jedoch zu einem ideologieanfälligen und mißbrauchsgefährdeten „vernutzten Begriff, der durch die Nazis entehrt wurde" (Horkheimer). In Abkehr von dieser historischen Begriffsbelegung wird heute Gemeinschaft nicht mehr organisch (Blut, Volk, Rasse), sondern neutral als Zusammenfassung von Menschen unter einer bestimmten Idee verstanden.

Es ist nicht verwunderlich, daß nach der Ideologisierung des Gemeinschaftsbegriffs neue Termini eingeführt wurden, so in schulischen Bildungsbemühungen der 50er Jahre der Begriff „Partnerschaft" Friedrich Oetingers (=

Theodor Wilhelm), der „sozialintegrative Führungsstil" nach Tausch / Tausch in den 60er Jahren, die „repressionsfreie", sogenannte „antiautoritäre" Erziehung nach Neill, die „soziale Integration" der Gesamtschuldiskussion und die Erweiterung durch den Aspekt des „politischen Lernens" in den 70er Jahren (nach Pfeuffer 1994, S. 70).

Etabliert hat sich seit dieser Zeit vor allem der Begriff des *Sozialen Lernens*, obwohl er eine Einengung des pädagogischen Sachverhalts darstellt, da er sich (empirisch) auf die Aktivität des Lernenden beschränkt: Soziales Lernen findet immer und von sich aus statt und ist im Grunde nicht an eine bestimmte Erziehungsabsicht gebunden. Es wird heute vor allem als ein ökologisches Modell der Einheit von personalen, kulturellen, sozialen und materiellen Elementen verstanden, das biographische und aktuelle Merkmale des Kindes, der Gruppe, der Familie, schulisch-kulturelle Bedingungen ebenso einschließt wie aktuelle soziale Ereignisse und deren Lerneffekte (Petillon 1993).

Im fachlich orientierten Grundschulunterricht der 70er Jahre wurde *Soziallehre* bzw. Sozialkunde als eigener fachlicher Lernbereich im Sachunterricht (zum Teil in Verbindung mit „Wirtschaftslehre") ausgewiesen. So gab beispielsweise der bayerische Grundschullehrplan von 1971 folgende Themen vor: 1. Schuljahr: Die Familie / In der Schule, 2. Schuljahr: Nachbar und Nachbarschaft, 3./4. Schuljahr: Aufgaben, die Familie und Nachbarschaft nicht leisten können (Gesundheitsfürsorge, Wasserfürsorge, Müllbeseitigung, Energieversorgung usw.). Im Vordergrund standen „Institutionen" und ihre gemeinschaftliche Bedeutung.

Im Begriff *Sozialerziehung* spiegelt sich der Versuch einer Vermittlung zwischen Gemeinschaftserziehung, sozialem Lernen / Sozialisation und Soziallehre wider, insofern Ziele, Bedingungen und Inhalte des Lernbereichs „Umgang mit Personen" aufeinander bezogen werden. Dieses Modell müßte noch den Begriff der „Ökologie des Geistes" (Bateson 1981) umfassen und die Dimensionen der inneren Welt, der Interaktionen und der Umwelt überspannen, wie Schäfer (1994, S. 20) vorschlägt.

Bei den *Zielen der Sozialerziehung* stehen zunächst Komponenten der *Selbstkompetenz* im Vordergrund: Eigene Bedürfnisse und Gefühle wahrnehmen, akzeptieren und ausdrücken; auf die eigenen Fähigkeiten vertrauen, Selbstwertgefühl entwickeln; die eigenen Fähigkeiten selbstkritisch beurteilen und danach handeln; Ich-Identität entwickeln.

In Balance mit der individuellen Entwicklung wird Sozialerziehung als ein Prozeß verstanden, bei dem es auf folgende Komponenten der *Sozialkompetenz* ankommt: Kontaktfähigkeit, Kommunikationsfähigkeit, Kooperationsfähigkeit, Konfliktlösungsfähigkeit und Toleranz (nach Knoll-Jokisch 1981, S. 92-101).

Auch Petillon (1993) geht in seinem Strukturierungsmodell von „Ich-Identität" aus (Fähigkeit und Bereitschaft, Fremderwartungen und eigene Bedürfnisse so zu verarbeiten, daß ein eigenes selbstbestimmtes Rollenverhalten entwickelt und praktiziert werden kann), ergänzt aber den Zielkatalog noch um Solidarität (als Bewußtsein der Zusammengehörigkeit und Erkenntnis der gemeinsamen Lage), soziale Sensibilität (sich in die Rolle eines anderen einfühlen), Gruppenkenntnis (über wesentliche Aspekte der sozialen Gruppe Schulklasse), Kritik (Hinterfragen von Normen und Urteilen und entwickeln von Alternativen) und Umgang mit Regeln (die erarbeitet, beachtet und ggf. revidiert werden).

Bei der Umsetzung solch formaler Ziele bietet es sich - als Spezifikum dieses Lernbereichs - besonders an, *schulische Situationen selbst als Inhalte der Sozialerziehung* zu thematisieren, sei es durch die Pflege des täglichen sozialen Umgangs (Höflichkeitsformen, Gesprächsführung, ...), Beteiligung an gemeinsamen Projekten innerhalb der Klasse und der Schule, Bewältigung aktueller Konfliktsituationen in der Klasse, „Zusammenrücken" in Ausnahmesituationen oder Beteiligung an gemeinnützigen Aktionen (nach Pfeuffer 1994, S.74-76). Entsprechende soziale Anlässe und Gelegenheiten werden nicht übergangen, sondern als „elementare soziale Situationen" (Rabenstein / Haas 1972) aufgegriffen und im Hinblick auf oben genannte Ziele konkret zum Unterrichtsthema gemacht (vgl. das Beispiel „Wir erstellen eine Garderobeordnung" bei Schorch 1974). Dabei geht es um den behutsamen Aufbau eines „Wir-Bewußtseins" - nicht als beschönigende Harmonisierung im Sinne einer konflikttabuisierenden Gemeinschaftsidee, sondern als pragmatische Fundierung schulischen Zusammenlernens und -lebens. Ängste von Kindern, Gewalt in der Klasse, auf dem Schulhof oder -weg werden dabei ebenso wenig ausgeklammert wie Außenseiterproblematik, bedenkliche (Medien-) Vorbilder oder der Umgang mit verhaltensauffälligen Schülern (vgl. die Beispiele bei Prote 1996, S. 91-96).

Im gemeinsamen Ringen um Lösungen wird deutlich, daß soziales Lernen nicht nur allein vom „besser wissenden" Lehrenden gesteuert werden kann, sondern auch einen wechselseitigen Prozeß sozialer Kompetenzerweiterung von Schülern und Lehrer/in (Schäfer 1994, S. 22) in Zusammenarbeit mit den Eltern darstellt. So ist die Weiterentwicklung sozialer Fähigkeiten sicher nicht durch lernzielüberfrachtete Curricula oder bloßen Arbeitsblatt-Unterricht zu erreichen, nicht mit einer „Sozialtechnologie, die Kinder mit ihrem Schuleintritt als sozial defizitäre Wesen betrachtet und Lehrern in der Therapeuten-Rolle die Aufgabe zuweist, 'Soziales' zu vermitteln" (Retter 1995, S. 57).

Um so mehr ist eine Grundorientierung an übergeordneten Zielen der Sozialerziehung erforderlich, die mit entsprechenden Methoden in Einklang stehen. *Kooperatives Lernen* geschieht nicht im Nebeneinander der Kinder in der

Schulklasse, sondern durch schrittweise Kultivierung von Partner- und (Klein-) Gruppenarbeit:

Gruppenunterricht als Methode korrespondiert mit Gruppenfähigkeit als Ziel. Empirisch nachweisbare positive soziale Effekte gruppenpädagogischer Verfahren (vgl. Terhart 1997, S. 157-163) legen es nahe, bereits in der Grundschule mit einer solchen Unterrichtsorganisation zu beginnen.
Sie wird ergänzt durch weitere gesprächs- und kooperationsfördernde Lernformen wie Klassen- und Kinderrat, Sach- und Besinnungsgespräche, soziale Spiele und Schulversammlung, in denen demokratische Verhaltensweisen, Mitbestimmungsformen und Mitverantwortung erprobt und gelebt werden können.

„Die soziale Einbindung schulischen Lernens ist zum einen unmittelbarer Antrieb für Lerninteresse, Engagement und schulisches Leisten; zum anderen vermehrt sie die Chancen, daß sich die sozialen Beziehungen der Kinder vertiefen - günstig für die Entwicklung von Ich-Stärke sowie eine Voraussetzung wirklicher Gemeinschaft“ (Faust-Siehl u.a. 1996, S. 36).

Diese sozialerzieherische Aufgabe wird in der Grundschulpädagogik in stufenspezifischer Weise durch engste Verknüpfung von Unterricht und Schulleben konkretisiert.

3.3.2 Gestaltung des Schullebens

Für den Schulanfänger stellt das soziale Erfahrungsfeld Schule gegenüber den gewohnten häuslichen und familiären Interaktionen eine neue Herausforderung dar.

„Der Schüler muß das institutionelle Leben kennenlernen, und er muß erste Erfahrungen eigenen Verhaltens in einem institutionellen Rahmen sammeln. Das ist nicht schwierig, denn die Schule selbst ist ja eine derartige Institution. Es ist also möglich, den Schülern das Funktionieren der Institution Schule klarzumachen und sie zu einem verantwortlichen Verhalten in diesem Rahmen anzuleiten“ (Aebli 1987, S. 68).

Auch hier hat die Grundschule Grundlegungs- und Aufbauarbeit zu leisten, da beim Kind das Bild von Schule erst entsteht, aber auch nachhaltig geprägt wird (wie viele Autobiographien Erwachsener belegen). Während selbstverständlich auch das außerschulische „Leben bildet“ (Pestalozzi), aber eben nur beliebig und zufällig, unterliegt das Leben in der Schule den besonderen Rahmenbedingungen einer „künstlichen“ Institution. Diese Konstruktivität muß akzeptiert werden, es sei denn, man stellt Schule als Institution generell in Frage.

Alle Bemühungen, „Leben in die Schule zu bringen“, laufen in letzter Konsequenz darauf hinaus, Schule (zumindest in ihrer bestehenden Form) zu überwinden. Implizit und zum Teil explizit wird in vielen Überlegungen davon ausgegangen, daß das außerschulische Leben stets das „bessere Leben" sei und sich Schulleben deshalb an diesem Leben auszurichten hätte. Dabei besteht aber die Gefahr unstrukturierter „Lebendigkeit", unreflektierter „Lebensnähe", unverbindlicher „Lebensfülle" und einseitiger Ausrichtung an einem idealistisch-normativen Begriff menschlichen Lebens.

In einer entsprechenden Analyse charakterisiert Weber eine solche Idee des Schullebens als „das Bemühen um die Verwirklichung einer dem menschlichen Leben gemäßen und humanes Leben fördernden Schule, die sich durch Lebendigkeit und Lebensnähe auszeichnet, in der Lebensernst und Lebensfülle zur Geltung kommen, in der ein soziales und bejahenswertes Leben möglich ist. Ein so verstandenes Schulleben versucht, die formenden Kräfte des Lebens in der Schule wirksam werden zu lassen" (1979, S. 63).

Wenn aber die Schule mit Selbstbewußtsein ihrem erzieherischen Auftrag nachkommen will, muß die pädagogische Leitlinie eher umgekehrt darauf vertrauen, daß die formenden Kräfte des Schullebens das allgemeine Leben positiv beeinflussen. Insofern kann (und darf) pädagogisch gestaltetes Schulleben niemals „Abbild des Lebens" sein, es ist vielmehr an Zielvorstellungen (Weber spricht von „moralischer Mündigkeit" und „demokratischem Ethos") vor allem der Sozialerziehung gebunden. Die Realität des Lernorts Schule, in den die Kinder ihre Lebenserfahrungen „von außen" hineintragen, bildet den Ausgangspunkt entsprechender „Lebensnähe". Schulleben als Leben in einer bestimmten Institution kann durchaus Modellcharakter für Zusammenleben in anderen Institutionen haben - aber auch nicht mehr.

Vor diesem Hintergrund ist eine theoretisch-systematische *Grundlegung des Schullebens* zu sehen, die nach Keck (1993) auf vier Säulen verweist:

- Herstellung der Einheit von Unterricht und Erziehung in der Schule als ein in allen Dimensionen verantworteter Raum (Schulrituale und Gewohnheitsbildung, unterrichtsübergreifende Veranstaltungen, emotionales Wohlbefinden, ...).
- Schule als Lebenswelt des Kindes (Freizonen und -zeiten, Raum für Selbsttätigkeit, ...).
- Schule als Lernort im Netzwerk von Lernorten (direkte Begegnung, außerschulische Lernorte, heimatlicher Nahraum, ...).
- Herstellung einer erzieherischen Kontinuität zwischen Schule und Elternhaus (Hausaufgabenpraxis, Schullaufbahnberatung, schulergänzende Aktivitäten von Eltern im Sinne einer „Schulgemeinde", ...).

Innerhalb der allgemeinen schulpädagogischen Diskussion um Geschichte und Begriff des Schullebens (verwiesen sei u. a. auf Weber 1979, Keck/ Sandfuchs 1979, Breslauer/ Engelhardt 1979, Gudjons/ Reinert 1980, Glöckel 1985, Apel/ Seibert 1992) hat die grundschulpädagogische Sichtweise einen speziellen

Stellenwert, da in der *Grundschule besonders günstige Rahmenbedingungen* vorliegen:

Klassenlehrersystem, fester Klassenraum, Möglichkeit relativ flexibler Zeiteinteilung innerhalb der vorgeschriebenen Unterrichtszeit, keine strikte Gebundenheit an 45-Minuten-Rhythmus, Schule und Gemeinschaft als reguläre Lehrplanthemen. Während in weiterführenden Schulen Unterricht und Aktivitäten des Schullebens in der Regel isoliert existieren (Klassenfahrten, „-feten" u. ä.), allenfalls in einigen wenigen fachlichen Bezügen stehen (z. B. Beitrag der musischen Fächer zu Fest- und Feiergestaltung) und Unterricht der beherrschende Faktor ist, stellt in der Grundschule Schulleben eine zentrale pädagogische Kategorie dar. Unter dem Aspekt der „Vermittlerschule" (vgl. 2.1.1) wird *Schulleben zum Oberbegriff*, in den der Unterricht eingeschlossen ist.

Das pädagogische Profil der deutschen Grundschule ist durch die Konzeption der *Schule als Lebensstätte* stark geprägt worden. In Anknüpfung an Petersen hat nach dem zweiten Weltkrieg vor allem Lichtenstein-Rother (1954, 1969) die erzieherische Bedeutung der Schule und Klasse als „Ordnungsgestalt" hervorgehoben und mit ihren Vorschlägen für die Praxis der ersten Schuljahre fruchtbar gemacht. Inhalte und Ordnungen des Schullebens sind bestimmt durch bewußte Rhythmisierung, die zu Vertrautheit, Sicherheit und emotionaler Stabilität der Kinder beitragen soll.

So wird der *Schultag* durch seine „täglich wiederkehrenden Glieder" rhythmisiert: Gleitender Schulbeginn nach klaren Ordnungsregeln, Begrüßung im Morgenkreis (vgl. Hieronymus 1996), Andacht, Musizieren und Vorlesen, Tagesbericht, tägliche Übung, gemeinsames Frühstücken im Klassenzimmer, Unterricht, Bewegung im Freien, Verabschiedung im Abschlußkreis (vgl. Morsch 1997).

Die *Schulwoche* beginnt mit dem Berichten vom Sonntag und dem Verteilen der Wochendienste und klingt mit dem Wochenrückblick aus. Im Mittelpunkt steht der Wochenplan, der auch im Klassentagebuch dokumentiert wird. Wöchentlich wiederkehrende Einrichtungen sind z. B. Bücherstunde und freie Arbeit. Klassenraum, Klassentagebuch und Klassenmappen sind „Spiegel des Klassenlebens", dessen „äußere Freiheit durch innere Ordnung" ermöglicht wird.

Das *Schuljahr* wird inhaltlich durch Thematisierung der Jahreszeiten gegliedert und erhält seine Höhepunkte durch „festliche Stunden im Jahreslauf": Geburtstagsfeiern, Kinderfest, Erntefest, Laternenumzug, Nikolaus, Weihnachtsfeier, Elternnachmittag, usw. Durch Patenschaften älterer Schüler, gemeinsame Schulfeste und -projekte sowie starke Einbindung der Eltern entwickelt sich über Klassenleben hinaus ein wirkliches Schulleben, das von der Idee der „Lebensgemeinschaftsschule" und „Schulgemeinde" getragen wird.

Mit beginnender „Curriculumphase“ und stärkerer Fachorientierung in der Grundschule (vgl. 1.1.3) verlor der Schulleben-Gedanke an pädagogischem Eigenwert. Schulleben wurde als „soziales Lernen“ für Lernziele des fachlichen Bereichs „Soziallehre“ instrumentalisiert und mehr zum *Anwendungsfeld sozialkundlichen Unterrichts*, in dem soziale Grundqualifikationen wie Empathie, Rollendistanz, Ambiguitätstoleranz und kommunikative Kompetenz als Zielkategorien im Mittelpunkt standen (vgl. z. B. Krappmann 1972): „Grundschule als Trainingsstätte demokratischer Verhaltensweisen“.

Aus *heutiger Sicht* ist eine *Zusammenführung beider Ansätze* notwendig: Klare Zielsetzung bei der Gestaltung des Schullebens, die auch den Kindern bewußt sein sollte; Ausrichtung an „Sitte und Ordnung“, dabei soviel Freiheit wie möglich, soviel äußerer Zwang wie nötig; Lernen des Zusammenlebens über Gewöhnung *und* Einsicht; Beteiligung der Kinder beim Erstellen von Regeln und Ordnungen; kritische Reflexion unnötiger Reglementierungen; bewußte Thematisierung von Konflikten; Probleme des Schullebens auch als Unterrichtsthema.

Die Kinder sollen von Anfang an erfahren, daß die Gestaltung des Schullebens nicht nur eine Angelegenheit der Lehrerin ist, sondern maßgeblich von eigenen Ideen, Eigeninitiativen und Eigenverantwortlichkeit abhängt. Erste Impulse gehen freilich vom Lehrer aus, der *Grundschule als arrangierten Lebensort* (Wittenbruch 1991) versteht.

Konkretisiert wird ein solches pädagogisches Programm für die Grundschule als „formelles und informelles soziales Erfahrungsfeld“ (Petillon 1993) durch die Bereitstellung günstiger räumlicher und zeitlicher Rahmenbedingungen sowie wechselseitiger Lehrer-Schüler-Eltern-Impulse, z. B.:

- *Schaffen einer vertrauten und freundlichen Umgebung* (ästhetische und kinderfreundliche Gestaltung von Klassenzimmer, Schulhaus und Schulhof).
- *Selbstverwaltung des Schulbetriebs* durch schrittweise Übernahme von Klassenämtern, durch Arbeitsteilung und Helferfunktionen (Blumen- und Tierpflege, Reinigungs- und Aufräumdienste, Klassentagebuch-Dienst, Aktualisierung von Kalender, Zeitleiste und Wandzeitung, Schulgartenarbeit, Vorbereitung von Ausflügen, Sammeln von Unterrichtsmaterialien, Informieren und Betreuung kranker Schulkameraden, ...).
- *Gemeinsame Planung und Gestaltung von Festen und Feiern* (Geburtstage, Wochenabschluß, Ereignisse im Kirchenjahr, Fasching/Karneval; Szenische Spiele/Schulspiel, Hör-, Sing-, Tanzspiele, Chor und Instrumentalspiel, Vorlesewettbewerb, Sportfest, Grillparty,...).
- *Rhythmisierung des Tages- und Wochenablaufs* (Morgenkreis, tägliche Übung, bewußter Wechsel von Spannung und Entspannung, gemeinsames Frühstück, Bewegungsphasen, Verabschiedungsritual...; jeder Schultag mit

einem „kleinen Höhepunkt“ wie Wochenendbericht, Bücherstunde, freie Spielzeit, Fragestunde, Praxistag, Erzählstunde).

- *Gemeinsame Planung, Durchführung und Nachbereitung von Unterrichtsgängen, Ausflügen und Wandertagen* (im Rahmen des Sachunterrichts Besuche außerschulischer Lernorte wie Museum, Burg, Tierpark, Handwerksbetrieb, Rathaus, Kläranlage, Feuerwehr, Wetterstation,...; in Verbindung mit Deutsch-, Musik-, Kunstunterricht: Theater-, Konzert-, Ausstellungsbesuche...; als Schul- und Klassenaktivitäten: Wandertag mit Spielen, Wettbewerben, Erkundungen,...; Schullandheimaufenthalt mit thematischem Wochenprojekt usw.).
- *Soziale Kontakte zu außerschulischen Personenkreisen* (Elternbesuche im Unterricht, „Tag der offenen Tür“..., vorbereitete Informationsgespräche mit Bürgermeister, Polizeibeamten, Briefträger, älteren Menschen als „Augenzeugen“, Besuch im Seniorenheim, usw.).
- *Klassenbeiträge zur schulischen „Öffentlichkeitsarbeit“* (Klassenzeitung, Schulzeitung, Leserbriefe, Sammelaktionen, Wohltätigkeitsbasare, Säuberungsaktionen usw.).

Schulleben in der Grundschule versteht sich so durchaus als Vorbereitung auf das gesellschaftliche Leben; es nutzt dabei bewußt die Vorteile als pädagogisch geschaffener „Schonraum“, allerdings nicht als Rückzug aus Erfahrung und Verantwortlichkeit oder Abschottung von der Erwachsenenwelt, sondern als schützendes „Basislager“, von dem aus zunehmend gewagtere Entdeckungsreisen zu „außerschulischen Lernorten“ (vgl. Haarmann/ Horn 1998, S. 148) unternommen werden.

Schule als Lebensstätte von Kindern ist selbst sinnvoll und sinngebend, vor allem durch *Stärkung des Erfahrungsbezugs* und *Stärkung der Verantwortlichkeit* des einzelnen gegenüber der Gemeinschaft. Humanes Zusammenleben ist regelorientiert und regelgeleitet, es basiert auf Akzeptanz, Toleranz und persönlicher Wertschätzung. Das gelingt um so besser, wenn das *soziale System Schule* in seiner Aufgabenverteilung (Schulleiter, Hausmeister, Putzpersonal, Elternvertreter usw.) auch für das Kind *überschaubar* bleibt. Der einzelne Schüler sollte die Erfahrung machen können, selbst seinen Beitrag zum Gelingen des Schullebens zu leisten und stolz auf „seine“ Klasse und Schule zu sein.

Vor diesem Hintergrund ist auch die aktuelle Reformidee der *autonomen Schule* zu verstehen: Jede Schule solle ihr eigenes pädagogisches Profil entwickeln, prägen und spezifische Schwerpunkte, die sich von anderen Schulen unterscheiden, ausbauen. Dies ist prinzipiell wegen vielfältiger zu erwartender positiver Effekte wie Teamarbeit, pädagogischer und didaktischer Kreativität im Kollegium, Engagement bei den Eltern usw. zu begrüßen (vgl. Ramseger 1994), muß vom Auftrag der Grundschule als gemeinsame Schule für alle Kinder und möglicher *Gefahren* her aber auch vorsichtig abwägend gesehen werden:

Der Grundsatz der wohnortnahen Grundschule sollte nicht in Frage gestellt werden. Die „normale" Grundschule darf nicht zur langweiligen „Restschule" degradiert werden. Als Schule „vor Ort" darf sie nicht entmischt werden. Die Vielfalt darf nicht (aufgrund homogenisierter Herkunft aus gleichgesinnten oder -gestellten Familien) verarmen. Frühzeitige Spezialisierung und fachliche Kanalisierung (im Stil früherer Vor-Gymnasien) sollte nicht eine grundlegende Bildung und die Wahl der Schullaufbahn einengen. Mit pädagogischem Profil der Einzelschule kann jedenfalls nicht „Profilierung" im Sinne zu früher Spezialisierung, Absonderung oder gar Durchsetzung von Gruppeninteressen gemeint sein (vgl. auch Inckemann 1997, S. 178-186).

Der Grundgedanke aber ist nachhaltig zu befürworten, wenn, schlicht ausgedrückt, das ständige Bemühen um den „guten Ruf" der Schule im Vordergrund steht, wenn ernsthaft, kompetent und phantasievoll die erste Schule als Teil des Wohnumfeldes gestaltet und zur „Kinderheimat" wird.

„Auf ein absonderndes Profil zu verzichten, heißt nicht, auf einen ausgewiesenen Ruf einer Grundschule, auf eine spezifische Farbe zu verzichten, die sich aus dem sozialen Milieu und den Aktivitäten der Eltern und Lehrer ergibt; es bedeutet, gerade nicht auf eine homogene, nivellierte Lerngruppe zu setzen... Die allgemeine Grundschule für alle Kinder des Einzugsbereichs muß, gerade in einer pluralistischen Gesellschaft, erhalten werden. Nicht zuletzt, damit die Kinder unterschiedlichster Herkünfte und Zukünfte wenigstens in der Grundschule ein paar Jahre gemeinsame Erfahrungen gewinnen können" (Preuss-Lausitz 1995,S. 2).

Schulleben und Gestaltungsautonomie der Schule werden in letzter Zeit häufig auch im Umfeld des Begriffs der *Schulkultur* gebraucht. Als schulpädagogischer „Integrationsbegriff" führt er Begriffe wie Schulprofil, Schulqualität, Schulleben oder Schulklima zusammen:

„Schulkultur ist durch das Gesamt von Konsens, Kooperation und Aktivitäten an der Schule definiert, sie zu entwickeln, zu verbessern oder auszugestalten ist daher der Schulleitung (als Impulsgeber), dem Lehrerkollegium, den Schülerinnen / Schülern und der Elternschaft gemeinsam aufgetragen" (Wiater 1997, S. 39).

In seiner Funktion als Kollektivbegriff, der von einer eigendynamischen Kinder- bzw. Schülerkultur einerseits bis hin zu überprüfbaren Qualitätskriterien der Schulevaluation reicht, steht der Terminus Schulkultur allerdings auch in der Gefahr, soziologische, schulpolitische und pädagogische Konturen zu verwässern.

Für die Grundschulpädagogik besteht mit dem tradierten und ausbaufähigen Begriff des Schullebens eine zentrale Konzeption, die der stufenspezifischen Aufgabe grundlegender Sozialerziehung und kindgemäßer Schulgestaltung in Einheit von Erziehung und Unterricht am ehesten gerecht wird. Hilfreich sind die Gedanken zur Schulkultur dort, wo sie den Gesamtrahmen kontinuierlicher

Schulentwicklung im Bildungssystem abgeben. Dabei ist es weiterhin Kernaufgabe der Grundschule, mit *Schulleben als pädagogischem Programm* einen ersten Schwerpunkt zu setzen.

4. DIE GRUNDSCHULE ALS *GRUNDLEGENDE* SCHULE

Schon ihrem Namen nach ist die Grundschule untrennbar mit Grundlegungsarbeit als Kernaufgabe verbunden. „Grundlegung" aber ist zunächst nur ein formaler Begriff, der noch keine inhaltlichen Angaben umfaßt; er ist eine relative Bestimmung, die generell für alle Voraussetzungen im Hinblick auf jede nächste (Schul-) Stufe gilt. Und: Grundlegung findet nicht nur in der Schule statt, sondern auch in Familie, Kindergarten, usw. Weder für Grundlegung (institutio: Hineinstellen in eine Ordnung von Menschen) noch für Bildung (formatio) stellt Schule einen verbindlichen Anfang und Alleinvertretungsanspruch dar (vgl. von Hentig 1996).

Dennoch: Mit der *Grund*-Schule beginnt die organisierte Zusammenfassung und verpflichtende Kollektivierung Gleichaltriger zum Zwecke gemeinsamen, systematischen Lernens.

Dieses Ziel liegt - in Kontinuität mit weiterführenden Schulen - vor allem darin, *Grundlage für das Leben* zu sein. Hinzu kommt als zweite Zielsetzung, eine angemessene *Grundlage für das Lernen an weiterführenden Schulen* zu schaffen. Als erste Schule prägt die Grundschule beim Kind ein vorläufiges, aber auch nachhaltiges Bild von Schule (vgl. Kapitel 2) und hat damit in besonderem Maße die Aufgabe einer *Schulpropädeutik*.

4.1 Grundschule als Basis des Bildungssystems

In der Reichsverfassung von 1919 ist gesetzlich verankert, daß das öffentliche Schulwesen „organisch" auszugestalten sei: „Auf einer für alle gemeinsamen Schule baut sich das mittlere und höhere Schulwesen auf" (§ 146).

In den 1921 folgenden Richtlinien zur Aufstellung von Lehrplänen für die Grundschule wird dieser Auftrag konkretisiert:

„Die Grundschule als gemeinsame Schule für alle Kinder der ersten vier Schuljahre hat die Aufgabe, den sie besuchenden Kindern eine *grundlegende Bildung* zu vermitteln, an die sowohl die Volksschule der oberen vier Jahrgänge, wie dic mittleren und höheren Schulen mit ihrem weiterführenden Unterricht anknüpfen können. Sie muß deshalb alle geistigen und körperlichen Kräfte der Kinder wecken und schulen und die Kinder mit denjenigen Kenntnissen und Fertigkeiten ausrüsten, die als Grundlage für jede Art von weiterführender Bildung unerläßliches Erfordernis sind" (zitiert nach Menke 1970, S. 117).

In den Richtlinien über Zielbestimmung und innere Gestaltung der Grundschule (Reichsministerium des Innern) von 1927 wird auch der pädagogische Rahmen näher bestimmt:

„Diese vier ersten Schuljahre haben ein eigenes Ziel und ein einheitliches Arbeitsgebiet ... Durch diese Zielbestimmung aus der kindlichen Entwicklung mit dem Ausgleich zwischen ihr und den Kulturforderungen schafft die Grundschule aus ihrem Wesen selbst heraus die Grundlage für jede weiterführende Bildung ..." (S. 115).

Aus diesen historischen Vorgaben heraus wird deutlich, daß die Grundschule als erste Stufe des Bildungswegs nicht nur voll in die gesellschaftliche Bildungsfunktion des Staates eingebunden, sondern ihr sogar Verantwortung als *Grundlage für das gesamte Bildungssystem* auferlegt wird.

Eine damit verbundene Gefahr wurde frühzeitig erkannt: Grundlegender Bildung würde Eigenwert abgesprochen, wenn sie nur als Durchgangsstadium im Bildungsgang gesehen, wenn sich die Grundschule lediglich als „Zulieferer" für weiterführende Schulen verstehen würde.

Vielmehr muß ihre *Doppelaufgabe* stets im Blick bleiben:

- Erschließung der Lebenswirklichkeit des Kindes und Hilfe bei der Bewältigung seiner Lebensaufgaben *und*
- Vorbereitung des Kindes auf Angebote und Anforderungen weiterführender Schulen.

Hier ist das Grundverständnis einer humanen Schule angesprochen: Schutz des Eigenwertes jeder Altersphase einerseits, Vorbereitung auf spätere Lebens- und Berufsanforderungen andererseits. Entsprechende „Ausbildung" ist notwendig, zur „Bildung" wird sie erst, wenn über Wissen und Können hinaus Daseinserfüllung angestrebt, über Einsicht Haltung angebahnt, wenn fachliche Erkenntnisse dazu verhelfen, Lebenswirklichkeit klarer zu durchschauen und lebenspraktische Situationen besser zu meistern.

In Abgrenzung zu „weiterführender Bildung" unterliegt die Grundschule einem spezifischen Bildungsauftrag, der seit ihrer Gründung als „grundlegende Bildung" gekennzeichnet wird.

4.1.1 Bildungsauftrag der Grundschule

Mit dem Begriff der Grundlegung ist ein pädagogisches Selbstverständnis verbunden, das in der Grundschulgeschichte zu jeweils unterschiedlichen Akzentsetzungen geführt hat (vgl. 1.1):

- Wird Grundlegung als *gelegter Grund* interpretiert, erwartet man, daß sich das weiterführende Schulsystem an den gegebenen Voraussetzungen ausrichtet und auf diese „von unten nach oben" aufbaut.

- Wird Grundlegung als *Basis „für etwas"* gesehen, orientiert sich die Grundschule an den Anforderungen weiterführender Schulen und leitet ihre Aufgaben „von oben nach unten" ab.

Die Eigenständigkeit der Grundschulpädagogik erweist sich dabei aber nicht in stereotyper Betonung des ersten Aspekts, sondern in Abwägung beider Sichtweisen unter den Kriterien der Kind-, Sach- und Zielgemäßheit.

Ähnlich verhält es sich mit dem Begriffspaar „Grundlegung der Bildung" - „Grundlegende Bildung" (vgl. die Kontroverse Meiers 1990 ⌦ Haarmann 1991).

Wird Bildung als intransitiver, reflexiver Vorgang und Selbstgestaltung des Menschen verstanden (sich selbst bilden), liegt die Hauptaufgabe des Bildungssystems hierfür bei entsprechender Impulssetzung: Die Lern- und Lebensform Schule dient der Grundlegung der Bildung.

„Das besondere Problem der Grundschule ist, daß ihre Schüler Kinder sind; sie können noch nicht den Grad der Bewußtheit moralisch sittlicher Orientierung, der Selbstbestimmung und Selbstkontrolle aufbringen, der für Freiheit und Verantwortung konstitutiv ist. Richtig ist aber auch: Mündig, frei, verantwortlich werden, das ist ein langer Prozeß. In pädagogischer Verantwortung muß dieser Weg so gestaltet werden, daß bereits der Anfang dieses Weges, die Hilfen und Situationen am Ziel orientiert sind ... Die Grundschule muß für die Kinder den Weg bereiten, der zu *Selbstbestimmung und Verantwortung* führt" (Lichtenstein-Rother 1990, S. 16/17).

Da das Grundschulkind noch stark auf Erziehung als transitivem Vorgang (erzogen werden) angewiesen ist, spielt also bei der Kernaufgabe „Grundlegung der Bildung" der Erziehungsfaktor eine gewichtige Rolle, was den Bildungs- und den Erziehungsbegriff eng zusammenrücken läßt.

Abgesehen von der Problematik trennscharfer Begriffe in der Pädagogik (vgl. Brezinka 1990), kann hier das Mißverständnis entstehen, daß es sich bei *Grundlegung der Bildung* nur um Vorbildung, um den „Vorhof" der Bildung, nicht um wirkliche Bildung handele. Es ist aber kaum möglich, genau zu bestimmen, wann „Grundlegung" aufhört und eigentliche Bildung beginnt.

Der Begriff *grundlegende Bildung* legt den Akzent stärker auf „Bildung" und erklärt damit die Grundschule von vornherein zur Bildungseinrichtung, die das Kind beim Prozeß des Hineinwachsens in die objektive Kultur begleitet.

Versteht man unter Bildung das, was über den Erwerb von Kenntnissen und Fertigkeiten hinausgeht und den Aufbau von Verständnis und Einsicht, die Anerkennung von Werten, moralische Urteilsfähigkeit sowie ein konstruktives Wirklichkeitsverständnis ermöglicht, ist damit ein hoher Anspruch verbunden, der für die Grundschule spezifischer Abgrenzung bedarf:

Grundlegende Bildung soll als *Anfang der Allgemeinbildung* bestimmt werden, als Bildung unter den Bedingungen von Schule, bezogen auf die Dauer der Grundschulzeit.

„Man versteht darunter jene elementare Bildung, die als Grundlage für ein erfolgreiches Lernen in den weiterführenden Schulen in gleicher Weise wie für die Bewältigung des Lebens nach der Schule notwendig ist“ (Hendricks 1989, S. 100).

Mit der Frage, *wer* nun diese grundlegende Bildung erhalten soll, *was* ihr Inhalt sei und *wie* sie vermittelt werden kann, verweist Glöckel (1994, S. 20-33) auf die berühmte Antwort des Comenius (1592-1670): OMNES OMNIA OMNINO - alle sollen alles in einer auf das Ganze, das Wesentliche bezogene und naturgemäße Weise lernen:

OMNES
Gleiche und gemeinsame Bildung für alle:
Gemeinsam erworbene - Ausgleichende Bildung - Differenzierung.
OMNIA
Allseitige, vollständige und ausgewogene Bildung:
Totalität und Universalität, formales und materiales Prinzip, Lernen mit „Kopf, Herz und Hand“, Wissen und Haltung; Geschichtlichkeit und qualitative Vollständigkeit der Inhalte; Orientierung am Kind, Gegenwarts- und Lebensnähe...
OMNINO
Verfahrensweisen umfassender Bildungsarbeit:
Kind-, Sach- und Zielgemäßheit; Planung zwischen Festlegung und Offenheit; Einbettung ins Schulleben.

Klafki hat (in kritisch-konstruktivem Anknüpfen) das klassisch-aufklärerische Bildungsdenken in zweifacher Weise weitergeführt:

In der ersten Dimension als

- *Selbstbestimmungsfähigkeit* über die eigenen individuellen Lebensbeziehungen und Sinndeutungen,
- *Mitbestimmungsfähigkeit* im Hinblick auf Anspruch, Möglichkeit und Verantwortung für die gemeinsame Gestaltung gesellschaftlicher und kultureller Verhältnisse,
- *Solidaritätsfähigkeit* als Einsatz für Benachteiligte.

In der zweiten Dimension als

- *Bildung für alle*,
- *Bildung im Medium des Allgemeinen* (Aneignung der die Menschen gemeinsam angehenden Frage- und Problemstellungen),
- *Bildung in allen Grunddimensionen menschlicher Interessen und Fähigkeiten* (kognitiv, handwerklich-technisch, sozial, ästhetisch, ethisch-politisch).

Klafki stellt explizit heraus, daß dieses Bildungsverständnis im Prinzip auch für die Grundschule gelten muß (1992, S.14).

Mit den genannten Aspekten umfaßt Grundlegende Bildung - im weiteren Sinne - ein Rahmenprogramm für die Grundschule, das sich weitgehend mit dem Aufgabenfeld der Grundschulpädagogik insgesamt deckt (vgl. Kapitel 1-3). Im systematischen Kontext des vorliegenden Bandes wird nun *Grundlegende Bildung in engerem Sinne* zu behandeln sein, indem der Schwerpunkt auf die inhaltliche Seite gelegt wird.

Eine vorläufige Zusammenstellung versucht beispielsweise Hendricks (1989, S. 106-115) mit folgenden *Inhalten grundlegender Bildung*:

- Vermittlung grundlegender Lerntechniken (richtiges Fragen, genaues Hinsehen und Beobachten, Unterscheiden, Abstrahieren, Registrieren, Tabellisieren, Skizzen anfertigen, Protokollieren, Ordnung halten... vgl. auch 2.3.3).
- Entfaltung fachbezogener Kenntnisse, Fertigkeiten, Fähigkeiten und Begabungen (Lesen, Schreiben, Rechnen; grundlegende natur- und gesellschaftswissenschaftliche Bildung; musische Bildung; ...).
- Vermittlung grundlegender Kenntnisse und Einsichten (Rechtschreibung, Grundrechnungsarten,... Lieder, Gedichte, Fabeln, Märchen,... Kreislauf des Wassers, Folgen der Umweltverschmutzung,...).
- Einübung grundlegender Haltungen (Sachlichkeit und Achtung vor Sachen und Natur, Verantwortung, Toleranz, Hilfsbereitschaft,...).

Bei dieser „Grundbildung" geht es heute verstärkt um sog. *Basisqualifikationen*, die - angesichts gesellschaftlicher Vielfalt und Normenunsicherheit - für Kulturaneignung und Teilnahme am öffentlichen Leben unentbehrlich sind, und von denen erwartet wird, daß sie Weiterlernen ermöglichen.

In den „Empfehlungen zur Arbeit in der Grundschule" der Kultusministerkonferenz (1994) wird herausgestellt, daß die *Schulfächer als grundlegende Inhalte* mit jeweils spezifischen Denk- und Arbeitsweisen ihre Bedeutung behalten. Sie stehen exemplarisch für bewährte Wege der Welterschließung und der sinnstiftenden Ordnung von Erfahrungen.
Insbesondere werden genannt: Deutsch, Mathematik, Sachunterricht, Kunst, Musik, Sport und Religion.

Des weiteren sollen *Lernbereiche* Eingang in die Lehrpläne finden und im Unterricht strukturierend wirken: Spracherziehung, mathematische Erziehung, Medienerziehung, ästhetische Erziehung, Umgang mit Technik, Bewegungserziehung, Fremdsprachenbegegnung, Umwelt und Gesundheit, Heimatverbundenheit und Weltoffenheit.

Schon diese Auswahl aus der Fülle weiterer Inhaltskataloge für Grundschulbildung zeigt die immanente Gefahr - auch unter der Vorgabe „grundlegend" - den Blick auf das Wesentliche zu verlieren. Notwendig ist stoffliche Beschränkung, „denn es muß noch genügend Zeit bleiben, das Gelernte durch intensive Übung und Anwendung gründlich zu festigen und zu vertiefen" (Laudenbach 1995, S. 394). In Anbetracht immer neuer Erziehungs- und Bildungsaufträge sowie gesellschaftlich zugewiesener „Reparaturfunktionen" kann die Richtung nicht dahin gehen, stets weitere Teilaufgaben additiv hinzuzufügen (siehe 1.1.4 c). Auch postmoderne Berufung auf konstruktivistische Gegenstandssicht und vermeintliche Beliebigkeit der Stoffe ist wenig hilfreich.

Demgegenüber bieten aber nach wie vor die strukturierenden Impulse der „klassischen" Bildungsprinzipien (zumindest) eine Grundorientierung.

4.1.2 Grundbildung als „kategoriale Bildung"

In heutiger verwirrender Vielfalt verschiedener Konzeptionen des (Grundschul-)Unterrichts, angesichts der Zersplitterung der Wissensbereiche und immer neuer Zielkataloge für das Schullernen wirkt *Bildung* als Kristallisationspunkt, als zentrale Zielkategorie, von der aus die Frage der schulischen Lerninhalte und der Stellenwert einzelner Lernbereiche zu beantworten ist.

Konturen gewinnt der Bildungsprozeß allerdings erst, wenn es zum Verstehen von Zusammenhängen, zur emotional-motivationalen Involviertheit in das Wissen, zum Bedeutsamwerden des Wissens zu Wertungen für Lebens- und Handlungsorientierung kommt. Solche Bildungserfahrungen unterstützen ein spezifisches Selbstverständnis, sensibilisieren für Sachverhalte, die bisher übersehen wurden, eröffnen neue Interessenfelder und neue Wertungen (nach Kößler 1989).

Dabei stellt sich für die Grundschule insbesondere die Frage, welche *Grundstrukturen* dem Kind für seine Welterschließung eröffnet werden sollen.

Johannes Wittmann hat hierfür bereits 1929 (4.Aufl. 1967) eine grundschuldidaktische Konzeption entwickelt, nach der die Kinder an einer Sache (berühmtes Beispiel: „Der Kohlkopf") Strukturmerkmale erkennen sollen (das Gebogene, das Hohle,...), deren Grundstruktur an anderen Sachen wiederentdeckt wird. „Anschauung als das Bewußtsein einer Sache" (S. 143) zielt auf Begriffsbildung, die durch den aktiven Aufbau von Beziehungsstrukturen gekennzeichnet ist - was im übrigen durch die neuere Kognitionsforschung gestützt wird (vgl. 1.2.2 b).

Im Rückgriff auf Kants Überlegungen zum Zusammenhang von Anschauung und Begriff (S. 72-74) stellt Wittmann einen Katalog grundlegender Begriffe (Zahl-, Ordnungs-, Ding-, Kollektiv-, Raum- Zeit-, Beziehungsbegriffe usw.) auf, die als „Stimmigkeitsbegriffe" auf das gesamte geistige Leben bezogen werden (z. B. Struktur des „Auseinander und Zusammen", auch in bezug auf soziale Ganzheiten). Daß solche abstrakt-erkenntnistheoretische Reflexionen durchaus in einen praktikablen Grundschulunterricht münden können, belegen eindrucksvoll Wittmanns ausgearbeitete und erprobte Modelle seiner Heimatkunde (so das Planspiel „Die ideale Stadt"), des analytisch-synthetischen Rechenunterrichts und des Lese-/Schreibunterrichts im Rahmen der Spracherziehung.

Die Bemühung um strukturierte Auffassung, die eine sachgerechte und sinnvolle Erschließung weiterer Sachverhalte ermöglicht, zentriert sich im (nunmehr tatsächlich bereits „klassisch" geltenden) Begriff der *kategorialen Bildung*:

> „Bildung ist kategoriale Bildung in dem Doppelsinne, daß sich dem Menschen eine Wirklichkeit 'kategorial' erschlossen hat, und daß eben damit er selbst - dank der selbstvollzogenen 'kategorialen' Einsichten, Erfahrungen, Erlebnisse - für diese Wirklichkeit erschlossen worden ist" (Klafki 1963, S. 44).

Mit Hilfe einer entsprechenden *didaktischen Analyse* (Klafki 1962), welche die Einheit von Inhalt und Weg betont, werden geeignete Situationen und exemplarische Inhalte erschlossen, die es ermöglichen sollen, Strukturzusammenhänge selbständig zu erfassen. Auch wenn die Kritik an begrifflichen Unstimmigkeiten und Abgrenzungen berechtigt ist (vgl. Schott 1998), sind die von Klafki (1964) vorgeschlagenen Auswahlprinzipien schulischer Bildungsinhalte bis heute wegweisend geblieben:

Das Fundamentale, das Exemplarische, das Typische, das Klassische, das Repräsentative, die einfachen Zweckformen, die einfachen ästhetischen Formen.

Diese Idee kategorialer Bildung hat Fiege (1969) mit seiner Konzeption eines kategorial bildenden Heimatkundeunterrichts für die Grundschule fruchtbar gemacht:

> „*Das Elementare* nimmt eine merkwürdige Stellung zwischen dem Besonderen und dem Allgemeinen ein ... Das Besondere ist immer das Konkrete, anschaulich in der Wirklichkeit Vorhandene, das den Kindern in ihrer Heimat vor den Sinnen steht: die Tulpenblüte im Garten, die Alster bei Poppenbüttel, der Wandsbeker Wochenmarkt, die Tatenberger Schleuse.
>
> Das Allgemeine sind die Zusammenhänge, die Gesetzlichkeiten, die in diesen Besonderen enthalten sind und an ihnen sichtbar und begreifbar werden: der Zusammenhang zwischen dem frühen Blühen und der Nahrungsspeicherung in der Tulpenzwiebel, die Gesetzlichkeit des mäandrierenden Flusses, das Verhältnis von Angebot und Nachfrage bei der Preisgestaltung, der Zusammenhang zwischen Bauweise und Funktion der Schleuse und ihrem Zweck der Überwindung von Wasserstandsunterschieden. Das Allgemeine ist also stets ein Abstraktes, das erst aus dem Besonderen herausgehoben werden muß ...
>
> Dem erfaßten Allgemeinen wohnt nun eine bildende Kraft inne. Wer nämlich das Allgemeine an einem konkreten Besonderen erfaßt hat, ist damit in die Lage versetzt, es in gleich oder ähnlich gearteten Besonderen wieder zu entdecken und diese damit geistig zu durchschauen und zu erfassen" (S. 28).

Abgesehen von unterstellbaren Ontologisierungstendenzen (vgl. „Zur Philosophie der Schulfächer“: Giel 1997) und von der Grundsatzfrage, ob es einen letzten Halt des Wissens geben kann, wird deutlich, daß es auch zu den Anliegen kategorialer Bildung gehört, Behauptungen kritisch zu hinterfragen, zwischen Ursachen und Folgen, Vermutungen und Beweisen, Voraussetzungen und Schlüssen zu unterscheiden (vgl. Klafki 1985).

Die stete *Bemühung um das Elementare* - das von Sache und Kind her Einfache, das zum Schlüssel für Späteres und Komplexeres werden kann - ist eine Kernaufgabe der Grundschuldidaktik und ihrer beteiligten Fachdidaktiken. Dazu bedarf es der „Vertiefung“ in bestimmte Lernaufgaben und -gebiete, die nur durch Beschränkung auf ausgewählte Themen erreichbar ist.

Die Notwendigkeit der *Konzentration auf das Exemplarische* - dessen Begriff bis heute eng mit dem Namen Wagenscheins (1965) verbunden ist - wird besonders im Sachunterricht offenkundig, da hier in wenigen Wochenstunden eine Vielzahl sach- und sozialbezogener Inhalte vermittelt werden soll (vgl. die entsprechenden Lehrpläne der Bundesländer).

„Grundlegendes Lernen muß sich daher auf die exemplarische Auswahl und Behandlung von Inhalten und Arbeitsweisen beschränken, welche eine möglichst weitreichende Erschliessungsfunktion haben“ (Rabenstein 1985, S. 22).

Gemäß exemplarischer Lehre steht dabei ein problemorientiertes Vorgehen im Vordergrund, das mit dem Unterrichtsbeginn als „Einstieg“ gekennzeichnet ist: Unmittelbarer Zugang, ohne langwierige Hinführung; am Anfang steht ein möglichst „packendes“ Problem, das während der gesamten Unterrichtseinheit im Bewußtsein bleiben und am Ende eine hinreichend begründete Antwort auf die Kernfrage abgeben soll. Das Allgemeine sollte vom Besonderen abgehoben, die gewonnenen Einsichten auf andere Fälle übertragen werden können. Vor allem sollte der Erkenntnisweg, der zur Problemlösung führt, beispielhaft fachgemäße Denk- und Arbeitsweisen aufzeigen (vgl. Schorch 1987).

Eine solche Sichtweise beinhaltet zwangsläufig kritische Aspekte für eine Auseinandersetzung mit neueren Tendenzen sog. *Fächerübergreifenden Unterrichts* bereits in der Grundschule.

So besteht z.B. die Gefahr (wie u. a. bei Fehlformen des ehemaligen Gesamtunterrichts - vgl. 1.1.2 c), daß ein von Schülerinteressen geleiteter, „situationsbezogener“ Unterricht Beliebigkeit der Stoffauswahl, „Häppchenmanier“, Aktionismus und ungezieltes Hantieren sowie Verwässerung „der Fächer als geistige Grundrichtungen“ (vgl. Lubowsky 1967) nach sich zieht. Resignation bei der Bemühung um Elementarisierung und Grundstrukturen käme aber einer didaktischen Bankrotterklärung gleich.

Walter Popp faßt den Problemkreis so zusammen: „Das Anliegen, die fachliche Zersplitterung in der Schule zu überwinden durch Gesamtunterricht, ‘ganzheitlichen Unterricht’, fächerübergreifenden Unterricht ist in der Schule und in der Didaktik ein immer wiederkehrendes, praktisch nur in Ansätzen gelöstes Problem", bei dem folgende Gefährdungen zu sehen sind: Antiintellektuelle, rein auf subjektives Erleben gerichtete Tendenz, ausschließliche Orientierung am Kind, Anschlußmanie und Vollständigkeitswahn, assoziatives Zusammenfügen heterogener Inhalte (Klebekonzentration), zu komplexe Themen... (1997, S.151).

Zu bedenken ist insbesondere, daß in der Grundschule zunächst *vorfachlich* bzw. „auf die Fächer zu", gearbeitet wird, den Kindern erst „die fachliche Brille aufgesetzt" werden muß, bevor überhaupt eine anspruchsvollere überfachliche Sichtweise gelingen kann (Fächerübergreifender Unterricht bedeutet ja nicht Auflösung, sondern Vollendung des Fachunterrichts unter neuen Fragestellungen!). Die Herstellung überfachlicher Bezüge ist Leistung der Didaktik und der Unterrichtenden, wohl kaum Aufgabe der Kinder. Wenn bereits in der Hauptschule „fächerübergreifende Bildungsaufgaben" im Vordergrund stehen (vgl. z.B. bayerischer Hauptschullehrplan 1995/96), obliegt der *Grundschule* vermehrt die *Aufgabe fachlicher Grundlegungsarbeit*.

Unter Einbezug von Vorerfahrungen der Kinder geht es vornehmlich um Orientierungswissen, um Erarbeitung von Struktureinsichten und Zusammenhängen für das Verstehen: Grundlegende Bildung als Anfang der Allgemeinbildung führt in *Grundkategorien des Weltverstehens* ein. Unter dieser Prämisse ist der Einschätzung Einsiedlers zuzustimmen:

„Die Perspektiven des Weltverstehens sind m. E. nicht nur außerfachlich oder überfachlich, sondern ganz stark fachlich bestimmt. Bildung durch Sachunterricht heißt deshalb auch: Einführung in biologisches, wirtschaftskundliches, historisches ... Denken. Dafür braucht man Zeit und einen vertiefenden Epochenunterricht, der sich auf Grundkategorien und die Denkweisen geistiger Richtungen einläßt" (Einsiedler 1997, S. 161).

Grundlegungsarbeit bleibt so gesehen, bei aller Ausrichtung an Lebensbedingungen, Interessen und Bedürfnissen des Kindes sowie notwendiger „Vernetzung" von Leitthemen (vgl. Haarmann/ Horn 1998, S.144), dem Anspruch prinzipieller Fachorientierung und Wissenschaftsnähe verpflichtet.

4.2 Wissenschafts- und fachbezogener Grundschulunterricht

Mit Anerkennung der Grundschule als fachpropädeutische Einrichtung und Bildungsinstitution ist die prinzipielle Ausrichtung auf ein wissenschaftsbestimmtes Weltverständnis verbunden. Akzeptiert wird dabei, daß Wissenschaft (nicht Religion, Intuition, Meditation, künstlerische Eingebung usw.) die beste Weltklärungskompetenz habe.

Daß allerdings auch Wissenschaft keine feststehende Größe ist, zeigen verschiedene Positionen wissenschaftstheoretischer Art, auf die jedoch an dieser Stelle nicht eingegangen werden kann (siehe hier u. a. König 1975/1978).

4.2.1 „Wissenschaftsnähe" als Prinzip des Grundschulunterrichts

Die von Wilhelm von Humboldt (1767-1835) geprägte Auffassung von „Bildung durch Wissenschaft" sieht den eigentlichen Wert allen Erforschens, Erkundens und Durchdringens der Welt, ihrer Erscheinungen und deren Zusammenhänge in der Bildung des Menschen: Grundanliegen sei nicht die Spezialisierung, sondern Besinnung auf gemeinsame Grundlagen und Probleme.

„Wenngleich Humboldts Wissenschaftsverständnis in erster Linie die Theorie höherer Bildung beeinflußte, so lassen sich hier doch auch allgemeine Grundsätze und Anschauungen erkennen, die für eine Analyse wissenschaftsorientierten Grundschulunterrichts von Interesse sind. Wissenschaft und Mensch waren eng aufeinander bezogen; Bildung des Menschen wurde unter philosophisch-ethischem Anspruch gesehen, d. h. es kam nicht in erster Linie auf ein Sammeln und Systematisieren von Fakten an, sondern darauf, wie der Mensch durch die Wissenschaft lernte, zu denken, zu bewerten, zu beurteilen, zu entscheiden" (Rodehüser 1989, S. 607).

Diese Rückbesinnung auf das Verhältnis von Bildung und Wissenschaft ist hilfreich für die gegenwärtige grundschulpädagogische Diskussion, die durch zwei gegenläufige Tendenzen bestimmt wird:

- Einerseits die noch immer vorgebrachte Pauschalkritik am „unkindgemäßen" wissenschaftsorientierten Grundschulunterricht der siebziger Jahre (vgl. z. B. Sennlaub 1992),
- andererseits die wettbewerbsgesteuerte aktuelle Bildungsdebatte, die vor „Kuschelecken" in der Schule warnt (Rede „Aufbruch in der Bildungspolitik" des Bundespräsidenten vom 5.11.97) und (in Generalisierung einiger Ergebnisse der internationalen TIMS-Studie) bessere fachliche Leistungen an deutschen Schulen einmahnt (vgl. Gies 1998).

Als Basisquelle der Forderung nach Wissenschaftsorientierung ist der „Strukturplan für das Bildungswesen 1970" des Deutschen Bildungsrates anzusehen:

„Die Bedingungen des Lebens in der modernen Gesellschaft erfordern, daß die Lehr- und Lernprozesse wissenschaftsorientiert sind ... Die Wissenschaftsorientiertheit von Lerngegenstand und Lernmethode gilt für den Unterricht auf jeder Altersstufe" (S.33).

Die hieraus in der Folgezeit entstandenen Mißverständnisse hätten wenigstens z. T. vermieden werden können, wenn auch die weiteren Passagen des Originaltextes einbezogen und gleichermaßen gewichtet worden wären:

„Das bedeutet nicht, daß der Unterricht auf wissenschaftliche Tätigkeit oder gar Forschung abzielen sollte; es bedeutet auch nicht, daß die Schule unmittelbar die Wissenschaften vermitteln sollte ... Der Lernende soll in abgestuften Graden in die Lage versetzt werden, sich eben diese Wissenschaftsbestimmtheit bewußt zu machen und sie kritisch in den eigenen Lebensvollzug aufzunehmen ... Es wird eine vordringliche Aufgabe der didaktischen Forschung sein, den für das jeweilige Lebensalter und den geistigen Entwicklungsstand förderlichsten Grad aufzufinden und einen entsprechenden Modus der Vermittlung zu entwickeln" (S.33).

Das Zitat macht deutlich, daß *nicht das Prinzip der Wissenschaftsorientierung* an sich, sondern vielmehr die *Art und Weise*, wie Wissenschaft interpretiert und sich in Fehlformen des Unterrichts niederschlug, den eigentlichen Anlaß zur Kritik gab: Überbetonung kognitiver Ziele, Wissenschaftsgläubigkeit, stoffliche Verfrühung, Überfrachtung mit Fachbegriffen, lebensfremde Auffächerung, Anwachsen der Stoffülle usw.

Aber auch diese Kritik an der damaligen Schul*praxis* wird heute vielfach zu pauschal ausgelegt. Es wird nur auf bestimmte praktische *Fehlformen* hingewiesen, ohne die konzeptionellen Vorteile und Fortschritte anzuerkennen. Grundideen wie Zielklarheit und Überprüfbarkeit des Unterrichtserfolgs, systematischer Lehrgangsaufbau sowie solide (inhaltliche und methodische) fachliche Grundlegungsarbeit können nicht als überholt gelten; in der derzeitigen Praxis, die zur - z. T. auch lehrplanmäßig verankerten - Gefahr der Unterforderung und des unverbindlichen „Plauderns" neigt, haben sie sogar eine regulative Funktion.

Unter Einbezug bewährter Grundgedanken und berechtigter Einwände ist das Prinzip der Wissenschaftsorientierung heute, vorsichtiger als „Wissenschaftsnähe" bezeichnet, in folgendem Bedingungsrahmen zu sehen:

- Der zu vermittelnde Stoff muß, so weit es sich um nachprüfbare Sachverhalte handelt, den *Wahrheitsanspruch* wissenschaftlicher Erkenntnisse erfüllen und darf nicht durch falsch verstandene Vorstellungen von „Anschauung" oder „Kindgemäßheit" (Kindertümelei, Verniedlichung etc.) verändert werden.
- Wissenschaftsnähe ist als *Annäherungsprozeß* aufzufassen. Bei Aufbau und Gestaltung dieses Prozesses stehen lern- und entwicklungspsychologische

Erkenntnisse sowie erziehungswissenschaftliche Begründungen gleichrangig neben sachbezogenen Erwägungen.

- In diesem Sinne wird *Wissenschaft als „realitätserschließendes Werkzeug"* verstanden; wissenschaftliche Erkenntnisse und Erkenntnismethoden haben in erster Linie *dienende Funktion* für die Erfüllung lebenspraktischer Probleme. Anders gewendet: Die Schule darf nicht, schon wegen der Gefahr vorzeitiger „Kanalisierung", den „Menschen in den Dienst der Wissenschaft" stellen, sondern muß sich an einer *Wissenschaft im Dienst des Menschen* orientieren!
- Eine solche instrumentelle Bedeutung von Wissenschaft schließt ein, daß im Unterricht neben den Inhalten gleichermaßen die entsprechenden *Methoden* erarbeitet werden: Die gezielte Einführung in Lern- und Arbeitstechniken ermöglicht konkretes „Lernen des Lernens" und selbständige Erschließung neuer (Er-)Kenntnisse. Die Bemühungen um sach- und *fachgemäße Arbeitsweisen* sind hierbei als didaktisches Vermächtnis der siebziger Jahre anzuerkennen.
- In Anbetracht der Tatsache, daß heute in fast allen wichtigen Problembereichen (Umweltschutz etc.) die Zusammenarbeit verschiedener Fachdisziplinen erforderlich ist, kann allerdings auch die Grundschule nicht in isoliertem Fachdenken verharren (Das betrifft auch die starre Trennung von natur- und sozialwissenschaftlicher Ausrichtung). *Vielmehr ist nach Wegen zu suchen, wie - im Sinne modernen Wissenschaftsverständnisses - kindlicher Lebensweltbezug mit einem „Denken in Systemen" verbunden und weiterentwickelt werden kann.*

4.2.2 Grundlegung fachnaher Denk- und Arbeitsweisen

Wissenschaftsnähe des Lernens bedeutet, daß auch bereits im Grundschulunterricht eine Orientierung an den Forschungs- und Darstellungsmethoden der Schulfächer erforderlich ist.

Nach Giel sind „Schulfächer spezifische Zugriffsformen auf das in einer Gesellschaft produzierte und geltende Wissen. Das Spezifikum liegt in der Transparenz der Repräsentationsleistung des Wissens, die durch die Rückführung auf die elementaren Repräsentationsformen hergestellt wird. In dieser Rückführung wird das Wissen nicht in seiner Endgestalt 'vermittelt', sondern aus seinem Ursprung und Aufbruch im menschlichen Leben generiert" (1997, S.70).

Unter dieser Vorgabe bemüht sich Grundschulunterricht besonders um *Lernweisen*, die den Zugang zu fachlicher Betrachtungs- und Erklärungsweise ermöglichen und im Zusammenhang von Gegenstand und Methode möglichst stimmig sind.

Fachlich angemessene Arbeitsweisen bauen auf allgemeinen Lern- und Arbeitstechniken auf, wie sie unter 2.3.3 d bereits beschrieben sind.

Praxisbeispiele zum Sachunterricht für Sozialerziehung, Geschichte, Erdkunde, Physik und Chemie sowie Biologie, die im Band „Fachgemäße Arbeitsweisen" von Bauer u. a. (1975) erarbeitet wurden, sind auch heute noch hilfreich, da sie überzeugend veranschaulichen, wie kindgemäß anspruchsvolles fach-vorbereitendes Lernen sein kann; so z. B.:

- Kindgemäße Zugänge zur *Geschichte* von vorfindbaren Überresten der heimatlichen Umgebung her, von der Familiengeschichte und der Vorgeschichte her, vom Nachvollzug menschlicher Urerfindungen her, von geschichtlichen Sagen und biblischen Geschichten her. Die Kinder arbeiten an vorgeschichtlichen Funden und schriftlichen Quellen, sie erarbeiten Zeitdarstellungsformen und ordnen in die Zeitleiste ein, sie suchen in der Heimatsage den historischen Kern usw. (S. 52-97).
- Kindgemäße Anbahnung *geographischen* Denkens durch Einführung in das Arbeiten mit thematischen Karten: Verwendung einfacher Kartensymbole in einer Bildergeschichte, Symbole als vereinbarte Zeichen, Gewinnung von Daten für die thematische Kartierung, Interpretation von Karten usw. (S. 98-125).
- Kindgerechte Arbeitsweisen und Problemlösungsstrategien im grundlegenden *Biologie*unterricht: Beobachtung von Samenkeimung und Wachstum grüner Pflanzen, Ordnen von Blättern, überprüfen, ob Pflanzen zum Wachsen wirklich Licht brauchen, ob Mehlwürmer wirklich Würmer sind ... (S. 186-234).

Zugrunde liegt die Bemühung um *methodische Bildung* als ein Können, das nicht allein in der Aneignung von Wissen besteht, sondern im selbständigen Umgang damit. Hinzu kommt der lernökonomische Vorteil, aufgrund eigener Denkstrategien, Erschließungs- und Erkenntniswegen selbständig neues Wissen zu erwerben und Selbstbildung im Sinne von Enkulturation zu ermöglichen: Fachnahe Denk- und Darstellungsweisen als kulturelle Formen der Welterschließung zeigen dabei bewährte Grundrichtungen auf, in die Kinder erst einmal eingeführt werden müssen, bevor sie selbst „überfachliche" oder „fächerintegrative" Bezüge herstellen können.

Im Rahmen grundlegender Bildung werden selbstverständlich nicht fachliche Spezialmethoden im Vordergrund stehen, sondern Arbeitsweisen, die fachlichen Perspektiven zugrundeliegen, z.B.:

- Sinnerfassendes und sinnkritisches Zuhören und Lesen,
- Vergleichen und Unterscheiden,
- Einbezug in größere Zusammenhänge,
- gliederndes Zusammenfassen,
- Interpretieren, Kombinieren und Systematisieren,
- Fragen nach dem „Woher" und den Grenzen unseres Wissens.

Angesichts wachsender Datenflut und Wissenskumulation, der notwendigen Stärkung der Urteilskraft und eigenen Standortfindung, hat die Anbahnung von Methoden der (Er-) Kenntnisgewinnung zentralen Stellenwert:

- *Arbeitsweisen zur Datengewinnung*: Sammeln, Befragen, Nachschlagen, Bestimmen, Zählen, Messen, Beobachten, Verbalisieren, Untersuchen, ...
- *Arbeitsweisen zur Datenverarbeitung*: Probleme erkennen, Ordnen und Klassifizieren, Vermuten und Voraussagen, Erklärungen finden, Schlußfolgern, Hypothesen überprüfen, Experimentieren, Vergleichen, Erfinden, Generalisieren, ...
- *Arbeitsweisen zur Datendarstellung*: Vortragen, gestisches Darstellen, schriftliches Darstellen, Protokollieren, Berichten, Zeichnen, Skizzieren, graphisches und tabellarisches Dokumentieren, Fotografieren, Videographieren, Modellieren, Konservieren, Ausstellen, Veröffentlichen in Printmedien, E-Mail, Internet ...

Allerdings zeigt die jüngere Grundschulgeschichte, daß bei der Umsetzung in die Grundschulpraxis *Gefahrenmomente* entstehen (vgl. 1.1.3): Zum einen führt es zur Überforderung des Grundschulkindes, wenn fachsprachliche Begrifflichkeit und nicht das handelnde Lernen im Vordergrund steht. Zum anderen verflacht methodische Bildung leicht zu „mechanischem Lernen“, wenn Arbeitsweisen nach rezepthaften Anweisungen angelernt werden, ohne daß ihre Funktion, nämlich Hilfe zur Sacherschließung, Wissensaneignung und -überprüfung, von den Kindern tatsächlich verstanden wird.

Unter Einbezug dieser Bedenken geht es vor allem um das Abwägen zwischen systematischer Propädeutik mit dem Fernziel fachlicher Bildung und kindgemäßer Bewältigung gegenwärtiger lebenspraktischer Situationen. Entscheidend ist, daß die Arbeitsweisen nicht als Selbstzweck, sondern als *Mittel zur Problemlösung* erkannt werden.

Das wird um so besser gelingen, wenn man dem Kind nicht deduktiv abgeleitete, „didaktisch reduzierte“ Fachprobleme überstülpt, sondern danach geht, wie *Kinderfragen* fachkundig beantwortet und Alltagsprobleme gezielt mit Sachverstand gelöst werden können.

Angeknüpft wird an *unmittelbare Erfahrungen des Kindes* (Freundschaft, Häuser, Straßen, Tiere, Pflanzen, Nöte, Wünsche, Fernsehen, ...), die in einer ersten Abstraktionsstufe zu *lebensweltlich orientierten Dimensionen* (Formen und Vielfalt des Lebens, sich mit anderen verständigen, Kaufen/ Tauschen/ Herstellen, Orte hier und anderswo, ...) verallgemeinert und in einer zweiten Abstraktionsstufe schließlich in *fachlich orientierte Perspektiven* (sprachliche, mathematische, geographische, soziologische, geschichtliche, ästhetische, ethisch/religiöse, wirtschaftliche, naturwissenschaftlich-technische, biologischchemische, physikalische Perspektive) überprüft werden (vgl. das ausbaufähige Planungsmodell der „didaktischen Netze“ nach Kahlert 1998, S. 70-77!).

Werden hierbei Möglichkeiten, aber auch Grenzen der Fächer bei der Bewältigung konkreter lebenspraktischer Probleme erfahren, kann in ein fachliches Denken eingeführt werden, das weder von Wissenschaftsgläubigkeit noch von Wissenschaftsfeindlichkeit geprägt ist.

4.2.3 Einführung in die Kultur/“-techniken“

Mit dem Begriff grundlegender Bildung, der den Akzent nicht auf Bildungsresultat und -ideal, sondern auf den Bildungs*vorgang*, auf den Prozeß des Hineinführens und -wachsens in die objektive Kultur setzt, wird die *Enkulturationsaufgabe* der Grundschule ins Blickfeld gerückt:
Kultur wird durch Bildung aufrechterhalten und Bildung findet in der Kultur ihre Inhalte. Kultur muß gelernt werden, wobei Grundschulpädagogik unter dem Aspekt einer „Enkulturationswissenschaft“ stets neu reflektieren muß, mit welchen grundlegenden Inhalten und Fähigkeiten die Aneignung der Kultur vorbereitet und ermöglicht wird.

Nicht von ungefähr hat die Aufgabe der *Einführung in die Kulturtechniken* maßgeblich zur Einrichtung von Schulen beigetragen; für die Grundschule ist sie zur *traditionellen Kernaufgabe* schlechthin geworden.

Dem Alltagsbewußtsein fällt es dennoch häufig schwer, Lesen, Schreiben und Rechnen als anspruchsvolle Bildungsaufgabe zu akzeptieren, wie in der viel zu kurz greifenden Bezeichnung Kultur*technik* zum Ausdruck kommt.

Am Beispiel der *Einführung in die Schriftsprache* zeigt sich, daß Lesen- und Schreibenlehren wesentlich mehr sind als nur „Alphabetisierungskurse“. *Schrift ist Kulturträger und selbst Kulturgut* (Kant nennt den „Anfang der Schreibekunst“ sogar „den Anfang der Welt!“). Mit Erfindung der Schrift, insbesondere der Lautschrift als phonetisches Alphabet, geschah tatsächlich ein riesiger qualitativer Sprung in der kulturellen Evolution, der die gesamte politische, wirtschaftliche, religiöse und künstlerische Weiterentwicklung, das gesamte geistige Leben bestimmte.

> „Sie (die Schrift) ermöglichte eine ungeheuere Kumulierung des Wissens, entlastete das Gedächtnis und machte es frei für höhere Denkleistungen bei gleichzeitiger Bewahrung des zu Erinnernden. Mit ihr erst konnte ‘Wissenschaft’ entstehen“ (Glöckel 1986, S. 9).

Damit entwickelt sich freilich auch der Nachteil einer fortschreitenden „Atomisierung der Gedanken“, der Ablösung des Wissens vom eigenen Tun und der eigenen Erfahrung. Die rasende Ausbreitung der Schriftkultur transportiert eine unüberschaubare Komplexität, Spezialisierung und Ausdifferenzierung der Informationsbestände und des kollektiven Wissens, die gegenläufig die Notwendigkeit allgemeiner und verbindlicher Verständigungsgrundlagen herausfordern.

Somit kommt der Schule eine doppelte Funktion zu:

- Sie trägt Sorge für den *Erwerb* der Schrift-/Sprache als Voraussetzung für die Teilhabe an der Kultur (die eine Schriftkultur ist).
- Sie muß entscheiden, welche Schriften / Texte gelesen werden sollen und fragt damit nach bildungswürdigen *Inhalten*.

Kurz: Es geht untrennbar darum, *daß* lesen gelernt wird und *was* gelesen werden soll.

„Damit ist im Zusammenhang der Schriftkultur die Bildung eines Kanons exemplarischer Texte als schultheoretische Frage rekonstruierbar... Die Schule bestimmt über den Kanon auch das Allgemeine und Verbindliche einer Kultur. Damit ist impliziert: Das Problem der Allgemeinbildung entsteht erst vor dem Hintergrund der Schriftkultur... Im Kanon der zu lesenden Schriften wird eine individuell bewältigbare Auswahl relevanter Texte festgelegt. Wo der Kanon literaler Kulturgüter strukturiert und in eine abgestufte Reihenfolge zugunsten einer effizienten Aneignung gegliedert wird, entsteht ein *Lehrplan*. Der Lehrplan enthält die Idee des Curriculums als eines Weges in die Kultur“ (Duncker 1994, S. 127).

Für die grundschulspezifische Aufgabe der Einführung des Kindes in die „neue Welt der Schriftsprache“ (Schorch 1995) bedeutet dies, daß - bei aller Bemühung um eine solide Lesetechnik - die *Sinnkomponente* nicht vernachlässigt werden darf. Auch Fibeltexte sind im obigen Sinne bereits Bildungsinhalte, wie die Geschichte des Erstleseunterrichts eindrucksvoll belegt (Anfangstexte mit religiösem, moralisierenden, vaterländischen, märchenbezogenen, volkstümlichen, politischen, emanzipatorischen, sachinformativen ...Inhalten; vgl. u. a. Schweitzer 1988).

In Wechselwirkung mit der (keineswegs einfachen) Aufgabe, Kindern das Lautschriftprinzip (in seiner Graphem-Phonem-Morphem-Korrespondenz) zu vermitteln, besteht die Enkulturationsaufgabe vor allem darin, *Besonderheit und Funktion der Schriftsprache* herauszuarbeiten. Diese unterscheidet sich (nach den Untersuchungen des Sprachpsychologen Wygotski, 1934) von der mündlichen Sprache dadurch, daß sie wesentlich abstrakter (doppelter Kodierungsprozeß), eine maximal entfaltete und eine Monologsprache ist (siehe Schorch 1995, S. 13-16).

Kinder erfassen diese Eigenart der Schriftsprache am besten durch eigenen *Gebrauch der Schrift*, vor allem durch „denkendes Schreiben und schreibendes Denken“; so z. B. beim Notizen-Machen (Schrift als Merkhilfe), Verarbeiten von Erfahrungen (Schrift als Reflexionshilfe), aber auch beim Rechnen (Schrift als materielle Stütze schwieriger gedanklicher Operationen). Die kommunikative Wirkung von Schrift wird durch echte Schreibanlässe erlebt (Einladungen, Glückwünsche, Wunschzettel, Benachrichtigungen, usw.). Bei schriftlichen Mitteilungen an Erwachsene ist die Schreibmotivation der Kinder besonders groß, da sie nun nicht mehr nur Überbringer, sondern selbst Absender „wichtiger" Nachrichten sind.

In der modernen Didaktik des Schriftspracherwerbs spielt deshalb der Gedanke *Lesenlernen durch Schreiben* eine große Rolle. Wie bereits im klassischen Altertum wird darauf vertraut, daß sich durch die (geistige!) Fähigkeit des Schreibens die Lesefähigkeit (als Sinnentnahme von Schrift) von selbst einstellt. Diese Idee ist in diesem Jahrhundert in der Waldorf- und Montessori-Pädagogik wieder aufgegriffen und von Chomsky (1976) neu begründet worden. Neuerdings wird der Ansatz „Lesen durch Schreiben" vor allem im Hinblick auf die sogenannte „Reichen-Methode" (Reichen 1982), nach der die Kinder das Wort in seine Lautabfolge zerlegen und danach mit Hilfe einer Buchstaben-('Anlaut-') Tabelle phonetisch aufschreiben, verstärkt diskutiert (vgl. z. B. Thomé 1996) - zumal dieses Verfahren stimmig in das Konzept eines individualisierenden offenen Unterrichts paßt!

Abgesehen von Überlegungen zu Methode und Feinzielen des Lese- und Schreibunterrichts (vgl. Heuß 1993, Schenk 1997) ist festzuhalten, daß die Aneignung der Kultur"techniken" bedeutsamen Einfluß auf den Erziehungs- und Bildungs*prozeß* ausübt.

In Rückgriff auf Kants Reflexionen „Über Pädagogik" (1776/77) zeigt Bärmann (1986) am Beispiel der *Schreiberziehung* die zugrundeliegenden pädagogischen Imperative auf:

- „*Disziplinieren*" im Sinne von Aufmerksamkeit, Konzentration, Übung, „Werkzeugdisziplin", Selbstkontrolle, Sorgfalt und Anstrengungsbereitschaft.
- „*Kultivieren*" im Rahmen des „Gemeinsinns" vereinbarter Symbole, des Erkenntnisvermögens, der Einbildungskraft als Aufbau innerer Bilder, des Gedächtnisses, der Formklarheit und Ästhetik.
- „*Zivilisieren*" im Sinne gesellschaftsfähiger Kommunikation, sozialer Klugheit, höflicher schriftlicher Umgangsformen, Pflege des Verbindlichen, Mäßigung der Affekte, kritischer Zivilcourage.
- „*Moralisieren*" im Sinne von Schreiben in guter Gesinnung, von Pflichterkennung, sozialer Verantwortung und Überzeugung, aber auch als Unterlassung obszönen Schreibens.

Bei seiner Aneignung der Schriftsprache lernt das Kind demnach nicht nur das Lesen und Schreiben selbst, es erfährt vielmehr erstmals den Zwang überindividueller Leistungsanforderungen und den Arbeitscharakter der Selbstbildung (vgl. 2.3.3). So wird deutlich: Auch wenn im Kindesalter vieles nur angebahnt und nicht zu Ende geführt werden kann, allein mit der (traditionellen) Aufgabe der Einführung in die Schriftkultur konstituiert sich die Funktion der Grundschule als Bildungseinrichtung.

Unter diesem Anspruch darf sich die Grundschulpädagogik (als „Kulturwissenschaft") aber nicht nur auf die Aufgabe der *Traditionssicherung* und Kulturbewahrung konzentrieren, sie muß sich auch mit Fragen der *Kulturmodernisierung* und *Kulturkritik* auseinandersetzen.

So wird z. B. vorbehaltlos zu diskutieren sein, ob angesichts moderner, auf der Grundlage des Binärsystems basierender Computertechnik und Datenverarbeitung die Kulturtechnik *Rechnen* neu definiert werden muß: Ist die Eingrenzung auf das Dezimalsystem gerechtfertigt und inwieweit müssen Reformbestrebungen der „Mengenlehre" in den 70er Jahren, die das Rechnen in unterschiedlichen Zahlensystemen *und* den kindgemäßen, handelnden Umgang mit Mengen und ihren Elementen fördern wollten, neu überdacht werden? Scheiterte die damalige (Kultur)Kritik des herkömmlichen Rechenunterrichts an übermächtiger Kulturbewahrung, gesellschaftlicher Trägheit, an der Angst vor einem „Kultursprung" (und der Angst, schon Grundschulkinder könnten Erwachsenen auf einem Teilgebiet überlegen sein)? Im Zusammenhang mit neuesten internationalen Studien zu mathematischen Fähigkeiten von Schülern weiterführender Schulen (TIMSS: Baumert/ Lehmann 1997) und dem erfaßten schlechten Abschneiden deutscher Schüler werden solche Fragen nicht mehr tabuisiert werden können.

„In der Grundschule ist das flüssige Beherrschen der Grundrechnungsarten im Zahlenbereich bis etwa 1 Million zu erreichen. Jedoch muß dies verbunden sein mit strukturierenden Vorstellungen über den Aufbau des Zahlensystems, mit Wissen über die Anwendbarkeit der Mathematik in Alltag und Umwelt. Hinzu kommt die Kenntnis geometrischer Formen und Eigenschaften... Diese Bereiche zusammen sollen eine breite kognitive Entwicklung einleiten, die Kreativität einschließt und das Beherrschen von Verfahren als Bedingung für produktives Arbeiten sieht" (BLK 1997, S.41).

Noch offensichtlicher ist die kritische Reflexion des Zusammenhangs zwischen *Schrifterwerb als Kulturaneignung* und der *Ausbreitung neuer Medien*.

Seit Postmans These vom „Verschwinden der Kindheit" (vgl. 1.1.4 a) erkennt man, daß mit dem Verfügen über die Schriftsprache eine Form des Erwachsenseins eingeleitet wird, die nicht an biologische Reifungsvorgänge gebunden ist, sondern das Erreichen einer Kulturstufe bedeutet. Mit seiner Schriftkompetenz wird das Kind unabhängig von (selektiver) mündlicher Information durch Erziehungspersonen und damit frei für den Weg der Selbstbildung.

Dieser an sich positiv zu bewertende Tatbestand wird durch die fortschreitende Konkurrenz der elektronischen Bild- und Tonübertragung (Fernsehen und Video) gegenüber der Schrift als Kommunikationsmedium zum Enkulturationsproblem.

Die neuen Bildmedien nämlich „zerstören die in der Schriftlichkeit einer Kultur enthaltenen Prozesse der Individualisierung und der Formierung des Charakters, ohne daß absehbar wäre, ob an ihre Stelle andere Methoden träten, die beruhigend als Äquivalent zu den impliziten Leistungen der Schrift gezählt werden könnten. Auch die Schule selbst ist davon betroffen: Da sie ihre Existenz vor allem der Schriftkultur verdankt, ist sie von der Krise der Schriftlichkeit unmittelbar tangiert" (Duncker 1994, S. 145).

Insofern *muß* die Schule eine kultur- und gesellschaftskritische Haltung einnehmen; sie kann nicht mehr nur vorbereiten und einführen, sondern muß gegensteuern und kompensieren (vgl. 4.3.1 a). Freilich wird der Grundschule dies nur in bescheidenem Maß gelingen können, zumal sie unter gegebenen Rahmenbedingungen wahrlich nicht alle Gefährdungen gesellschaftlicher (Fehl-) Entwicklungen ausgleichen kann.

Festzuhalten ist aber die schultheoretische Einsicht, daß schulische Bildung nicht lineare Funktion der Gesellschaft sein kann. Die Grundschule als Bildungseinrichtung ist mit ihrer spezifischen Möglichkeit der Beeinflussung und Steuerung grundlegender Kulturaneignung des Kindes gefordert, Wechselwirkungen notwendiger Kulturbewahrung, Kulturkritik und Kulturveränderung sorgfältig zu beobachten und in pädagogischer Verantwortung intentionale, inhaltliche und methodische Konsequenzen zu ziehen. Zu gewährleisten ist jedoch in jedem Fall die solide *Grundlegung der Kultur"techniken"*.

Diese basiert - in Berücksichtigung anderer Unterrichtsprinzipien wie Strukturierung, Individualisierung, Aktivierung und Motivation (vgl. Serve 1992) - vor allem auf dem *Prinzip der Übung*.

Trotz vielfältiger grundschulpädagogischer und -didaktischer Studien zu Notwendigkeit und Möglichkeit des Übens (vgl. z.B. Bärmann 1981, Rabenstein 1983, Meier 1997), zeichnet es sich erst in jüngster Zeit wieder ab, beispielsweise in der aktuellen Lehrplanentwicklung, daß in der Grundschule der Übung wieder der ihr angemessene Stellenwert zukommt.

Fazit: Zu den Kernaufgaben grundlegender Bildung gehört die Vermittlung sicherer *Beherrschung kultureller Basiswerkzeuge,* in erster Linie die Beherrschung der mündlichen und schriftlichen Sprache sowie hinreichende Vertrautheit im Umgang mit mathematischen Symbolen.

4.3 Lebenspraktisch orientierter Grundschulunterricht

Grundbildung im Sinne „kategorialer Bildung“ ist darauf ausgerichtet, dem Kind „Basiswerkzeug“ zur Erschließung seiner Lebenswirklichkeit anzubieten. Mit Hilfe fachbezogener Einsichten und Methoden wird es besser gelingen, auch lebenspraktische Probleme zu meistern: Anwenden von Rechenfertigkeit beim Einkaufen und Spielen, Symbolverständnis beim Interpretieren von Pictogrammen, sinnverstehendes Lesen von Gebrauchsanleitungen, gezielte Fragetechnik beim Einholen von Informationen, Verwenden von Plan und Karte bei räumlicher Orientierung, Kenntnis der Körperfunktionen als Grundlage gesunder Ernährung, Erkennen sozialer Wechselbeziehungen als Voraussetzung für Bewältigung sozialer Konflikte usw. Insofern ist eine Dichotomisierung fachlichen Lernens versus lebenspraktisches Lernen nicht gerechtfertigt.

Didaktische Erkenntnis ist aber auch, daß viele lebenspraktische Probleme sozusagen „quer“ zu den Fachstrukturen liegen und deshalb „fach-curricular“ nur schwer einzuordnen sind.

Wenn die Grundschule den Eigenwert des Kindseins ernst nimmt, wird sie sich aber auch dort um „Lebenshilfe“ bemühen, wo traditionelle Schulfachgliederungen an ihre Grenzen stoßen. Entsprechende Thematisierung fächerzusammenführender „Lernbereiche“ (vgl. Burk 1976) oder des „Lebensweltbezugs“ (in Aufarbeitung von Husserl 1924/1954; vgl. auch Maurer 1992) ist deshalb für die Grundschulpädagogik und -didaktik obligatorisch.

Von der komplexen Aufgabe „*Erziehung als Lebenshilfe*“ (Brezinka 1971) ausgehend, zeigt sich jedoch, daß die Schule als Teilausschnitt des Lebens nur beschränkte Möglichkeiten der Einflußnahme auf außerschulische Lebensvollzüge hat, wie auch die über 200 Jahre (Herbart!) währende Diskussion um „*erziehenden Unterricht*“ zeigt.

„Ob der bestgemeinte Unterricht erziehend auf die Entwicklung von Haltungen, Überzeugungen und Motiven wirken kann, ist nicht vorhersehbar. Das könnte nur dann so sein, wenn die Adressaten im Lehrerverhalten ein Vorbild sähen, dies als Modellverhalten begriffen und als Anregung zur Bewältigung ihrer Aufgaben nutzten. Problematisch bleibt deshalb die Distanz zwischen pädagogischer Absicht und ihrer Wahrnehmung durch Schüler“ (Apel 1997, S. 47).

Das Problem stellt sich aber noch grundsätzlicher:

„Erfahrungen, die im Rahmen formalisierter Bildungsprozesse angeboten werden, sind immer stellvertretende Erfahrungen - ausgewählt und präpariert mit dem Ziel, Lernprozesse anzubahnen und zu unterstützen, die aber, um erfolgreich zu verlaufen, als persönliche und authentische Erfahrungen wahrgenommen und verarbeitet werden müssen. Je stärker sich die Bildungseinrichtungen darum bemühen, Alltagserfahrungen in ihre Programme aufzunehmen, desto deutlicher wird das Paradoxon. *Schulische Erfahrungen sind immer pädagogisierte Erfahrungen...*“ (BLK 1997, S.16).

Für die Grundschule ergeben sich hierbei vielleicht noch die besten Chancen, wenn man von altersbedingter relativer Offenheit und Plastizität der Schüler, vom Klassenlehrerprinzip und dem hohen Stellenwert des Schullebens als neue „Lebenserfahrung“ für das Kind ausgeht (vgl. auch Benner 1989).

Angesichts zunehmender Erziehungsschwächen in der Familie (siehe 1.1.4) hat die Bedeutung des *Erziehungsauftrags der Grundschule* zugenommen - auch wenn, wie schon mehrmals hervorgehoben, nicht alle Defizite angesprochen und schon gar nicht ausgeglichen werden können.

In Bescheidung auf schulische Möglichkeiten wird hier *Erziehung als Hilfestellung* verstanden. Dabei sind, anlehnend an die Gedanken Schleiermachers und die entsprechenden Ausführungen Flitners (1985), drei Momente der Hilfestellung hervorzuheben:

- *Erziehen als Behütung und Fürsorge,*
- *Erziehen als Gegenwirken (Grenzziehung und Kompensation),*
- *Erziehen als Unterstützen.*

In dieser „zunehmenden Hilfe zur Selbsthilfe“ sind Leitlinien enthalten, die davor bewahren können, sich in vielerlei einzelner, von außen herangetragener Erziehungsaufträge zu verlieren (vgl. die Kritik an der Überforderung der Grundschule: 1.1.4 c!) und sich mehr auf schulisch umsetzbare grundlegende Erziehungaufgaben zu konzentrieren.

4.3.1 Schulische Erziehung als Lebenshilfe

Die folgenden Beispiele sollen die Bemühung aufzeigen, ganz unterschiedliche Inhalts- und Problembereiche in den Dienst der Erziehung als Lebenshilfe für das Kind zu stellen - und zwar ohne die Gefahr „curricularer Überdidaktisierung“ (Dies ist auch als Ergänzung der bereits unter 2.3.3, 3.2 und 3.3 beschriebenen Aufgabenbereiche zu verstehen).

Die Übertragung dieser Beispiele auf andere Gebiete wie lebenspraktischer Umgang des Kindes mit Konsum-, Gewalt-, Ernährungs- und Gesundheits-, Sexualitätsproblemen (vgl. hier Milhoffer 1995, Lenzen 1996) wird erleichtert, wenn als pädagogische Strukturhilfe die Erziehungskomponenten des Bewahrens, Gegenwirkens und Unterstützens zugrunde gelegt werden und eine situationsbezogene, gezielt die Individuallage der einzelnen Schulklasse betreffende Themenauswahl vorgenommen wird.

1. Beispiel: Förderung des Sicherheitsbewußtseins

Primärziel der Erziehung ist *Lebenssicherung*. In Behütung und Bewahrung wird das Kind vor Gefahren beschützt, im Gegenwirken werden vorhersehbare Gefahren beseitigt, schließlich wird das Kind darin unterstützt, mit Risiken zunehmend bewußt und umsichtig umzugehen. Erziehungsziel ist, daß Kinder auch bei der Unfallvorbeugung (ggf. -bewältigung) selbständiger, verantwortungsvoller und handlungsfähiger werden. Sie sollen erkennen, daß Unfälle nicht Zufall oder Schicksal sind (fatalistisches Unfallverständnis), sondern immer auf dem Zusammenwirken mehrerer Faktoren beruhen, die oftmals voraussehbar sind.

Kinder müssen mit vielen Gefährdungen der modernen Welt in Haushalt (Unfallschwerpunkt Nr. 1), Freizeit und Verkehr allmählich vertraut werden, zumal ihre altersspezifischen Verhaltensweisen das Unfallrisiko noch erhöhen: Eingeschränkte Peripherie beim Sehen, unzureichende Bewegungs- und Geschwindigkeitswahrnehmung, Schwierigkeiten beim Orten von Geräuschen, Drang, Bewegungen zu Ende führen zu wollen, Spontaneität, Reaktionsmängel aufgrund fehlender Erfahrung, starres Regeldenken, Selbstüberschätzung, usw.

„Sicherheitserziehung", die Verkehrserziehung mit einschließt (vgl. Schorch 1987), gehört implizit zu den Pflichtaufgaben der Grundschule, die Kinder vor physischem und psychischem Schaden bewahren muß. Die Wahrnehmung dieser Aufgabe geht über die reine „Aufsichtspflicht" hinaus, wenn „*Unfallvorbeugung*" proaktiv betrieben wird: Gefahren erkennen - Risiken einschätzen - Unfallverhütungsmaßnahmen treffen.

Dazu bedarf es keines eigenen „Fachs", es ist aber auch nicht mit vereinzelten „Belehrungen" (z. B. nach dem vorgeschriebenen „Belehrungskalender") getan. Didaktisches Prinzip ist vielmehr *Situationsbezug*, d. h. Aufgreifen von Gefahren- und Unfallsituationen aus dem Erfahrungsbereich der Kinder (allerdings nur solche, die von Kindern tatsächlich beeinflußbar und zu bewältigen sind). Nach dem Prinzip der *Handlungsorientierung* sind „Lernen vor Ort", aktives Verhaltenstraining und seine Übertragung auf neue Fälle zentrales Anliegen, da allein über kognitive Verarbeitung sicheres Verhalten nicht erreichbar ist.

Aktuelle schulische Anlässe ergeben sich (leider) von selbst: Beinahe-/ Unfälle im Schulgelände und -haus, auf dem Schulweg, im Sportunterricht, im Werkunterricht, usw. Über selbstverständlichen „seelischen Beistand" hinaus, bei dem (im abgeschirmten *Einzelgespräch*) Beruhigung, Trost und Beratung im Vordergrund stehen, wird (bei exemplarischer Bedeutung von Einzelfällen) eine Behandlung im *Klassengespräch* erfolgen, in dem z. B. über technische und organisatorische Unfallursachen sowie menschliches Versagen nachgedacht wird, ohne daß die Schuldfrage dominiert.

Weitere Maßnahmen zur *Unfallbewältigung* können sein: Unfallklärung direkt am Ort des Geschehens („Lokaltermin"), Thematisieren der durchgeführten Erste-Hilfe-Maßnahmen (elementare medizinische Kenntnisse) und die Aufarbeitung im „Darstellenden Spiel" (besonders bei sozialen Konfliktsituationen - vgl. 3.3.1).

Vorbeugend werden viele kleine Vorkehrungen im Schulalltag das Gefahrenbewußtsein der Kinder schärfen: Beim Thema „Wir kochen eine Gemüsesuppe" beispielsweise, legt die Lehrerin, bevor die Erstkläßler das Gemüse zerschneiden, wortlos auf jeden Gruppentisch ein Heftpflaster.

Unfallvorbeugende Intentionen werden bei *„Sicherheitserziehung als Unterrichtsprinzip"* berücksichtigt, wenn entsprechende Aspekte in Lehrplanthemen aufgegriffen werden, etwa in Themenkreisen Familie- Schule- Spiel (Gefahrenstellen und Fluchtwege in der Schule, Verhalten in der Pause, Gewaltvermeidung bei Streit, Verletzungsgefahren durch Spielsachen), bei den Themenbereichen Natur - Gesundheit (Verhalten bei Unwetter, Nebel und Glatteis, Warnung vor giftigen Früchten, Umgang mit Feuer, chemischen Flüssigkeiten, elektrischem Strom und Küchengeräten, Schutz von Augen und Ohren, ...).

Eine solche, in Unterricht und Schulleben integrierte Sicherheitserziehung versteht sich als Hilfe zur Bewältigung eingetretener und möglicher gefährdender Lebenssituationen.

Schon dieses Beispiel belegt die Komplexität einer pädagogischen Arbeit in der Grundschule, die nicht nur auf Fachwissen abzielt, sondern auch ihren Erziehungsauftrag ernst nimmt.

2. Beispiel: Förderung der Zeitorientierung und des bewußten Umgangs mit Zeit

Typisches Beispiel dafür, daß die Auswahl von Bildungsinhalten der Grundschule nicht allein nach fachsystematischen Kriterien erfolgen kann, ist der Aufgabenbereich Anbahnung und Entwicklung des Zeitverständnisses beim Kind. Hier liegt kein eindeutiger Fachbezug vor, auch nicht zur Geschichte (da die Geschichtszeit nur einen unter vielen Zeitaspekten darstellt), insbesondere, wenn Zeitorientierung als lebenspraktische Fähigkeit verstanden wird. Dennoch gehört diese Aufgabe mit Recht zu den traditionellen Lehrplaninhalten der Grundschule, weil sachgemäßer Umgang mit Uhr und Kalender dem Bestand grundlegender Kulturtechniken zuzurechnen ist.

Wie bei anderen Kulturtechniken (in 4.2.3) herausgestellt, handelt es sich auch hier nur vordergründig um „Techniken", wenn man erkennt, daß den zyklischen und linearen Zeitdarstellungsformen weltanschaulich kulturprägende

Modelle („Alles kehrt wieder" - „Alles ist vergänglich") sowie der Unterscheidung von „objektiver" und „subjektiver Zeit" tiefgründige zeitphilosophische Vorstellungen (Aristoteles, Augustinus, Kant, Bergson, Einstein, ...) zugrundeliegen. So wird die *Grundschule in ihrer Verpflichtung auf kulturelle Grundvorstellungen* die Thematik in doppelter Hinsicht aufgreifen:

- Bildung des Zeitbewußtseins fragt nach dem „Wert der Zeit", nach dem „richtigen Verhältnis zur Zeit" (Bollnow 1972). Leitend ist die *Reflexion über Zeit*, zu der Kinder durchaus fähig sind (vgl. den grundschulpädagogischen Ansatz „Philosophieren mit Kindern" - Schreier 1995, 1998).
- Erzieherische Hilfestellung für den überlegten *Umgang mit Zeit* wendet sich an das Kind, das *in* der Zeit steht und sich mit zeitlichen Gegebenheiten lebenspraktisch auseinandersetzen muß.

Hieraus ergeben sich zunächst verschiedene Zieldimensionen:

Inhaltliche Ziele („Wissen über Zeit"): Die Kinder sollen erkennen, daß Zeit als natürliche Daseinsbedingung weder vor- noch nachholbar ist, daß sie meß- und gliederbar ist, daß individuelles Zeiterleben von der jeweiligen Stimmungslage und der Erlebnisdichte abhängt, daß „Erfüllung" und Gestaltung der Zeit eine persönlich zu verantwortende Aufgabe darstellt. Zu grundlegenden Inhalten gehört die Kenntnis allgemeiner zeitlicher Ordnungsbegriffe, der Maße und Einheiten, der Uhrzeit, der Gliederung und Zeiteinheiten des Kalenders, gesellschaftlicher Ordnungen der „öffentlichen Zeit" (Schulzeit, Öffnungszeiten, Arbeitszeit, ...) und schließlich auch physiologischer Zeitrhythmen (biologischer Tagesrhythmus).

Instrumentale Ziele („Umgang mit Zeit") beziehen sich auf selbständige zeitliche Orientierung, Gebrauch von Uhr und Kalender als Planungshilfe, Zeitschätzung, Zeitdarstellung (z. B. einfache „Netzplantechnik"- vgl. Schorch 1984) und zeitliches Disponieren.

Erziehungsziele („Verhältnis zur Zeit") richten sich auf selbst verantwortete Zeiteinteilung, planende Vorsorge, auf Einhaltung zeitlicher Ordnungen und Pünktlichkeit, aber auch auf Kritikfähigkeit gegenüber ungerechtfertigten zeitlichen Zwängen.

Zeitbewußtseinsbildung ist ein Prozeß, der langfristiger, kontinuierlicher und vielseitiger Förderung bedarf:

Im *Schulleben* erfährt das Kind eine „zeitliche Ordnungsgestalt" durch feste Rhythmisierungen in Schultag, -woche und -jahr (vgl. 3.3.2). Im Vordergrund steht die aktive Mitwirkung der Kinder an der Zeitgestaltung des Schullebens in Planung (Klassen- und Schulfeste, Theateraufführungen, ...) und Rückschau (Klassentagebuch, Fotodokumentationen, Ausstellung, Einordnung in die Jahres-Zeitleiste, ...).

Das *Basislernfeld „Zeiteinteilung und -planung"* schließlich bietet Kindern Hilfen an, mit persönlichen Zeitdispositionsproblemen in Schule und Freizeit besser fertig zu werden. Die folgenden Themenvorschläge basieren auf einer umfangreichen Befragung von Schülern der ersten bis vierten Jahrgangsstufe und entsprechender Häufigkeit angegebener Zeitprobleme (Schorch 1982, S. 138-156):

1. Schuljahr: Tageseinteilung des Schulkindes; Zeiteinteilung auf dem Schulweg; Zeiteinteilung am Nachmittag; Vorschau auf den nächsten Tag.
2. Schuljahr: Schulzeit - geplante Zeit: Unser Stundenplan; Der Kalender für das neue Jahr; Erstellung eines Jahresplans; Freizeit = Fernsehzeit?
3. Schuljahr: Schulzeit - geplante Zeit: Unser Klassenjahresplan; Die richtige Zeit für die Hausaufgaben; Jeder möchte viel Freizeit.
4. Schuljahr: Ermüdung und Erholung; Zeiteinteilung und -planung beim Lernen; Schulzeit - geplante Zeit: Schullaufbahnen.

Mit einem solchen „Basislernfeld" (vgl. auch Schorch 1992) wird angestrebt, die Vorteile einer curricularen Unterrichtsanlage mit den Kriterien „lebenspraktische Bedeutsamkeit - fachliche Grundlegungsarbeit - Ausrichtung auf übergeordnete Erziehungsziele - Abgleichung mit anderen Lerngebieten unter dem Aspekt ökonomischer Lernplanung" in Einklang zu bringen.

3. Beispiel: Grundlegende Medienerziehung

Die sogenannte „Medienerziehung" ist ein geeignetes Beispiel für eine Erziehungsaufgabe, die aus gesellschaftlicher Notwendigkeit heraus plausibel zu begründen ist, deren Realisierung unter den schulischen Rahmenbedingungen aber enge Grenzen gesetzt sind: Wissen ist in der Regel an den direkten Kontext seines Erwerbs gebunden und nicht ohne weiteres auf andere Situationen übertragbar. Das gilt hier in spezieller Weise, weil sich schulischer Medienumgang gravierend von privater Mediennutzung (insbesondere Fernsehen, Video) unterscheidet.

„Die Schwelle zur geistigen Anstrengung ist im allgemeinen auch die Grenze der Unterhaltung. Niemandem kann man vorschreiben, was ihn unterhalten soll, und wer sich unterhalten will, will normalerweise nichts dazu lernen, also eine pädagogische Veranstaltung daraus machen lassen. Insofern ist *Unterhaltung das Gegenteil von Pädagogik* ... Jedenfalls haben die Massenmedien ihre eigenen Maßstäbe, die nicht mit denen der Schule identisch sind und die sich deswegen einer Pädagogisierung grundsätzlich verschließen" (Giesecke 1996, S. 41/42).

Aufklärung über Fernsehgewohnheiten und „vernünftige" Regeln zum Medienkonsum stehen in der Gefahr kontraproduktiver Bemühungen, insofern sie von den Schülern als „typisch Schule“, die nur die Lieblingsbeschäftigung vermiesen will, abgetan werden: Nach pflichtgemäßem Ausfüllen belehrender Arbeitsblätter freut man sich erst recht auf ungestörten Fernsehgenuß...

Hinzu kommt generell, daß Schule auch auf den medialen Fortschritt nur verzögert reagieren kann, so wie sie stets sozialen und wirtschaftlichen Entwicklungen hinterherhinkt.

Während sich gesellschaftlich ein Übergang zu technisch-medialer Kommunikation längst vollzogen hat, ist schulische Kommunikation weiterhin vornehmlich auf den mündlich-personalen Bezugsraum ausgerichtet. Das hat nicht nur systematisch-strukturelle Gründe (vgl. den bekannten „Paulsen-Effekt“, 1885 - siehe Sünkel 1990), sondern hängt auch mit pädagogischer Vorstellung von Schule überhaupt zusammen („Erzieher - Zögling - Verhältnis“).

Die Thematik der neuen Medien erweist sich so für die Schule als sensibles Aufgabenfeld, das ihr eigenes Selbstverständnis berührt („Verfall der Schriftkultur“, Konkurrenz der „virtuellen Schule“, usw.).

„Leistet die Schule der sich vollziehenden, um das Aufwachsen der Kinder unbekümmerten Mediatisierung Widerstand, isoliert sie sich und kündigt ihren bisherigen gesellschaftlichen Auftrag, auf das Leben vorzubereiten. Läßt sie sich auf die Mediatisierung ein, betreibt sie ihren eigenen Abbau, eine Ent-Schulung der Gesellschaft jedenfalls, denn längst haben die Medien der Schule wichtige Aufgaben und Wirkungen genommen. Sie haben sie der Bewahranstalt noch einmal beträchtlich näher gebracht“ (v. Hentig 1984, S. 85).

Vor dem Hintergrund dieses Dilemmas scheint es um so notwendiger, daß sich die Grundschule verstärkt auf ihr Erziehungsverständnis des Abwägens von Fürsorge, Gegenwirken und Unterstützen konzentriert:

(a) In seiner *Fürsorgepflicht* versteht sich der Pädagoge als „Anwalt des Kindes“, der sich gesellschaftlich-politisch dafür einsetzt, daß Kinder vor psychischem Schaden durch negative Medieneinflüsse bewahrt werden. So darf es beispielsweise nicht hingenommen werden, daß einerseits für Kinder zugängliche gewaltverherrlichende Fernsehprogramme vom Gesetzgeber toleriert werden, daß aber andererseits Politiker fordern, „Gewalt im Fernsehen“ solle zum Thema in Schule und Elternberatung werden (mit anderen Worten: Schule als „Entsorgungsstation für Medienmüll“).

Ungeachtet solch allgemeiner pädagogischer Bemühung um Bekämpfung einer kinderfeindlichen Medienlandschaft, ist selbstverständlich situationsbezogen seelischer Beistand und Hilfe bei der Bewältigung unverarbeiteter Medieneindrücke Aufgabe pädagogischer Arbeit in der heutigen Grundschule.

(b) *Erziehen als Gegenwirken* (vgl. hierzu auch die Grundsatzüberlegungen von Koch 1995) baut darauf, daß mit der allgemeinen Erziehungs- und Bildungsfunktion der Schule auch vernünftiger Medienumgang gefördert werden kann: „Schulkultur“ als verantwortungsbewußte Gegensteuerung, bei der die

Medienwelt zwar nicht verteufelt, aber auch nicht vorbehaltlos hingenommen wird. Gegenzusteuern ist vor allem bei folgenden *Gefahrenmomenten* neuer Medien:

- Kulturelle Passivität aufgrund übermächtigen Bilderkonsums und Verlust innerer „Ein-Bildungs-Kräfte",
- körperliche Passivität aufgrund mangelnder Handlungs- und Bewegungsanregungen,
- geistige Passivität aufgrund unverarbeiteter Informationsberieselung, aufgrund von Gewöhnung an Information „aus zweiter Hand" und an ständiges Manipuliert-Werden,
- soziale Passivität aufgrund eines Fernseh-Ersatzangebots an zwischenmenschlichen Beziehungsproblemen, die nicht selbst gelöst werden müssen.

(c) In kultur- und gesellschaftskritischer Haltung muß sich hier die *Grundschule als Gegenkraft* verstehen, die Defizite und Einseitigkeiten auszugleichen versucht, indem sie dem Kind hilft,

- „innere Bilder" aufzubauen (z. B. durch Geschichten-Erzählen),
- Eindrucks- und Ausdrucksfähigkeit zu entwickeln,
- schöpferisch-aktive Kräfte freizulegen,
- Dinge handelnd zu „be-greifen",
- Originalität und sinnenhafte Unmittelbarkeit zu erleben,
- den eigenen Körper in Bewegung, Freude und Anstrengung zu fordern,
- im Freizeitverhalten nach Alternativen zum Medienkonsum zu suchen,
- mit anderen Kindern ein Projekt durchzuführen und stolz auf das eigene Werk sein zu dürfen,
- Freundschaften aufzubauen und zu erhalten ...

Kurz: Die Grundschule als Lebensstätte wirkt sinnbestimmend, wenn Verantwortlichkeit und Erfahrungsbezug gestärkt werden, wenn Regeln des Zusammenlebens, persönlicher Bezug und Wertschätzung im Vordergrund stehen. Das sind Stärken der Schule, die es nicht nötig erscheinen lassen, in einen Konkurrenzkampf gegen die Attraktivität der neuen Medien einzutreten. Lehrer/innen brauchen sich weder in die Rolle des Fernseh-Showmasters noch in die des Medientechnikers drängen zu lassen.

(d) *Erziehen als Unterstützen* zielt vor allem darauf ab, dem Kind Hilfen für *kritischen und kompetenten Medienumgang* zu geben. Hier kann die Grundschule einen Beitrag zur gesamtgesellschaftlichen Aufgabe der Medienerziehung leisten, ohne daß sie ihr pädagogisches Arbeitsfeld unglaubwürdig verlassen muß: Medienerziehung in der Schule beginnt beim kompetenten Umgang mit *Unterrichtsmedien*! (Schorch 1996). Für die Grundschule als erste Schule gehört die gezielte Thematisierung des Medieneinsatzes ohnehin zur spezifischen Aufgabe der Einführung ins schulische Lernen und Arbeiten (vgl.

2.3.3). Vorteil ist, daß vielfältiger Einsatz und didaktische Reflexion der eingesetzten Unterrichtsmedien zu den Berufsaufgaben des Lehrers zählen und eine zusätzliche Qualifikation als „Medienpädagoge" nicht erforderlich ist.

Die folgenden *didaktischen Konzepte* zeigen, wie Medienerziehung als Prinzip den Unterricht durchziehen und in übergeordnete Bildungsaufgaben eingebettet werden kann:

Der *ästhetische* Zugang geht von der Annahme aus, daß Ästhetik kein Luxus, sondern ein Erkenntnisweg ist. Auch die Kunst kann dabei helfen, die Wirklichkeit klarer und besser zu verstehen (G. Otto 1994). Form und Gestalt der Vermittlungsprozesse werden selbst zum Unterrichtsthema. „Verfremdung" von Inhalten, z. B. in Collagen, macht bewußt, daß es sich bei Bildern, Erzählungen, Filmen, usw. immer um *dargestellte* Wirklichkeit handelt.

Auch der *elementar-philosophische* Zugang (Schreier 1994) thematisiert (in erkenntnistheoretischer Orientierung) das Verhältnis zwischen den Gegenständen und ihrer medialen Repräsentation. Am Beispiel eines Gemäldes von R. Magritte („Ceci n'est pas une pomme") wird aufgezeigt, daß dies nicht die Sache, eben kein Apfel, sondern Farbe auf Leinwand (bzw. Druckfarbe auf Papier) ist. Dieses einfache Beispiel symbolisiert die Entwicklung vom Schulbuch des Comenius „Orbis sensualium pictus" (Die sichtbare Welt, 1658), über Modellvorstellungen bis hin zur „Phänomenologie der Künstlichen Welten" mit ihren Virtualisierungseffekten, die eine saubere Trennung zwischen Alltagsrealität und Medienrealität nicht mehr zulassen (vgl. Welsch 1995).

Die Möglichkeiten alternativer Weltkonstruktionen werden bei der Konzeption des *mehrperspektivischen Unterrichts* als „strukturalistische Tätigkeit", als „Rekonstruktion von Alltagswirklichkeit" sogar zum zentralen didaktischen Anliegen. Gesellschaftliche „Handlungsfelder" (z. B. Supermarkt, Post, Schule, Urlaub) werden von den Schülern in unterschiedlichen Perspektiven als „Simulacren" dargestellt (Wissenschaftliche, politisch-öffentliche, erlebnishaft-erfahrungsbezogene und szenische Rekonstruktion): Schule versteht sich als „Modellbauwerkstatt der Wirklichkeit", wobei „Collagen, Montagen, verblüffende Text-Bild-Kombinationen und Karikaturen bevorzugte Mittel der medialen Auslegung des Konzepts sind" (vgl. Hiller / Popp 1994, S. 101).
Als wichtiger Hinweis ist diesen Beispielen zu entnehmen, daß den Schülern der „Werkstattcharakter" der Unterrichtsmedien offengelegt und diese als didaktisches Produkt kenntlich gemacht werden müssen. Medienerziehung wird auf naheliegende Weise zum Unterrichtsprinzip, wenn die Schüler immer wieder bewußt in die Frage nach Gültigkeit, „didaktischem Ort" und Alternativen verwendeter Unterrichtsmedien einbezogen werden.

Kompetenter und kritischer Medienumgang wird angebahnt, wenn Unterrichtsmittel einer entsprechenden *Inhaltsanalyse* unterzogen und konsequent die bekannten „*W-Fragen*" gestellt werden (z. B. bei einem Unterrichtsfilm):

- Warum? (Intention des Films, siehe u. a. Begleitheft)
- Unter welchen Umständen? (Lehrplan, aktueller Anlaß, ...)
- Sagt wer? (Autoren, Regisseur, ...)
- Wann? (Erscheinungsjahr)
- Worüber? (Fach, Sachgebiet, Themenbereich, ...)
- Was? (Inhaltsangabe, Informationsgehalt, ...)
- Auf welche Weise? (Dokumentarisch, dramaturgisch, ...)
- Womit? (Filmerische Mittel, Kommentar, Schnitt, Tricks, ...)
- Zu wem? (Adressatengruppe)
- Mit welcher Wirkung? (Eindruck, Meinung der Schüler)

Eine solche Inhaltsanalyse gilt im Prinzip für alle eingesetzten Unterrichtsmedien, insbesondere für das Schulbuch.

„Kritisches Lesen" kann (und soll!) bereits im Erstleseunterricht angebahnt werden, wenn z. B. gezielt inhaltliche Fehler (Wortvertauschungen o. ä.) eingebaut sind und damit sinngenaues Lesen provoziert wird. Veraltete Sachbücher müssen durch Heranziehen anderer Medien (Zeitschriften, Videos, Computerdaten, ...) ergänzt und Fakten aktualisiert werden.

Massenmedien werden dort genutzt, wo sie dem Bildungsauftrag der Schule dienen! Es handelt sich um schulgemäßen Mediengebrauch in Form von Informationsverarbeitung, also um Lernen und geistige Arbeit, nicht um Unterhaltung. Diese kann allerdings selbst Unterrichtsinhalt sein, wenn z. B. im Deutschunterricht Sprachmuster von Werbespots kritisch analysiert werden.

Schüler in Auswahl und Reflexion der Unterrichtsmittel einzubeziehen, entspricht dem Anliegen selbstbestimmten Lernens. Es geht also nicht um Kritik am Medieneinsatz des Lehrers, sondern vor allem darum, daß auch Schüler mitverantwortlich Informationen beschaffen und auswerten. Besonders geeignet sind hierbei projektorientierte Unterrichtseinheiten (vgl. Tulodziecki u. a. 1995), bei denen Fakten herangezogen und entsprechende Materialien besorgt werden müssen (Handbücher, Broschüren, Videos, usw.).

Aufschlußreich ist es für alle Beteiligten, wenn verschiedene Schülergruppen unabhängig voneinander unterschiedliche Medien heranziehen (vgl. o. g. Ziel) und anschließend deren Aussagen und Informationsgehalt auf ihre Qualität hin kritisch vergleichen. Zusätzlicher Vorteil ist, daß hierdurch der generellen Gefahr einer „Monokultur" bei Unterrichtsmedien entgegengewirkt werden kann (z. B. einseitiger 'Buch-' oder 'Arbeitsblatt-Unterricht'). Im Sinne des Unterrichtsprinzips der Individualisierung (u. a. wegen Berücksichtigung verschiedener „Lerntypen" bei den Schülern) erfolgt differenzierendes und „multimediales" Lernangebot vor allem, wenn

- im lehrerzentrierten und lehrgangsorientierten Unterricht neben „personalen Medien“ (Sprache, Gestik, Mimik) häufiger auch „nicht-personale“ Medien eingesetzt werden,
- das Klassenzimmer mit vielfältigen Informations- und Lernmitteln als „Lernlandschaft“ ausgestattet ist (vgl. u. a. die „Arbeitsateliers“ bei Freinet sowie die „didaktischen Materialien“ bei Montessori),
- die Schüler die Möglichkeit und Auswahl haben, geeignetes außerschulisches Informationsmaterial einzubeziehen (z. B. in Wochenplan- und Freiarbeit),
- weniger kommerzielle Unterrichtsmittel eingesetzt, sondern Medien auch selbst angefertigt (z. B. Eigenfibel, selbst erstelltes Sachkundebuch mit eigenen Fotos, regionale Landkarten, Hörspiel im Deutschunterricht, Videofilm „Lebensraum Wald“) und ggf. auch anderen Klassen zur Verfügung gestellt werden.

Fazit:
Das Kind lernt in der Schule und an den dort eingesetzten Unterrichtsmitteln, daß Medien als „Repräsentanten der Wirklichkeit“ unterschiedlichen Informations- und Darstellungsfunktionen dienen, die in Zielstellung und Zweckcharakter durchschaut werden können.

4.3.2 Vorbereitung auf künftige Herausforderungen

Der Erziehungs- und Bildungsauftrag der (Grund-) Schule ist nicht nur auf den individuellen Lern- und Entwicklungsprozeß gerichtet, sondern gleichermaßen auf die Anforderungen der Gesellschaft - und damit auf deren Veränderungen - bezogen.

Allerdings ist schon in der Gegenwart kein klares Bild vom gesellschaftlichen Wandel möglich, um so schwieriger ist es, künftige Entwicklungen detailliert vorherzusagen und hieraus gar Anforderungen an schulische Bildung abzuleiten. Eindeutig erkennbar ist jedoch, daß das Tempo der Veränderungen ständig zunimmt - und damit die Bedeutung von Ausbildung und Bildung für die Fähigkeit „aktiver Anpassung“. Insofern ist die Suche nach Orientierungshilfen berechtigt, die sich (zumindest) aus *Tendenzen gesellschaftlicher Weiterentwicklung* ergeben.
Als entsprechende *Zeitsignaturen* (Bildungskommission NRW 1995) werden insbesondere genannt:

- Pluralisierung der Lebensformen und der sozialen Beziehungen (auch: Anwachsen sozialer Ungleichheiten und der Risiken von Freiheit),
- Veränderung der Welt durch neue Medien, Informations- und Kommunikationstechnologie (mit entsprechender Auswirkung auf Gesellschaft und Kultur),
- Umweltkrise und ökologische Herausforderung (Umgang mit natürlichen Ressourcen, Grenzen des Wohlstandswachstums usw.),
- Bevölkerungsexplosion und Migration (als Folge des globalen Wohlstandsgefälles),
- Internationalisierung der Lebensverhältnisse (Globalisierung, Multikulturalität einerseits, Nationalismus, Abwehr des Fremden andererseits),
- Wandel der Werte (Erosion traditioneller Werte, Suche nach neuem Wertekonsens und Gemeinsamkeit).

Mit Blick auf solche und weitere umfassende Herausforderungen ist es sicher illusorisch, die Grundschule heute als isolierten Schonraum einer heilen Kinderwelt, als „pädagogische Kinderprovinz" gestalten zu wollen.
Vielmehr gilt es, das Bewußtsein zentraler Probleme der Gegenwart und, soweit vorhersehbar, der Zukunft auf die Einsicht der *Mitverantwortlichkeit aller* zu richten. Von einer so verstandenen „Allgemein"bildung (im Sinne von „Gemeinsinn") kann die Grundschule nicht ausgenommen werden.

Klafki (1992) schlägt auch schon für den Grundschul(sach)unterricht eine *Konzentration auf „epochaltypische Schlüsselprobleme"* unserer Gegenwart und der vermutlichen Zukunft vor:
(1.) Das Problem von Krieg und Frieden, (2.) die Umweltfrage, (3.) das rapide Wachstum der Weltbevölkerung, (4.) die soziale Ungleichheit, (5.) die Herausforderung durch Informations- und Kommunikationsmedien und (6.) das Problem der Ich-Du-Beziehungen.

Grundschulpädagogisch ist hierbei allerdings zu bedenken, daß all die genannten Probleme von *Erwachsenen* hervorgerufen und die Risiken der „Risikogesellschaft" von Erwachsenen produziert sind. Es wäre pädagogisch unangemessen, Kinder mit diesen Erwachsenenproblemen zu überfrachten und tiefgreifend zu verunsichern, die Probleme einfach auf die nächste Generation zu verschieben und damit Verantwortung weiterzuverlagern.

Angesetzt werden kann nur dort, wo *Kinder im Rahmen ihrer Verständnis- und Handlungsmöglichkeiten selbst einen Beitrag zur Problemlösung leisten können.* In den vorausgegangenen Kapiteln wurde aufgezeigt, daß hierfür die „Schule als Lernstätte mit eigenem Recht" ein reiches Erfahrungsfeld darstellt. Hierzu bedarf es nicht jeweils neu auferlegter „Bindestrich-Erziehungen" (vgl. 1.1.4 c), allenfalls neuer Akzentsetzungen: Friedens- und Toleranzerziehung durch arrangiertes Schulleben, ökologische Erziehung durch umweltbewußtes Einzel- und Gruppenverhalten, Medienerziehung durch kritischen Umgang mit Unterrichtsmitteln, Geschlechtererziehung durch gegenseitiges Verständnis für Mädchen und Jungen, usw.

Die einlinige thematische Umsetzung komplexer „Schlüsselprobleme" in Lernbereiche der Grundschule ist weder vertretbar noch möglich: Nicht alles, was Kinder als Erwachsene benötigen, ist schon jetzt erlernbar. Zu fragen ist vielmehr nach *Voraussetzungen für erfolgreiches Weiterlernen*, die den (späteren) Umgang mit solchen Problemen erleichtern.

Anregungen hierfür ergeben sich z.B. durch den aktuellen Rückgriff auf die pädagogische Diskussion um sogenannte *Schlüsselqualifikationen*, vor allem, wenn handlungsbezogen das Entdecken, Erkunden, Fragen, Beschaffen, Ordnen, Vergleichen, Prüfen und Bewerten von Informationen gemeint ist (vgl. Knauf 1997).

„Schlüsselqualifikationen sind erwerbbare allgemeine Fähigkeiten, Einstellungen und Strategien, die bei der Lösung von Problemen und beim Erwerb neuer Kompetenzen in möglichst vielen Inhaltsbereichen von Nutzen sind.

Zu ihnen gehören Erkenntnisinteresse und eigenständiges Lernen, Reflexion und Optimierung der eigenen Lernprozesse und damit die Fähigkeit dazu zu lernen, das Zutrauen in die eigene Selbstwirksamkeit als Grundeinstellung, Flexibilität, Fähigkeit zur Kommunikation und zur Teamarbeit, kreatives Denken. Sie sind nicht auf direktem Wege zu erwerben, zum Beispiel in Form eines eigenen fachlichen Lernangebots; sie müssen vielmehr in Verbindung mit dem Erwerb von intelligentem Wissen aufgebaut werden" (Bildungskommission NRW 1995, S. 113, 115).

In einer solchen bildungstheoretischen Orientierung wird nicht von vornherein ein unmittelbarer Transfereffekt erwartet. Insbesondere die Grundschule als Schulstufe, die noch am weitesten vom Erwachsenenalter entfernt ist, wird von gesellschaftlichen Ansprüchen entlastet, wenn sie nicht an direkter Anwendung des Wissens gemessen, sondern schon ihre Bemühung um *Anschlußfähigkeit für nachfolgendes Lernen* anerkannt wird.

Hier liegen grundschulspezifische Kernaufgaben, wie sie im Zusammenhang der Einführung ins schulische Lernen und Arbeiten, des „Lernen des Lernens" (2.3.3), der Förderung individuellen (3.2), gemeinsamen (3.3), fachvorbereitenden (4.2) und lebenspraktisch orientierten Lernens (4.3.1) bereits erläutert wurden und in die neue „Trends" wie Ethik, interkulturelle Erziehung, Schulgartenarbeit ... (vgl. Haarmann/ Horn 1998) durchaus integrierbar sind.

Darüber hinaus zeichnen sich derzeit deutlich Tendenzen ab, den Grundbestand traditioneller Kulturtechniken (4.2.3) zu erweitern, was sich für die Grundschule in den Aufgaben der Vermittlung von Grundkenntnissen einer modernen Fremdsprache sowie des Umgangs mit dem Computer (in Fachliteratur, Modellversuchen, Lehrplänen und Praxis) konkretisiert.

1.Beispiel: Frühes Fremdsprachenlernen

Für die *Begegnung mit Fremdsprachen* in der Grundschule liegen bereits weitreichende didaktische Konzepte vor (vgl. Maier 1991, Reichel/ Sandfuchs/ Voss 1997), wobei vor allem folgende Ansätze frühen Fremdsprachenlernens in der Diskussion stehen:

Systematischer Fremdsprachenunterricht - Begegnungssprachenkonzept („Lerne die Sprache deines Nachbarn") - „Language awareness" oder Nachdenken über Sprache (andere „Weltansichten" durch andere Sprache) - Integratives Konzept (Integration in vorhandene Lernbereiche, in grundschulspezifische Lern- und Arbeitsformen und in das Schulleben) - Bilingualer Unterricht (natürlicher Zweitsprachenerwerb) - Kombination dieser Konzepte (vgl. Hegele 1996).

Einig ist man sich darüber, daß Fremdsprachenlernen früh beginnen und als *soziales Lernen* arrangiert werden sollte (vgl. Weber 1997). Allgemeiner „Bildungswert" wird vor allem in der Persönlichkeitsbildung, in *interkultureller Kompetenz und Toleranz* sowie in allgemeiner Sprachentwicklung und -bewußtheit gesehen (Andreas/ Hillen 1997; vgl. auch Kiper 1997, S. 147-157).

Als *methodische Prinzipien* gelten u. a.: Spielerische Begegnung, Handlungsorientierung, musisches Tun (besonders Singen), reale Begegnungen, Situationsbezug, lustbetonte Atmosphäre, keine Benotung (nach Wege 1996).

Entsprechende *Anlässe fremdsprachlicher Begegnung* bieten sich im Schulalltag an, beispielsweise: Der Morgenkreis mit Begrüßung in verschiedenen Sprachen, Thema „Kalender" mit Sprachvergleich (Monatsnamen, Wochentage usw.), Thema „Fremde Länder", Briefwechsel mit Partnerklassen, Geburtstag feiern (verschiedene Glückwunschkarten), Kinderbücher in fremder Sprache, ... (Niemann 1995). Im Vordergrund stehen Freude am Umgang mit Sprachen, die Erfahrung, daß es in der Verständigung keine unüberwindbaren Sprachbarrieren gibt, und die Motivation für nachfolgendes (systematisches und vertiefendes) Lernen.

2.Beispiel: Computer in der Grundschule

Im Unterschied zur schon weitgehenden Akzeptanz des Fremdsprachenlernens steht die pädagogische Meinungsbildung zur grundschuldidaktischen Konsequenz aus den Herausforderungen der neuen Informations- und Kommunikationstechniken noch stärker im Stadium der Grundsatzdiskussion (vgl. 4.3.2), was in bisherigen extremen Gegenpositionen zum schulischen Computereinsatz offenkundig wurde. Skeptiker halten sich in ihrer Ablehnung z. Z. noch an v. Hentig:

> „Alles, was man pädagogisch erreichen will, erreicht man besser ohne den Computer. Alles, was man pädagogisch vermeiden will, vermeidet man besser ohne ihn. Alle Dummheiten, die die Schule macht, macht sie mit ihm verstärkt" (1994, S. 62).

Die Befürworter hingegen (so faßt Schmidt 1998 zusammen) sehen in Computern

> „die Chance, das Lernen durch Individualisierung und Anpassung an die Lernbedürfnisse des einzelnen Kindes zu optimieren. Sie weisen darauf hin, daß Computer das zu Lernende in einer so attraktiven Form darbieten können, daß keine Lehrerin dagegen bestehen könnte. Sie preisen seine unendliche Geduld, deren Maß von keinem Menschen erreicht wird. Sie merken an, wieviel Zeit die Kinder im 'normalen' Unterricht verbrauchen ..." (S. 23).

Unter Einbezug von Modellversuchen und aufgrund zunehmender Alltagserfahrung mit Computereinsatz in der Grundschule schwächen sich kontroverse Sichtweisen des Tabus einerseits, der Euphorie andererseits ab, was eine abwägendere, realistischere Einschätzung eröffnet. So belegen z. B. empirische Studien, daß

- nicht weniger, sondern mehr kommuniziert wird, wenn Computer im Klassenzimmer stehen,
- der Wunsch nach kooperativen Arbeitsmöglichkeiten steigt,
- Computernutzung zum Lesen (besonders wissenschaftlich-technischer Texte) anregt,
- für Kinder der Computer längst nichts mehr Sensationelles besitzt, sondern eher ein - neben anderen Medien - situativ genutztes Alltagswerkzeug darstellt (nach Mitzlaff 1996, S. 22-26).

Es zeigt sich aber u. a. auch, daß

- deutliche Unterschiede zwischen der Computernutzung von Jungen und Mädchen vorliegen,
- der Computer kein „Motivationsautomat" ist (nach Bohnenkamp 1993),
- der Computer als Sozialisationsfaktor stark von der Computerorientierung der Eltern abhängt (Lenhart 1995).

Abgesehen von (notwendigen!) empirischen Einzelbefunden und allgemeinen Bildungsargumenten (vgl. ISB 1995), ist im Rahmen der Kernaufgaben grundlegender Bildung nach der stufenspezifischen Argumentation zu fragen.

So steht, in Orientierung am Bildungsauftrag der Grundschule (4.1.1) und im *Rückgriff auf* COMENIUS, auch diese Fragestellung im Rahmen der Maxime „Alle sollen alles in umfassender Weise lernen".

OMNES: Ausgehend vom Grundsatz, daß es in einer Demokratie nicht zweierlei Grundbildung geben darf, muß die Gefahr einer neuen sozialen Frage und der Zweiteilung der (Bildungs-) Gesellschaft gesehen werden: Die Trennung derer, die über die neuen Technologien und die entsprechenden Informationen verfügen, und jener, die davon ausgeschlossen sind bzw. werden. Nach dem Prinzip der Chancengerechtigkeit (vgl. 3.1) muß konsequenterweise der Zugang zu den neuen IuK-Medien *allen* ermöglicht werden! (So meint der deutsche Bundespräsident 1998, daß die „informationstechnische Revolution" nicht allein Sache der Experten sei, und er fordert, an Schulen die Grundfertigkeiten für den Umgang mit dem Computer künftig genauso nachhaltig zu lehren wie Lesen und Schreiben). Dazu müßte allerdings jede Schule die angemessene Hard- und Software-Ausstattung erhalten.

OMNIA: Die Erleichterung, die Erwachsene bei elektronischer Informationsbeschaffung und Textverarbeitung in Anspruch nehmen, sollte Kindern nicht vorenthalten werden. Thema ist dabei nicht der Computer selbst, sondern seine intelligente *Nutzung* (im Verbund mit anderen Medien und als ein Element der Lernumgebung). Dazu gehören Lernprogramme ebenso wie Datenbeschaffung sowie Präsentation der Ergebnisse von Gruppen- und Projektarbeit. „Omnia" bedeutet allerdings schon für den Grundschüler: Bewältigung der Wissenskumulation, Selektieren können, zielorientiert Entscheiden, Sortieren des „Informationsmülls". Auch hier ist die Wertfrage nach dem Umgang mit der persönlichen Zeit thematisiert (vgl. 4.3.1): Der Computer als „Zeitkiller", mit dem man unwiederholbare Zeit vertut. So konkretisiert sich kritischer Medienumgang für die Kinder beispielsweise darin, Qualität und (Zeit-) Aufwand zu vergleichen, wenn zu einem Thema etwas aus Sachbüchern oder aus Software herausgefunden werden soll. „Omnia" beinhaltet die unabdingbare Notwendigkeit, mit Informations- und Meinungsvielfalt umzugehen, persönliche Meinungsbildung und Urteilskraft zu stärken.

OMNINO: Die Forderung, daß der ganze Mensch in umfassender, naturgemäßer Weise gebildet werden soll, verweist auf die kompensatorische Funktion grundlegender Bildung bis hin zu verantwortungsvoller *Gegensteuerung* (vgl. 4.3.1: Grundlegende Medienerziehung). Zu denken ist zunächst an den Ausgleich zur Belastung der Augen durch Bildschirmarbeit und generell an den körperlichen Ausgleich von immer längeren Sitzzeiten (vgl. das pädagogische Konzept „Bewegte Grundschule", z. B. Müller 1998, Breithecker 1998), aber auch an altersgemäße Computerausstattung, z. B. einfache Bedienung bis hin zu speziellen Geräten, bei denen die Steuerung nicht per „Maus-Klick", sondern mit dem ganzen Körper erfolgt. Vor allem aber bedeutet „omnino", daß die ursprüngliche Tätigkeit, die der Computerfunktion vorgängige Basisoperation, erlernt wird (Nachschlagen im Lexikon, Handhabung von Stift und Pinsel, Anordnung von Textteilen usw.), damit Leistung und Grenzen von Textverarbeitungs-, Grafik- und Schulprogrammen bewertet werden können. Kinder müssen erst einmal die Dinge „be-greifen", mit den Sinnen in ihrer Körperlichkeit und Eigenschaft erfassen, gerade weil die Grenzen zwischen Realität und Abbildung, zwischen Vorgängen und ihrer Simulation so fließend geworden sind.

In grundschulpädagogischer Abwägung zwischen kindlichen Bedürfnissen und Möglichkeiten einerseits sowie Hilfen, in der künftigen Lebenswelt zurechtzukommen, andererseits, kann die Leitlinie nur heißen:

Grundlegende Bildung nicht gegen, sondern mit den neuen Medien!

Das heißt aber auch: Nicht der Computer bestimmt das Unterrichtskonzept, sondern dieses den sinnvollen „didaktischen Ort" des Computereinsatzes (siehe auch das Themenheft „Die Grundschulzeitschrift" Nr. 114/1998).

Ein solcher didaktischer Stellenwert im Hinblick auf Individualisierung der Lernwege ist in der Verwendung *geeigneter Lernsoftware* gegeben, so innerhalb des „offenen Unterrichts" (vgl. Arnold 1997) und vornehmlich in Phasen der Wiederholung und Übung (vgl. Arenhövel 1991).

Allerdings ist bei Beschaffung von Lernprogrammen darauf zu achten, daß sie nicht hinter zeitgemäße Methodenstandards zurückfallen (z. B. primitive, einseitige Ganzwort- oder Syntheseübungen bei Leselern-, kontraproduktive „Purzelwörter"-Aufgaben bei Rechtschreibprogrammen), sondern grundschulpädagogischen und fachdidaktischen Kriterien entsprechen (vgl. die Übersicht bei Becker-Mrotzek / Meißner 1995 und die „Münsteraner Bewertungsmaske": Meißner 1996). Wenn es um Training und Sicherung von Lesen, Schreiben und Rechtschreiben sowie Rechnen im Hinblick auf Leistungsstand und vom Kind selbst steuerbare Übungsintensität ankommt, haben moderne Lernprogramme zweifellos den Vorteil, daß der/die Lehrer/in von bestimmten, in Klassenverband und pauschaler Gleichschrittigkeit ineffektiven Routineaufgaben entlastet wird und sich anderen wichtigen Erziehungs- und Bildungsaufgaben zuwenden kann.

„Anschlußfähiges Lernen" als Zukunftsvorbereitung wird vor allem dann unterstützt, wenn der *Computer* da eingesetzt wird, *wo andere Werkzeuge und Methoden an ihre Grenzen stoßen* (z. B. Tabellenkalkulation als „dynamisches

Rechenblatt“, Nachschlagen im multimedialen Lexikon, Verknüpfen von Klang und Notenschrift, Simulation komplexer Vorgänge), die Kinder aber auch zu kritischer Reflexion der Ziel-Mittel-Relation, der Aufwand-Nutzen-Prüfung angeleitet werden.
Ein grundschulgemäßes Anwendungsfeld sachangemessenen Computereinsatzes liegt, auch nach Einschätzung führender Vertreter der Didaktik des Schriftspracherwerbs, mit vielfältigen Möglichkeiten der *Textverarbeitung* vor. Die Bedeutung von Schrift als Informations- und Kommunikationsmedium wird dem Kind früher bewußt, wenn es sich durch entsprechende Erleichterung der Schreibtechnik (z. B. Druck- statt Schreibschrift als Anfangsschrift) ausdrükken und mitteilen kann. Der Computer unterstützt dies, indem er Textverschiebungen, eine „Isolation der Schwierigkeiten“ (Formulierung - Rechtschreiben - äußere Gestaltung), gemeinsames Verschriften und „dialogische Textproduktion“ gestattet, zum „Wagnis des Schreibens“ (Löschfunktion) ermutigt, zum selbständigen Erwerb der Lesefähigkeit (z. B. durch elektronische Anlauttabelle) beiträgt und gut lesbare Schrift und „professionelle“ (vom Erwachsenen nicht mehr unterscheidbare) Textgestaltung ermöglicht (vgl. Kochan 1996 und 1998, Blatt 1997). Daß mit solcher Erweiterung der „Schriftkultur“ nicht das Erlernen der Handschrift und die Anliegen traditioneller Schreiberziehung (4.3.2) ersetzt werden sollen, versteht sich von selbst.

Fazit:
Der Einzug des Computers auch in die Grundschule macht den Lehrer nicht überflüssig, ganz im Gegenteil: Der personale Bezug wird immer wichtiger, weil sich eine Schwerpunktverschiebung von der Aufgabe der Wissensvermittlung hin zur Rolle des Lehrers als „Lernbegleiter und Bildungsberater“ abzeichnet.

Anliegen grundlegender Bildung ist es, Ausgewogenheit im Umgang mit unterschiedlichen Wirklichkeitsformen und -erfahrungen anzustreben und den damit verbundenen persönlichen Gewinn zu erkennen. Es sollte deshalb auch nicht zu viel Zeit für die rein technische Beschäftigung mit dem Computer verschwendet werden.

„Wir sollten die Doppelfigur der Moderne weder medien-euphorisch noch leibfanatisch auf nur einen Pol verkürzen. Wir sollten unsere Zweigängigkeit bewahren - oder neu gewinnen“ (Welsch 1995, S. 277).

In diesem Sinne wird die „Schule als Weg des Kindes“ (Langeveld 1963) *mit Behutsamkeit das Kind auch bei Entdeckung und Erschließung der wirklichen und der elektronischen Welten begleiten.*

RESÜMEE: GRUNDSCHULPÄDAGOGIK IM SPANNUNGSVERHÄLTNIS EXTREMER ANSPRÜCHE

Schon die Erörterung ihrer *Kern*aufgaben hat gezeigt, daß die Grundschule in großem Ausmaß und in gesonderter Weise extremen Ansprüchen ausgesetzt ist. Viele Erwartungen sind widersprüchlich und deshalb nicht beidseitig voll erfüllbar.

„Erste Stimmen werden laut, die Schule abzuschaffen und die Kleinen im Home-working am Computer den Weg in die Lernwelt gehen zu lassen ... Der Schüler als 'Benutzer, Kunde, Datensurfer', der die Dienstleistung 'Schule' annimmt und den Benutzerstatus erhält?
Je stärker die Schule jedoch mit derartigen Forderungen konfrontiert wird, desto intensiver wird das Gegenbild entworfen: Schule als Ort des sozialen Lernens, als Kindheitszeit ohne Leistungsdruck, als Stätte multikultureller Begegnung, mit gleitendem Unterrichtsanfang, Entspannungsphasen, meditativen Einschüben, selbstbestimmtem Lernen im offenen Unterricht ..." (Wendt 1997, S. 60).

Gegensätze, polare Prinzipien und sogar Grunddilemmata sind für grundschulpädagogisches Denken nicht außergewöhnlich, sondern sogar konstitutiv. In pädagogisch-didaktischen *Theorien* hat dementsprechend die Arbeitsmethode der *Dialektik* eine feste Tradition, wie auch neuere Beispiele bekannter antithetischer Gegenüberstellungen zeigen: Führen oder Wachsenlassen (Th. Litt), Fordern statt Verwöhnen (F. v. Cube), Fördern oder Auslesen (E. Schwartz), Systematisches oder exemplarisches Lernen (M. Wagenschein). In der pädagogischen *Praxis* gilt es, im Spannungsverhältnis der Gegensätze begründete Handlungsentscheidungen zu treffen, aber auch *Widersprüche aushalten* zu können.

Im Kontext abwägenden grundschulpädagogischen Denkens soll resümierend aufgezeigt werden, daß es dabei nicht nur um ein Dichotomie-Verständnis einzelner, abgrenzbarer These-Antithese-Beziehungen geht, sondern um komplexe „Ökologie" aufeinander bezogener, regulierender und jeweils ergänzungsbedürftiger Wechselwirkungen.

So sind die Aufgaben der Grundschule im „Regelkreis" polarer Spannungsverhältnisse zu reflektieren zwischen

- stufenpädagogischer *Eigenständigkeit* und *Kontinuität* im Bildungssystem,
- *Vorbereitung weiterführender Bildung* und *„Schonraumfunktion"*,
- *„pädagogischer Provinz"* und realitätsbezogene *gesellschaftliche Eingliederung* des Kindes,
- *Zukunftsorientierung* und gegenwärtigem kindlichen *Lebensweltbezug,*
- *Situationsorientierung* und *fachlicher Propädeutik,*

- *Enkulturation* und *Individuierung* bzw. *selbstgesteuertem* und *angeleitetem Lernen,*
- *„geschlossenen"* und *„offenen" Lernformen,*
- *Differenzierung* und *sozialer Integration,*
- *sozialpädagogischer/ -therapeutischer Betreuung* und inhaltsverbindlicher *Allgemeinbildungsfunktion für alle,*
- *gleicher Grundbildung für alle* und *Förderung spezieller Begabungen und Fähigkeiten,*
- *Selektionsfunktion* und *ausgleichender Erziehung,*
- *stufenpädagogischer Eigenständigkeit* und *Kontinuität* bzw. ... siehe oben!

Hiermit wird nochmals deutlich, daß die *Grundschule keine „einfache" Schule ist und sein kann*! Um so mehr ist es allerdings notwendig, nach durchgängigen grundschulpädagogischen Leitlinien zu fragen, die eine Standortbestimmung im unüberschaubaren Geflecht von Einzelansprüchen und Aufgabenvielfalt ermöglichen.

Diese, in den vorausgegangenen Kapiteln erörterten, *Leitlinien pädagogischer Grundschularbeit* können einer Voraussetzungs- und drei Zielkategorien zugeordnet werden:

Grundschulpädagogische Prämissen:

- Anerkennung des Eigenwerts der Kindheit.
- Verantwortlicher Umgang mit der bildsamsten Phase im menschlichen Leben.
- Prinzipielles Denken und Handeln „vom Kinde aus" mit Blick auf seine Gegenwart *und* Zukunft.
- Akzeptanz und Förderung aller Kinder, ihrer jeweils persönlichen Begabungen, Leistungen, Vorerfahrungen und -kenntnisse.

Behutsame Einführung in die schulische Lernwelt:

- Vermitteln zwischen „Kindsein" und „Schülersein", zwischen Spiel- und Arbeitswelt.
- Ausgewogenes Arrangieren vielseitiger Impulse für erste Schulerfahrungen des Kindes.
- Einführung in schulische Lern- und Arbeitsweisen, Anleitung zum „Lernen des Lernens".
- Verstärken positiver Arbeitshaltung und sich entwickelnder Leistungsbereitschaft.

Grundlegung individuellen und sozialen Lernens:

- Unterstützen selbstverantwortlichen und -reflexiven Lernens und des Aufbaus von Ich-Identität.
- Förderung von Kontakt-, Kommunikations-, Kooperations-, Konfliktlösungsfähigkeit und Toleranz im Rahmen gemeinsamen schulischen Lernens.
- Stärken der Mitbestimmungsfähigkeit, Solidarität und sozialen Verantwortung in Schulleben und Unterricht.
- Ausgleich soziokulturell bedingter Startnachteile.

Fundierung beginnender Allgemeinbildung:

- Einführung in Grundkategorien des Weltverstehens.
- Vertrautmachen mit wissenschafts- und fachnahen Denk- und Arbeitsweisen.
- Solides Vermitteln der Kultur"techniken" und Wegbereitung für selbständige Kulturaneignung.
- Hilfestellung für kompetente Bewältigung gegenwärtiger und künftiger Lebensaufgaben.

Die Grundschule ist somit einer *spezifischen Verknüpfung von Erziehungs- und Bildungsaufgaben* verpflichtet:

- Erziehen als „Behüten, Gegenwirken und Unterstützen".
- Bildung als Grundlegung der „Selbstvervollkommnung" des Menschen.

Dabei gilt der Grundsatz, daß es Ziel der Erziehung ist, sich selbst überflüssig zu machen (Schleiermacher) und das Kind zielbewußt auf den Weg der (Selbst-) Bildung zu bringen. In diesem Sinne und insbesondere angesichts vielfältiger Herausforderungen und Versuche neuer Zweckbestimmungen muß gerade die Grundschule in ihrem Auftrag als Basis des Bildungssystems eine *„Institution zur Verteidigung der Bildung"* (Ballauff) sein und bleiben!

So sei zum Schluß nochmals an Comenius erinnert, der vor über 300 Jahren die Grundschule vorkonzipiert hat (Pampaedia, hrsg. von Geißler und Schaller 1960). Seine These lautete:

> DIE JUNGEN MENSCHEN MÜSSEN IM FRÜHEN ALTER BESONDERS TÜCHTIGE LEHRER HABEN. DER LEHRER FÜR DIE UNTERSTEN KLASSEN SEI DARUM WEISER ALS DIE ANDEREN; MAN SOLLTE IHN DURCH BESSERE BEZAHLUNG GEWINNEN!
> DAS GILT DARUM, WEIL DIE ERSTEN FUNDAMENTE EINES GEBÄUDES GUT AUSGEFÜHRT SEIN MÜSSEN;
>
> DENN WIE DER ANFANG, SO WIRD ALLES!

Sachregister

LITERATUR

Empfehlenswerte Basisliteratur zur Grundschulpädagogik und -didaktik ist *kursiv* gekennzeichnet!

AEBLI, H.: Über die geistige Entwicklung des Kindes. Stuttgart 1973.

AEBLI, H.: Denken: Das Ordnen des Tuns. Bd. I/II. Stuttgart 1980/81.

AEBLI, H.: Grundlagen des Lehrens. Stuttgart 1987.

ALTRICHTER, H. / POSCH, P.: Lehrer erforschen ihren Unterricht. Bad Heilbrunn 1994.

ANDREAS, R. / HILLEN, A.: Konzept, Unterricht und Bildungswert – zur Evaluation des bayerischen Schulversuchs „Fremdsprachen in der Grundschule". In: unterrichten/erziehen, Heft 2, 1997, S. 6-9.

APEL, H. J.: Schulpädagogik - Eine Grundlegung. Köln 1990.

APEL, H. J. / SEIBERT, N.: Vom Nebeneinander zum Miteinander. In: Pädagogische Welt, Heft 3, 1992, S. 112-115.

APEL, H. J.: Theorie der Schule. Donauwörth 1995.

APEL, H. J.: Aufgabe und Verantwortung – Zu Möglichkeiten, Grenzen und Notwendigkeiten eines erziehenden Unterrichts. In: unterrichten/erziehen, Heft 5, 1997, S. 45-48.

ARENHÖVEL, F.: Computereinsatz in der Grundschule. Donauwörth 1994.

ARIÈS, Ph.: Geschichte der Kindheit. München (1. Aufl. 1975) 1994.

AUST, S.: Das Leistungsproblem in der Grundschule. In: Moll-Strobel 1982 (siehe dort), S. 385-392.

AUSTERMANN, A.: Was wissen wir über „Medien-Kindheit"? In: Erdmann u. a. 1996 (siehe dort), S. 89-99.

BAACKE, D.: Die 6- bis 12jährigen - Einführung in Probleme des Kindesalters. Weinheim 1992.

BAIRLEIN, S. / BUTTERS, Chr.: Schulanfang - Hilfen für Lehrer. Donauwörth 1996.

BALLAUFF, Th.: Interpretationen der Kindheit. In: Ullrich, H. / Hamburger, H. (Hrsg.): Kinder am Ende ihres Jahrhunderts. Langenau 1991, S. 153-168.

BÄRMANN, F.: Über die Schule - Plädoyer für eine Angeklagte. In: Die Deutsche Schule, Heft 9, 1980, S. 521-530.

BÄRMANN, F.: Übung – eine vergessene Selbstverständlichkeit. In: Grundschule, Heft 13, 1981, S.4-7.

BÄRMANN, F.: Schreib- „Erziehung"? In: Arbeitsgemeinschaft Schreiberziehung: Schreiben will gelehrt sein (Pelikan). Hannover 1986, S. 13-20.

BARTH, K.: Schulfähig? Beurteilungskriterien für die Erzieherin. Freiburg 1996.

BARTH, K.: Ist die Schuleingangsdiagnostik überflüssig? In: Grundschule Heft 7/8, 1997, S. 63-65.

BARTHELMES, J. / SANDER, E.: Gewinn statt Gefährdung? Der Medienumgang von Jugendlichen als Ausdruck persönlicher Geschmackskultur. In: Diskurs Heft I, 1994, S. 30-42.

BARTMANN, TH. / ULONSKA, H. (Hrsg.): Kinder in der Grundschule. Bad Heilbrunn 1996.

BARTNITZKY, H. / PORTMANN, R. (Hg.): Leistung der Schule - Leistung der Kinder. (AKG-Bd. 87) Frankfurt 1992.

BATESON, G.: Ökologie des Geistes. Frankfurt/M. 1993.

BAUER, H. F. / ENGELHARDT, W.-D. / GLÖCKEL, H. / KNOLL, J. / RABENSTEIN, R.: Fachgemäße Arbeitsweisen im Sachunterricht der Grundschule. Bad Heilbrunn 1975.

BAUMERT, J. / LEHMANN, R. u. a.: TIMSS – Mathematisch-naturwissenschaftlicher Unterricht im internationalen Vergleich. Opladen 1997.

BÄUML-ROSSNAGL, M.A.: Wie Kinder leben lernen. Bd.1/2. Donauwörth 1990/91.
BÄUML-ROSSNAGL, M.A. (Hrsg.): Sachunterricht. Bad Heilbrunn 1995.
BECHER, H.-R. (Hrsg.): Anthropologische und Pädagogische Grundfragen des Grundschulunterrichts. Baltmannsweiler 1981 (a).
BECHER, H.-R. (Hrsg.): Taschenbuch des Grundschulunterrichts. Baltmannsweiler 1981 (b).
BECHER, H.-R. / BENNACK, J. / JÜRGENS, E. (Hrsg.): Taschenbuch Grundschule. Baltmannsweiler 1998.
BECK, G.: Kindheit heute - Leben angesichts bedrohter Zukunft. In: Faust-Siehl, G. u. a. 1990 (siehe dort), S. 192-202.
BECKER-MROTZEK, M. / MEISSNER, H.: Kriterien für die Bewertung von Computer-Lernprogrammen. In: Grundschule, Heft 10, 1995, S. 13-15.
BECKMANN, H.-K.: Geisteswissenschaftliche Methoden. In: Roth, L. (Hrsg.): Methoden erziehungswissenschaftlicher Forschung. Stuttgart 1978, S. 43-64.
BECKMANN, H.-K.: Schule unter pädagogischem Anspruch. Donauwörth 1983.
BECKMANN, H.-K.: Fachdidaktik, Bereichsdidaktik, Stufendidaktik. In: Roth, L. (Hrsg.): Pädagogik. München 1991, S. 674-689.
BEHNKEN, I. / JAUMANN, O. (Hrsg.): Kindheit und Schule. Weinheim 1995.
BENNER, D.: Erziehender Unterricht. In: Wittenbruch 1989 (siehe dort), S. 84-95.
BENNER, D.: Studien zur Didaktik und Schultheorie. München 1995.
BILDUNGSKOMMISSION NRW: Zukunft der Bildung– Schule der Zukunft. Neuwied 1995.
BLATT, I.: Lesen und Schreiben mit dem Computer. In: Grundschulunterricht, Heft 4, 1997, S. 22-24.
BLK (BUND-LÄNDER-KOMMISSION): Materialien zur Bildungsplanung und Forschungsförderung, Heft 60, Bonn 1997.
BLOOM, B. S.: Stabilität und Veränderung menschlicher Merkmale. Weinheim 1971.
BOHNENKAMP, A.: Computer im Grundschulunterricht? In: Hofmann, W. / Müsseler, J. / Adolphs, H. (Hrsg.): Computer und Schriftspracherwerb. Opladen 1993, S. 11-33.
BOHNENKAMP, H. u. a.: Empfehlungen und Gutachten des Deutschen Ausschusses für das Erziehungs- und Bildungswesen 1953-1965. Stuttgart 1966.
BOLLNOW, O. F.: Das Verhältnis zur Zeit. Heidelberg 1972.
BÖNSCH, M.: Differenzierung des Unterrichts. München 1972.
BÖNSCH, M.: Variable Lernwege. Paderborn 1991.
BRAUN, K.-H. / WETZEL, K.: Wie können Schulen ein sozialpädagogisches Profil entwikkeln? In: Pädagogik und Schulalltag, Heft 3, 1997, S. 373-382.
BREITHECKER, D.: Schuldynamik – die bewegungsergonomische Gestaltung des Klassenzimmers. In: Grundschulunterricht, Heft 4, 1998, S. 14-16.
BRESLAUER, K.: Grundsätze in der Unterrichtsplanung. In: Hacker, H. / Poschardt, D. (Hrsg.): Zur Frage der Lernplanung und Unterrichtsgestaltung. Hannover 1977, S. 83-124.
BRESLAUER, K. / ENGELHARDT, W. (Hrsg.): Schulleben - Chance oder Alibi? Hannover 1979.
BREUER, H. / WEUFFEN, M.: Lernschwierigkeiten am Schulanfang. Weinheim/Basel 1993.
BREZINKA, W.: Erziehung als Lebenshilfe. Wien 1971.
BREZINKA, W.: Grundbegriffe der Erziehungswissenschaft. München/Basel 1990.
BRINKMANN, W.: Kinderfeindlich? Kinderfreundlich? Anmerkungen zur sozialen Lage der Kinder in Deutschland. In: Götz, M. 1994 (siehe dort), S. 103-116.
BRONFENBRENNER, U.: Ansätze zu einer experimentellen Ökologie menschlicher Entwicklung. In: Oerter, R. (Hrsg.): Entwicklung als lebenslanger Prozeß. Hamburg 1978, S. 33-65.
BRONFENBRENNER, U.: Die Ökologie der menschlichen Entwicklung. Stuttgart 1981.

BRÜGELMANN, H.: Öffnung des Unterrichts. In: Brügelmann / Fölling-Albers / Richter 1998 (siehe dort), S. 8-42.
BRÜGELMANN, H. / FÖLLING-ALBERS, M. / RICHTER, S. (Hrsg.): Jahrbuch Grundschule. Seelze 1998.
BRUNER, J. S.: Bereitschaft zum Lernen. In: Weinert, F. E. (Hrsg.): Pädagogische Psychologie. Köln 1967, S. 105-117.
BUNDESGRUNDSCHULKONFERENZ 1995 in Berlin: Zukunft für Kinder - Grundschule 2000. Bonn/Frankfurt/M. 1996.
BURGENER WOEFFRAY, A.: Grundlagen der Schuleintrittsdiagnostik. Bern/Stuttgart/Wien 1996.
BURK, K. H.: Grundschule - Kinderschule oder Vorschule der Wissenschaft? Frankfurt/M. 1976.
BURK, K. H.: Brauchen wir ein neues Förderverständnis? In: Arbeitskreis aktuell Nr. 45, Januar 1994, S. 1-3.
BURK, K. / HAARMANN, D. (Hrsg.): Wie viele Ecken hat unsere Schule? Frankfurt (AKG) 1979 (Bd. I) und 1980 (Bd. II).
BUROW, O.-A.: Was wissen wir über „Bedrohungskindheit"? In: Erdmann / Rückriem 1996 (siehe dort), S. 101-118.

CLAUSSEN, C. u. a. (Hrsg.): Wochenplan- und Freiarbeit. Braunschweig 1993.
CLAUSSEN, C. (Hrsg.): Handbuch Freie Arbeit. Weinheim 1995.
COMENIUS, J.A.: Große Didaktik (1657). Hrsg. Von A. Flitner. Stuttgart 1982.
CZERWENKA, K.: Die Zukunft beginnt in der Grundschule. In: Pädagogische Welt, Heft 9, 1997, S. 418-420.

DE MAUSE, L. (Hrsg.): Hört ihr die Kinder weinen? Frankfurt/M. 1977.
DEUTSCHER BILDUNGSRAT: Strukturplan für das Bildungswesen. Stuttgart 1970.
DEUTSCHES JUGENDINSTITUT (Hrsg.): Was tun Kinder am Nachmittag? Weinheim/München 1992.
DEUTSCHES JUGENDINSTITUT (Hrsg.): Was für Kinder. Aufwachsen in Deutschland. München 1993.
DIETRICH, TH. (Hrsg.): Die pädagogische Bewegung "Vom Kinde aus". Bad Heilbrunn 1973.
DIETRICH, TH.: Zeit- und Grundfragen der Pädagogik. Bad Heilbrunn 1992.
DREWS, U. / DURDEL, A.: Grundlegung von Bildung in der Grundschule von heute. Potsdam 1997.
DUNCKER; L.: Lernen als Kulturaneignung. Weinheim 1994.
DUNCKER, L.: Zeigen und Handeln. Langenau-Ulm 1996.
DUNCKER, L.: Mehrperspektivität als didaktische Kategorie. In: Ders 1996 (siehe dort), S. 127-137.
DUNCKER, L. / POPP, W. (Hrsg.): Kind und Sache. Weinheim 1994.
DUNCKER, L. / POPP, W. (Hrsg.): Über Fachgrenzen hinaus. Band I. Heinsberg 1997.

EINSIEDLER, W. (Hrsg.): Konzeptionen des Grundschulunterrichts. Bad Heilbrunn 1979.
EINSIEDLER, W.: Schulpädagogik - Unterricht und Erziehung in der Schule. In: Roth 1991 (siehe dort), S. 649-657.
EINSIEDLER, W.: Spielen in der Schule. In: Pädagogische Welt, Heft 3, 1992, S. 116-119.
EINSIEDLER, W.: Grundlegung individueller Entwicklung und individuellen Lernens. In: Schorch, G. 1994 (siehe dort), S. 50-69.

EINSIEDLER, W.: Sollen Lehrer Sozialpädagogen werden? In: Bayerische Schule, Heft 12, 1994, S. 25-28.
EINSIEDLER, W.: Empirische Grundschulforschung im deutschsprachigen Raum – Trends und Defizite. Nürnberg (Institut für Grundschulforschung Heft Nr. 85) 1997.
EINSIEDLER, W.: Grundlegende Bildung durch Sachunterricht. In: Drews / Durdel 1997 (siehe dort), S. 157-161.
ENGFER, A. / MINSEL, B. / WALPER, S.: Zeit für Kinder. Weinheim/Basel 1991.
ERDMANN, J. W. / RÜCKRIEM, G. (Hrsg.): Kindheit heute. Bad Heilbrunn 1996.
ERNST, H.: Zur Diskussion gestellt: „Veränderte Kindheit" - aus schulpädagogischer Perspektive. In: Bayerische Schule, Heft 5, 1997, S. 15-18.

FATKE, R. / VALTIN, R. (Hrsg.): Sozialpädagogik in der Grundschule (AKG - Bd. 100). Frankfurt/M. 1997.
FAUST-SIEHL, G. u.a. (Hrsg.): Kinder heute - Herausforderungen für die Schule. Frankfurt/M. 1990.
FAUST-SIEHL, G. / PORTMANN, R. (Hrsg.): Die ersten Wochen in der Schule. Frankfurt/M. 1992.
FAUST-SIEHL, G.: Kindgemäßheit - Leitbild im Wandel. In: Götz, M. 1994 (siehe dort), S. 131-154.
FAUST-SIEHL, G./ GARLICHS, A. u.a.: Die Zukunft beginnt in der Grundschule. (AKG-Bd. 98). Frankfurt/M. 1996.
FAUST-SIEHL, G.: Fragwürdige Strategien und falsche Parolen. In: Grundschulverband aktuell, Nr. 62, April 1998, S. 3-4.
FELBINGER, W.: Anschauung und Denken bei Kant (Phil. Dissertation). München 1980.
FEND, H. / STÖCKLI, G.: Der Einfluß des Bildungssystems auf die Humanentwicklung: Entwicklungspsychologie der Schulzeit. In: Weinert 1997 (siehe dort), S. 1-35.
FIEGE, H.: Der Heimatkundeunterricht. Bad Heilbrunn 1969.
FISCHER, E.: Grundschule heute. Frankfurt 1993.
FLITNER, A.: Mißratender Fortschritt. Pädagogische Anmerkungen zur Bildungspolitik. München 1977.
FLITNER, A.: Konrad, sprach die Frau Mama... über Erziehung und Nicht-Erziehung. München 1985.
FLITNER, W.: Die vier Quellen des Volksschulgedankens. Stuttgart 1966.
FLITNER, W.: Allgemeine Pädagogik. Stuttgart 1975.
FÖLLING-ALBERS, M. (Hrsg.): Veränderte Kindheit - Veränderte Grundschule (Arbeitskreis Grundschule Bd. 75), Frankfurt/M. 1989.
FÖLLING-ALBERS, M.: Schulkinder heute. Auswirkungen veränderter Kindheit auf Unterricht und Schulleben. Weinheim 1992.
FÖLLING-ALBERS, M.: Kindgemäßheit - neue Überlegungen zu einem alten pädagogischen Anspruch. In: Götz, M. 1994 (siehe dort), S. 117-132.
FÖLLING-ALBERS, M.: Kindheitsforschung und Schule. In: Behnken, I./ Jaumann, O. (Hrsg.): Kindheit und Schule. Weinheim 1995, S. 11-20.
FÖLLING-ALBERS, M.: Veränderte Kindheit - Verändertes Selbstverständnis der Schule? In: Grundschule, Heft 7-8, 1998, S. 59-61.
FÖLLING-ALBERS, M. / HOPF, A.: Auf dem Weg vom Kleinkind zum Schulkind. Leverkusen 1995.
FRÖBEL, F.: Kleine pädagogische Schriften. Bad Heilbrunn 1965.
FÜRNROHR, W.: Arbeitsweisen und Arbeitstechniken des Geschichtsunterrichts. In: unterrichten/erziehen, Heft 2, 1982, S. 5-10.

GAGNÉ, R. M.: Die Bedingungen menschlichen Lebens. Hannover 1973.
GARLICHS, A.: Grundschule als Weg des Kindes. Pädagogisches Grundschulkonzept: Vom Werden des Kindes. In: Grundschule, Heft 7/8, 1984, S. 14-19.
GARLICHS, A.: Pädagogisches Grundschulkonzept: Vom Werden des Kindes. In: Grundschule, Heft 7/8, 1984, S. 18-19.
GEHLEN, A.: Der Mensch. Bonn 1950.
GEISSLER, R.: Die Sozialstruktur Deutschlands. Opladen 1992.
GEORGE, S. / PROTE, I.: Handbuch zur politischen Bildung in der Grundschule. Schwalbach/Ts. 1996.
GIEL, K. / HILLER, G. / KRÄMER, H.: Stücke zu einem mehrperspektivischen Unterricht. Aufsätze zur Konzeption 1. Stuttgart 1974; Aufsätze zur Konzeption 2. Stuttgart 1975.
GIEL, K.: Zur Philosophie der Schulfächer. In: Duncker / Popp 1997 (siehe dort), S. 33-71.
GIES, H.: Das Rezept wird zum Problem. Bemerkungen zu Aspekten reformpädagogischer „Innovationen". In: Forschung und Lehre, Heft 3; 1998, S. 136-138.
GIESECKE, H.: Wozu ist die Schule da? Stuttgart 1996.
GIESECKE, H.: Die pädagogische Beziehung. Pädagogische Professionalität und die Emanzipation des Kindes. Weinheim 1997.
GLÖCKEL, H.: Volkstümliche Bildung? Versuch einer Klärung. Weinheim 1964.
GLÖCKEL, H: Das Grundschulkind in unserer Zeit. In: Pädagogische Welt, Heft 8, 1982, S. 464-472.
GLÖCKEL, H.: Ist der Begriff des Schullebens noch zeitgemäß? In: Twellmann, W. (Hrsg.): Handbuch Schule und Unterricht. Bd. 7.1. Düsseldorf 1985, S. 640-648.
GLÖCKEL, H.: Vom Beitrag des Schreibens zur Kultivierung des Menschen. In: Arbeitsgemeinschaft Schreiberziehung: Schreiben will gelehrt sein (Pelikan). Hannover 1986, S. 8-13.
GLÖCKEL, H.: Was ist „Grundlegende Bildung"? In: Schorch 1994 (siehe dort), S. 11-33.
GLÖCKEL, H.: Vom Unterricht. Bad Heilbrunn 1996.
GLÖCKEL / RABENSTEIN / DRESCHER / KREISELMEYER (Hrsg.): Vorbereitung des Unterrichts. Bad Heilbrunn 1992.
GLOGAUER, W.: Die neuen Medien verändern die Kindheit. Weinheim 1993.
GLUMPLER, E. / LUCHTENBERG, S. (Hrsg.): Jahrbuch Grundschulforschung. Band 1. Weinheim 1997.
GLUMPLER, E.: Vergleichende Grundschulforschung. In: Glumpler / Luchtenberg (Hrsg.) 1997 (siehe dort), S. 89-102.
GÖTZ, M. (Hrsg.): Leitlinien der Grundschularbeit. Langenau-Ulm 1994.
GÖTZ, M.: Die Grundschule in der Zeit des Nationalsozialismus. Bad Heilbrunn 1997.
GÖTZE, B. / HAHNEMANN, R. (Hrsg.): Grundschulpädagogik im Überblick. Bad Heilbrunn 1975.
GUDJONS, H. / REINERT, G. B. (Hrsg.): Schulleben. Königstein/Ts. 1980.
GUDJONS, H.: Pädagogisches Grundwissen. Bad Heilbrunn 1993.
GUDJONS, H.: Didaktik zum Anfassen. Bad Heilbrunn 1997.

HAARMANN, D.: Was heißt hier „offen"? In: Grundschule, Heft 6, 1988, S. 37-41.
HAARMANN, D.: Grundschule 2000: Welches ist ihre zentrale Aufgabe? In: Grundschule, Heft 3, 1991, S. 49-51.
HAARMANN, D. (Hrsg.): Handbuch Grundschule. Bd.1/2. Weinheim 1991/1993.
HAARMANN, D. / HORN, A.: Innovative Tendenzen in den Lehrplänen der Grundschulen. In: Brügelmann / Fölling-Albers / Richter 1998 (siehe dort), S. 139-150.
HACKER, H.: Vom Kindergarten zur Grundschule. Bad Heilbrunn 1992.

HAGEDORN, F. (Hrsg.): Kindsein ist kein Kinderspiel. Frankfurt/M. 1987.
HAGSTEDT, H.: Kinder mit Lehrfunktionen. In: Die Grundschulzeitschrift, Heft 84, 1995, S. 16-19.
HAMEYER/ LAUTERBACH/ WIECHMANN (Hrsg.): Innovationsprozesse in der Grundschule. Bad Heilbrunn 1992.
HÄNSEL, D.: Die Grundschule: Zwischen pädagogischem Anspruch und gymnasialen Erwartungen. In: Pädagogik, Heft 3, 1988, S. 43-48.
HANSEL, T.: Schulstart - Fehlstart? Düsseldorf 1982.
HANSEN, W.: Kind und Heimat - Psychologische Voraussetzungen des Heimatkundeunterrichts. München 1968.
HANSMANN, O.: Kindheit und Jugend zwischen Mittelalter und Moderne. Weinheim 1995.
HANSMANN, O.: Synergetik als Heuristik reflexiver reformpädagogischer Theoriemodellierung? In: Pädagogische Rundschau, Heft 52, 1998, S. 79-98.
HARMS, G.: Lebensumwelten heutiger Kinder. In: Grundschule, Heft 5, 1989, S. 13-15.
HASSELHORN, M.: Entwicklung und Beeinflußbarkeit der kognitiven Voraussetzungen des Lernens. In: Bayerische Schule, Heft 10, 1997, S. 15-18.
HECKHAUSEN, H.: Förderung der Lernmotivierung und der intellektuellen Tüchtigkeiten. In: Roth, H. (Hrsg.): Begabung und Lernen. Stuttgart 1969, S. 193-208.
HECKT,D. / SANDFUCHS,U. (Hrsg.): Grundschule von A bis Z. Braunschweig 1993.
HEGEL, G.F.W.: Gymnasialrede von 1811. Sämtl. Werke (Hrsg. V. Glockner) Bd. III.
HEGELE, I.: Fremdsprachen in der Grundschule. In: Duncker, L. (Hrsg.): Bildung in europäischer Sicht. Langenau-Ulm 1996, S. 107-125.
HELBIG, P.: Begabung im pädagogischen Denken. Weinheim 1988.
HELBIG, P.: Lernen ist mehr als sinnliche Erfahrung. In: Grundschule, Heft 5, 1991, S. 8-11.
HELBIG, P.: „Orientierung am Kind" - zwischen pädagogischem Anspruch und gesellschaftlicher Konstruktion der Wirklichkeit. Nürnberg (Institut für Grundschulforschung Heft Nr. 77) 1994.
HELL, P.: Öffnung des Unterrichts in der Grundschule. Donauwörth 1993.
HELMKE, A. / WEINERT, F. E.: Bedingungsfaktoren schulischer Leistungen. In: Weinert, F. E. (Hrsg.): Psychologie des Unterrichts und der Schule. Göttingen 1997, S. 71-176.
HEMMER, K. P. / WUDTKE, H. (Hrsg.): Erziehung im Primarschulalter. Stuttgart 1985.
HENDRICKS, J.: Baustein Grundlegende Bildung. In: Wittenbruch 1989 (siehe dort), S. 100-116.
HENTIG, H. v.: Das allmähliche Verschwinden der Wirklichkeit. München 1984.
HENTIG, H. v.: Die Menschen stärken, die Sachen klären. Stuttgart 1991.
HENTIG, H. v.: Die Schule neu denken. München 1994.
HENTIG, H. v.: Bildung. München/Wien 1996.
HEUSS, G.E. / RABENSTEIN, R. (Hrsg.): Grundschuldidaktik 1. München 1979.
HEUSS, G.E.: Erstlesen und Erstschreiben. Donauwörth 1993.
HIERONYMUS, U.: Der Morgenkreis als Unterrichtsbeginn. München 1996.
HILLER, G. G.: Konstruktive Didaktik. Düsseldorf 1973.
HILLER, G. G. / POPP, W.: Unterricht als produktive Irritation. In: Duncker / Popp 1994 (siehe dort), S. 93-115.
HINZ, R.: Darstellung des Schulanfangs in der Kinderliteratur. In: Grundschule, Heft 7/8, 1997, S. 72-75.
HOLTAPPELS, H. G.: Grundschule bis mittags. Weinheim/München 1997.
HONIG, M.-S. u. a. (Hrsg.): Kinder und Kindheit. Weinheim 1996.
HOPF, A.: Grundschularbeit heute. München 1993.
HOPF, A.: Sozialpädagogik für Lehrerinnen und Lehrer. München 1997.

HORN, H. A. (Hrsg.): Kindergarten und Grundschule arbeiten zusammen. Weinheim 1982.
HORN, H.A.: Brücken zum Schulanfang. In: Haarmann, D., Bd.1, 1991 (siehe dort), S.76-87.
HÖRNER, W.: Primarschulsysteme im europäischen Vergleich. In: Duncker, L. (Hrsg.): Bildung in europäischer Sicht. Langenau-Ulm 1996, S. 181-197.
HUMBOLDT, W. v.: Werke in fünf Bänden. Band I. Darmstadt 1960.
HUSCHKE, P. / MANGELSDORF, M.: Wochenplanunterricht. Weinheim 1988.
HUSSERL, E.: Gesammelte Werke. Band VI. Den Haag 1954.

INCKEMANN, E.: Gestaltungsautonomie - nur eine Frage der Schulkultur? In: Seibert 1997 (siehe dort), S. 159-187.
ISB (Staatsinstitut für Schulpädagogik und Bildungsforschung München): Empfehlungen zur Aufnahme des Kindes in die Grundschule. München 1989.
ISB: Computer in der Schule zur individuellen Lebensbewältigung. Donauwörth 1995.

KAGAN, J.: Die Natur des Kindes. München 1987.
KAHLERT, J.: Grundlegende Bildung im Spannungsverhältnis zwischen Lebensweltbezug und Sachanforderungen. In: Marquardt-Mau / Schreier 1998 (siehe dort), S. 67-79.
KAISER, A.: Einführung in die Didaktik des Sachunterrichts. Baltmannsweiler 1995.
KAISER, A.: Lexikon Sachunterricht. Baltmannsweiler 1997.
KANT, I.: Kritik der reinen Vernunft (1781). Hrsg. von Raymund Schmidt. Hamburg 1952.
KANT, I.: Werke I – X „Über Pädagogik". Darmstadt 1975.
KASPER, H. (Hrsg.): Differenzierungsmodelle für die Grundschule. Stuttgart 1974.
KASPER, H. (Hrsg.): Vom Klassenzimmer zur Lernumgebung. Ulm 1979.
KASPER, H.: Den Schulanfang pädagogisch gestalten. In: Grundschule, Heft 2, 1987, S.16-22.
KÄSTEL, C. / PEUKE, C.: Das „Bayreuther Einschulungsverfahren" als Beispiel für die Neuorientierung der Einschulungspraxis. Schriftliche Hausarbeiten im Fach Grundschulpädagogik. Bayreuth 1997.
KATZENBERGER, L. F.: Begabungstheorien sind nicht folgenlos. In: Bayerische Schule, Heft 3, 1982, S. 77-80.
KECK, R. W. / SANDFUCHS, U. (Hrsg.): Schulleben konkret. Bad Heilbrunn 1979.
KECK, R. W.: Schulleben. In: Becher, H. R. / Bennack, J. (Hrsg.): Taschenbuch Grundschule. Baltmannsweiler 1993, S. 127-138.
KELLMER-PRINGLE, M.: Was Kinder brauchen. Stuttgart 1979.
KEMMLER, L.: Erfolg und Versagen in der Grundschule. Göttingen 1967.
KEMPER, H.: „Das Kind wird nicht erst ein Mensch, es ist schon einer" (J. Korczak). In: Renner, E. 1995 (siehe dort), S. 13-25.
KERN, A.: Sitzenbleiberelend und Schulreife. Freiburg 1951.
KIPER, H.: Das „Kindgemäße" als Leitorientierung der Schule? In: Grundschule, Heft 11, 1990, S. 54-55.
KIPER, H.: Sachunterricht – kindorientiert. Hohengehren 1997.
KLAFKI, W.: Didaktische Analyse als Kern der Unterrichtsvorbereitung (Reihe Auswahl A1). Hannover 1962.
KLAFKI, W.: Studien zur Bildungstheorie und Didaktik. Weinheim 1963.
KLAFKI, W.: Das pädagogische Problem des Elementaren und die Theorie der kategorialen Bildung. Weinheim 1964.
KLAFKI, W.: Neue Studien zur Bildungstheorie und Didaktik. Weinheim 1985.
KLAFKI, W.: Leistung. In: Lenzen, D. (Hrsg.): Pädagogische Grundbegriffe 2. Reinbek 1989, S. 983-987.

KLAFKI, W.: Allgemeinbildung in der Grundschule und der Bildungsauftrag des Sachunterrichts. In: Lauterbach, R. u. a. (Hrsg.): Brennpunkt des Sachunterrichts. Kiel 1992, S. 11-31.
KNAUF, T.: Schlüssselqualifikationen – ein Thema für die Grundschule? In: Drews / Durdel 1997 (siehe dort), S. 138-156.
KNAUF, T.: Anfangsunterricht. In: Becher, H. R. u. a. (Hrsg.) 1998 (siehe dort), S. 70-85.
KNOLL-JOKISCH, H.: Sozialerziehung und soziales Lernen in der Grundschule. Bad Heilbrunn 1981.
KNÖRZER, W./ GRASS, K.: Den Schulanfang pädagogisch gestalten. Weinheim 1992.
KOCH, L.: Bildung und Negativität. Weinheim 1995.
KOCH, L.: Pädagogik der Grundschule. In: Becher, H. R. u. a. 1998 (siche dort), S.61-68.
KOCHAN, B.: Der Computer als Herausforderung zum Nachdenken über schriftsprachliches Lernen und Schreibkultur in der Grundschule. In: Mitzlaff 1996 (siehe dort), S. 131-151.
KOCHAN, B.: Schriftspracherwerb - Computermerkmale und Unterrichtskonzept. In: Grundschule , Heft 6, 1998, S. 25-31.
KOHLS, E.: Grundbegriffe zur Erziehung, zum Lernen und Lehren in der Grundschule. Heinsberg 1994.
KOHTZ, K.: Es gibt nichts Ungerechteres als Ungleiche gleich zu behandeln! Plädoyer für eine bessere Begabtenförderung in der Grundschule. In: Grundschulzeitschrift, Heft 112, 1998, S. 40-47.
KÖNIG, E.: Theorie der Erziehungswissenschaft. Bd. 1 u. 2. München 1975. Bd. 3. München 1978.
KÖßLER, H.: Bildung und Identität. In: Erlanger Forschungen Reihe B, Erlangen 1989, S. 51-65.
KRAMP, W.: Schulpädagogik. In: Groothoff, H.-H. / Stallmann, M. (Hrsg.): Neues pädagogisches Lexikon. Stuttgart 1971, Sp. 1031-1034.
KRAPP, A. / MANDL, H.: Einschulungsdiagnostik. Weinheim 1977.
KRAPPMANN, L.: Die Entstehung der Lernfähigkeit im Interaktionssystem der Familie und ihre Förderung in der Schule. In: Halbfas / Maurer / Popp (Hrsg.): Neuorientierung des Primarbereichs Bd. 1: Entwicklung der Lernfähigkeit. Stuttgart 1972.
KRAPPMANN, L.: Sozialisation in der Gruppe der Gleichaltrigen. In: Hurrelmann, K. / Ulich, D. (Hrsg.): Neues Handbuch der Sozialisationsforschung. Weinheim 1991, S. 355-376.
KRAWITZ, R. (Hrsg.): Bildung im Haus des Lernens. Bad Heilbrunn 1997.
KRENZER, R.: Schulanfang. Lahr 1995.
KROH, O.: Psychologie des Grundschulkindes. Langensalza 1928.
KRÜGER, H. H.: Einführung in Theorien und Methoden der Erziehungswissenschaft. Opladen 1997.
KULTUSMINISTERKONFERENZ: Empfehlungen zur Arbeit in der Grundschule vom 6.5.1994. Bonn 1994.

LAGING, R.: Altersgemischtes Lernen. In: Die Grundschulzeitschrift, Heft 84, 1995, S. 6-13.
LANGEVELD, M.J.: Die Schule als Weg des Kindes. Braunschweig 1963.
LAUDENBACH, M.: Grundlegende Bildung – Kernaufgabe der Grundschule. In: Pädagogische Welt, Heft 9, 1995, S. 390-394.
LEEB, TH.: Lernbereiche in der Grundschule. Weinheim 1995.
LENHART, CHR.: Computer als Sozialisationsfaktor. Münster 1995.
LENZEN, D.: Kindheit - Stichwort in: Lenzen, D. (Hrsg.): Pädagogische Grundbegriffe Bd. 2. Reinbek 1989, S. 845-859.
LENZEN, D. u.a.: Gesundheit lernen. Gesundheitserziehung in der Grundschule. Weinheim 1996.

LEONHARD, H.-W./ LIEBAU, E./ WINKLER, M. (Hrsg.): Pädagogische Erkenntnis. Weinheim 1995.

LERSCH, R. (Hrsg.): Aspekte moderner Grundschulpädagogik. Baltmannsweiler 1997.

LICHTENSTEIN-ROTHER, I.: Schulanfang. Frankfurt 1969.

LICHTENSTEIN-ROTHER, I. / RÖBE, E.: Grundschule - Der pädagogische Raum für Grundlegung der Bildung. München 1982.

LICHTENSTEIN-ROTHER, I.: Die Bedeutung der ersten Schulerfahrungen. In: Portmann 1988 (siehe dort), S. 196-204.

LICHTENSTEIN-ROTHER, I.: Grundlegung der Bildung als Orientierungsrahmen für die Realisierung des pädagogischen Auftrags der Grundschule. In: Akademie der Pädagogischen Wissenschaften (Hrsg.): Unterstufe / Grundschule in Ost und West. Berlin 1990, S. 13-22.

LICHTENSTEIN-ROTHER, I. (Hrsg.): Jedem Kind seine Chance. Freiburg 1991.

LOCH, W.: Der Mensch im Modus des Könnens. In: König, G. / Ramsenthaler, H. (Hrsg.): Diskussion Pädagogische Anthropologie. München 1980, S. 191-225.

LOCH, W.: Forschungen zur Anthropologie des Kindes. In: Bartmann, Th. / Ulonska, H. (Hrsg.): Kinder in der Grundschule. Bad Heilbrunn 1996.

LOSER, F.: Kinder als Schulkinder. In: Spanhel, D. / Hotamanidis, St. (Hrsg.): Die Zukunft der Kindheit. Weinheim 1988, S. 105-118.

LUDWIG, H.: Freie Arbeit in der Grundschule im Lichte empirischer Forschungen. In: Lersch, R. 1997 (siehe dort), S. 66-94.

LUHMANN, N.: Soziale Systeme - Grundriß einer allgemeinen Theorie. Frankfurt/M. 1987.

LUHMANN, N. / SCHORR, K.E. (Hrsg.): Zwischen Anfang und Ende. Fragen an die Pädagogik. Frankfurt/M. 1990.

MAHLER, G. / SELZLE, E. (Hrsg.): Lehrplan für die Grundschule in Bayern mit Erläuterungen und Handreichungen Bd.1 (LP 81). Donauwörth 1982.

MAIER, W.: Fremdsprachen in der Grundschule. Berlin 1991.

MANDL, H. / KRAPP, A.: Schuleingangsdiagnose. Göttingen 1978.

MARQUARDT-MAU, B. / SCHREIER, H.: Grundlegende Bildung im Sachunterricht. Bad Heilbrunn 1998.

MAURER, F.: Lebenssinn und Lernen. Bad Heilbrunn 1992.

MEIER, R.: Tendenzen der Grundschulentwicklung. In: Grundschulunterricht, Heft 9, 1997, S. 2-3.

MEIER, R.: Üben in der Grundschule. In: Grundschulunterricht, Heft 11, 1997, S. 2-4.

MEIER, R. / UNGLAUBE, H. / FAUST-SIEHL, G. (Hrsg.): Sachunterricht der Grundschule (AKG-Bd. 101), Frankfurt/M. 1997.

MEIERS, K.: „Anfangsunterricht" - Eine Einführung. In: Meiers, K. (Hrsg.): Schulanfang/Anfangsunterricht. Bad Heilbrunn 1981, S. 184-211.

MEIERS, K.: Grundlegung der Bildung. In: Grundschule, Heft 6, 1990, S. 10-13.

MEIßNER, H.: Analyse und Bewertung von Computer-Lernprogrammen für die Grundschule. In: Mitzlaff 1996 (siehe dort), S. 311-321.

MENKE, A.: Werden und Wesen der Grundschule. Wiesbaden 1970.

MICHAEL, B.: Darbieten und Veranschaulichen. Bad Heilbrunn 1983.

MILHOFFER, P. (Hrsg.): Sexualerziehung von Anfang an! (AKG-Band 97). Frankfurt/M. 1995.

MITZLAFF, H. (Hrsg.): Handbuch Grundschule und Computer. Weinheim 1996.

MOELLER-ANDRESEN, U.: Das erste Schuljahr. Stuttgart 1974.

MOLL-STROBEL, H. (Hg.): Grundschule - Kinderschule oder wissenschaftsorientierte Leistungsschule? Darmstadt 1982.
MONTESSORI, M.: Das kreative Kind. Freiburg 1972.
MORSCH, U. u. a.: Wider den 45-Minuten-Takt. Möglichkeiten eines rhythmisierten Schulalltags. In: Grundschule, Heft 12, 1997, S. 13-14.
MÜLLER, CHR.: Pädagogisches Konzept „Bewegte Grundschule". In: Grundschulunterricht, Heft 4, 1998, S. 2-5.

NAVE, K.-H.: Die allgemeine deutsche Grundschule. Weinheim 1961 (Reprint Frankfurt/M., Arbeitskreis Grundschule 1980).
NEEMANN, U.: Bernard Bolzanos Lehre von Anschauung und Begriff in ihrer Bedeutung für erkenntnistheoretische und pädagogische Probleme. München 1972.
NEUHAUS-SIEMON, E.: Grundschulpädagogik und -didaktik. In: Heckt /Sandfuchs 1993 (siehe dort), S. 89-90.
NEUHAUS, E.: Reform der Grundschule. Bad Heilbrunn 1994.
NEUHAUS-SIEMON, E. / GÖTZ, M.: Die Bedeutung der historischen Grundschulforschung. In: Grundschule, Heft 7-8, 1998, S.62-65.
NICKEL, H.: Entwicklungstheorien und ihre Bedeutung für den Grundschullehrer. In: Rost, D. H. (Hrsg.): Entwicklungspsychologie für die Grundschule. Bad Heilbrunn 1980, S. 26-40.
NICKEL, H.: Die Einschulung als pädagogisch-psychologische Herausforderung. In: Haarmann Bd. 1, 1991 (siehe dort), S. 88-100.
NIEMANN, H.: Frühes Fremdsprachenlernen – Spielerischer Umgang mit der Fremdsprache. In: Brügelmann, H. / Balhorn, H. / Füssenich, I. (Hrsg.): Am Rande der Schrift. Lengwil (Ch) 1995.

OERTER, R.: Moderne Entwicklungspsychologie. Donauwörth 1982.
OERTER, R.: Entwicklungsgemäß fördern? In: Pädag. Welt, Heft 12, 1985, S. 548-553.
OERTER, R.: Die Entwicklung sozialer Kompetenz im Schulalter. In: Schäfer 1994 (siehe dort), S. 27-47.
OERTER, R. / MONTADA, L.: Entwicklungspsychologie. Weinheim 1987.
OLECHOWSKI, R. / WOLF, W. (Hrsg.): Die kindgemäße Grundschule. Wien 1990.
ORTNER, A. / ORTNER, U. J. (Hrsg.): Grundschulpädagogik. Donauwörth 1990.
OTTO , B.: Ausgewählte pädagogische Schriften (1901). Paderborn 1963.
OTTO, G.: Das Ästhetische ist „Das Andere der Vernunft". In: Friedrich Jahresheft XII, 1994, S. 56-58.

PENNING, K.: Das Problem der Schulreife. Leipzig 1926.
PESTALOZZI, J. H.: Wie Gertrud ihre Kinder lehrt (1801). Bad Heilbrunn 1974.
PETERSEN, P.: Der kleine Jena-Plan (1927). Weinheim 1980.
PETILLON, H.: Soziales Lernen in der Grundschule. Frankfurt/M. 1993.
PETILLON, H.: Die Lern- und Spielschule in Rheinland-Pfalz. In: Grundschule, Heft 12, 1997, S. 8-10.
PFEUFFER, P.: Grundlegung sozialer Handlungsfähigkeit und -bereitschaft. In: Schorch 1994 (siehe dort), S. 70-84.
PIAGET, J.: Das Weltbild des Kindes. Stuttgart 1978.
PIAGET, J.: Psychologie der Intelligenz (1947). Stuttgart 1980.
PICHT, G.: Die deutsche Bildungskatastrophe. Olten/Freiburg 1964.
PLAKE, K.: Familie und Schulanpassung. Düsseldorf 1974.

POPP, W.: Das „Kindgemäße“ als Leitorientierung der Schule ... aber wo ist das Kind? In: Grundschule, Heft 11, 1990, S. 55.
POPP, W.: Die Spezialisierung auf Zusammenhänge als regulatives Prinzip der Didaktik. In: Duncker / Popp 1997 (siehe dort), S. 135-154.
PORTMANN ,R. (Hrsg.): Kinder kommen zur Schule. Frankfurt 1988.
PORTMANN, R.: Wieviel Diagnostik braucht ein Kind vorm Schulanfang? In: Grundschule, Heft 4, 1993, S. 19-20.
POSTMAN, N.: Das Verschwinden der Kindheit. Frankfurt/M. 1983.
POTTHOFF, W.: Grundlage und Praxis der Freiarbeit. Freiburg 1992.
PREUSS, E. (Hrsg.): Zum Problem der inneren Differenzierung. Bad Heilbrunn 1976.
PREUSS, E.: Leistungserziehung, Leistungsbeurteilung und innere Differenzierung in der Grundschule . Bad Heilbrunn 1994.
PREUSS-LAUSITZ, U. u. a.: Kriegskinder, Konsumkinder, Krisenkinder. Weinheim/Basel 1983.
PREUSS-LAUSITZ, U.: Die Kinder des Jahrhunderts. Weinheim / Basel 1993.
PREUSS-LAUSITZ, U.: Vom falschen und vom richtigen Profil der Grundschule. In: Die Grundschulzeitschrift, Heft 85, 1995, S. 2.
PRIEBE, H. / RÖBE, E (Hrsg.): Blickpunkt Grundschule. Donauwörth 1992.
PROTE, I.: Veränderte Lebensbedingungen von Kindern. In: George, S. / Prote, I. 1996 (siehe dort), S. 17-48.

RABENSTEIN, R. / HAAS, F.: Die Handlungseinheit im Sachunterricht. Bad Heilbrunn 1971.
RABENSTEIN, R. / HAAS, F.: Die Darstellungseinheit im Sachunterricht. Bad Heilbrunn 1972.
RABENSTEIN, R.(Hrsg.): Erstunterricht. Bad Heilbrunn 1979 (a).
RABENSTEIN, R.: Zur geschichtlichen Entwicklung der Grundschuldidaktik. In: Heuß, G./ Rabenstein, R. (Hrsg.): Grundschuldidaktik 1. München 1979 (b).
RABENSTEIN, R.: Grundschuldidaktik: Aspekte, Grundbegriffe und Probleme. In: Becher, H. R. 1981a (siehe dort), S. 21-28.
RABENSTEIN, R.: Grundlegender Unterricht. In: Mahler, G. / Selzle, E. (Hrsg.): Lehrplan für die Grundschule in Bayern mit Erläuterungen und Handreichungen (Bd.1). Donauwörth 1982, S. 62-71.
RABENSTEIN, R.: Zur Zielsetzung der Übungsarbeit. In: unterrichten/erziehen, Heft 5, 1983, S. 10-15.
RABENSTEIN, R.: Aspekte grundlegenden Lernens im Sachunterricht. In: Einsiedler, W./ Rabenstein, R. (Hrsg.): Grundlegendes Lernen im Sachunterricht. Bad Heilbrunn 1985, S.9-23.
RABENSTEIN, R.: Verständnis und Mißverständnis kindgemäßen Unterrichts. In: Ortner, A. / Ortner, U. J. 1990 (siehe dort), S. 151-158.
RAMSEGER, J.: Gesellschaft im Umbruch - Was wird aus der Grundschule? In: Die Grundschulzeitschrift, Nr. 71, 1994, S. 6-11.
RAMSEGER, U. / STANGE, E. M. / KOST, S. (Hrsg.): Kleine Grundschule und jahrgangsübergreifendes Lernen. Bad Heilbrunn 1997.
REICHEL, K. / SANDFUCHS, U. / VOSS, B. (Hrsg.): Fremde Sprachen in der Grundschule. Bad Heilbrunn 1997.
REISS, G. / EBERLE, G.: Offener Unterricht - freie Arbeit mit lernschwachen Schülerinnen und Schülern. Weinheim 1992.
RENNER, E. (Hrsg.): Kinderwelten. Weinheim 1995.
RETTER, H.: Reform der Schuleingangsstufe. Bad Heilbrunn 1975.

RETTER, H.: Soziales Lernen - so nicht! In: Grundschule, Heft 2, 1995, S. 56-57.
RICHTER, I. / WINKLHOFER, U.: Veränderte Kindheit – veränderte Schule? In: Die deutsche Schule, Heft 4, 1997, S. 459-473.
RÖBE, E. (Hrsg.): Schule in der Verantwortung für Kinder. Langenau-Ulm 1988.
RÖBE, E.: So sind SchulanfängerInnen (auch)! In: Die Grundschulzeitschrift, Heft 85, 1995, S. 8-15.
RÖBE, H.-J.: Freie Arbeit - Eine Bedingung zur Realisierung des Erzichungsauftrags der Grundschule. Frankfurt/M. 1986.
RÖBE, H.-J.: Klassenraum und Schüler-Sein. In: Die Grundschulzeitschrift, Sammelband „Schulanfang". Seelze 1997, S. 52-56.
RÖBER-SIEKMEYER, Chr.: Schulanfang interkulturell. In: Die Grundschulzeitschrift, Sammelband „Schulanfang". Seelze 1997, S. 78-79.
RODEHÜSER, F.: Epochen der Grundschulgeschichte. Bochum 1989.
ROLFF, H. G.: Sozialisation und Auslese durch die Schule. Heidelberg 1968.
ROLFF, H.-G. / ZIMMERMANN, P.: Kindheit im Wandel. Weinheim/Basel 1993.
ROST, D.H. (Hrsg.): Entwicklungspsychologie für die Grundschule. Bad Heilbrunn 1980.
ROST, D. H. (Hrsg.): Erziehungspsychologie für die Grundschule. Bad Heilbrunn 1982.
ROTH, H. (Hrsg.): Begabung und Lernen. Stuttgart 1969.
ROTH, L. (Hrsg.): Pädagogik - Handbuch für Studium und Praxis. München 1991.
ROTH, L.: Forschungsmethoden in der Erziehungswissenschaft. In: Roth 1991 (siehe dort), S. 32-67.
RÜLCKER, T.: Selbständigkeit und Schulbeginn. In: Die Grundschulzeitschrift, Heft 85, 1995, S. 32-34.
RUHLOFF, J.: Lernen des Lernens? In: Rekus, J. (Hrsg.): Grundfragen des Unterrichts. Weinheim 1998, S. 83-94.

SANDER, A.: Zentrale Aufgabe der Lehrerausbildung: Ausgleichende Erziehung schulschwacher Grundschüler. In: Haarmann, D. (Hrsg.): Die Grundschule der achtziger Jahre (Arbeitskreis Grundschule e. V. Bd. 43/44). Frankfurt/M. 1980, S. 285-295.
SCHÄFER, G.E. (Hrsg.): Soziale Erziehung in der Grundschule. Weinheim/München 1994.
SCHÄFER, G.E.: Bildungsprozesse im Kindesalter. Weinheim 1995.
SCHEEL, B.: Offener Grundschulunterricht. Weinheim 1978.
SCHENK, CHR.: Lesen und Schreiben lernen und lehren. Baltmannsweiler 1997.
SCHENK-DANZINGER, L.: Entwicklungspsychologie. Wien/München 1969.
SCHMACK, E.: Die Grundschule - Entwicklung und Auftrag. Ratingen 1970.
SCHMIDT, H. J.: Grundschule heute und morgen. In: Grundschule, Heft 2, 1998, S. 21-24.
SCHOLZ, G.: Kinder lernen von Kindern. Baltmannsweiler 1996.
SCHORCH, G.: Zur pädagogischen Zielsetzung des Sachunterrichts der Grundschule. In: Blätter für Lehrerfortbildung, Heft 8/9, 1973, S. 316-321.
SCHORCH, G.: „Wir erstellen eine Garderobenordnung". In: Casper, B. / Glöckel, H. / Rabenstein, R. (Hrsg.): Die Vorbereitung des Unterrichts. Bd. 1 Primarstufe. Bad Heilbrunn 1974, S. 95-106.
SCHORCH, G.: Kind und Zeit. Entwicklung und schulische Förderung des Zeitbewußtseins. Bad Heilbrunn 1982.
SCHORCH, G.: Einführung in die „Netzplantechnik" bei Projekten. In: unterrichten / erziehen, Heft 6, 1984, S. 19-21.
SCHORCH, G.: Wissenschaftsorientierung - ein mißverstandener Begriff? In: unterrichten / erziehen, Heft 6, 1985, S. 56-58.
SCHORCH, G.: Der Einstieg. In: unterrichten / erziehen, Heft 1, 1987, S. 58-59.

SCHORCH, G.: Sicherheitserziehung in der Grundschule. In: unterrichten / erziehen,, Heft 2, 1987, S. 6-10.
SCHORCH, G.: Lernen des Lernens - Kernaufgabe grundlegender Bildung. In: unterrichten / erziehen, Heft 1, 1988, S. 7-10.
SCHORCH, G.: „Schicksalsgemeinschaft“ Schulklasse? In: unterrichten / erziehen, Heft 1, 1990, S. 58-60.
SCHORCH, G.: Unterrichtsplanung und -vorbereitung. In: Roth 1991 (siehe dort),S. 704 -715.
SCHORCH, G.: Entwicklung von Basislernfeldern in der Grundschule. In: Wittenbruch, W. / Möller, K. (Hrsg.): Primarstufen-Lehrerbildung an Universitäten. Münster 1992, S.164-172.
SCHORCH, G. (Hrsg.): Grundlegende Bildung - Erziehung und Unterricht in der Grundschule. Bad Heilbrunn 1994.
SCHORCH, G. (Hrsg.): Schreibenlernen und Schriftspracherwerb. Bad Heilbrunn 1995.
SCHORCH, G.: Medienerziehung beginnt beim kompetenten Umgang mit Unterrichtsmedien. In: Pädagogische Welt, Heft 11, 1996, S. 463-467.
SCHORCH, G.: Medienwelt und grundlegende Bildung (Schriften aus dem Lehrstuhl Grundschulpädagogik). Bayreuth 1997.
SCHORCH, G.: Neue Medien und grundlegende Bildung. In: Drews / Durdel 1997 (siehe dort), S. 146-149.
SCHOTT, TH.: Logische Fruchtbarkeit. Eine Untersuchung zur Auswahlproblematik schulischer Bildungsinhalte. Weinheim 1998.
SCHREIER, H.: Der Gegenstand des Sachunterrichts. Bad Heilbrunn 1994.
SCHREIER, H.: Philosophische Gespräche mit Kindern. In: Grundschule, Heft 3, 1995, S.18 - 21.
SCHREIER, H.: Das Philosophieren mit Kindern und der Sachunterricht. In: Marquardt-Mau / Schreier 1998 (siehe dort), S. 132-141.
SCHRODIN, Chr.: Unterrichtsspiel - Eine neue Form der Einschulungsdiagnostik. In: Portmann 1988 (siehe dort), S. 76-81.
SCHWARTZ, E.: Die Grundschule - Funktion und Reform. Braunschweig 1969.
SCHWARTZ, E. (Hrsg.): Begabung und Lernen im Kindesalter. Grundschulkongreß ’69, Bd. 1. Frankfurt/M. 1970.
SCHWARTZ, E. (Hrsg.): Funktion und Reform der Grundschule (Grundschulkongreß 1969). Frankfurt 1970
SCHWARZ, H.: Lebens- und Lernort Grundschule. Berlin 1994.
SCHWEITZER, R.: Zur Geschichte der Fibel. In: Grundschule, Heft 5, 1998, S. 46-51.
SEIBERT, N.: Das Unterrichtsprinzip der Differenzierung. In: Seibert / Serve 1992 (siehe dort), S. 95-126.
SEIBERT, N. (Hrsg.): Anspruch Schulkultur. Bad Heilbrunn 1997.
SEIBERT, N. / SERVE, H. J. (Hrsg.): Prinzipien guten Unterrichts. München 1992.
SEIDL, E. / HÜFFNER, U.: Modelle des Anschauungsunterrichts. München 1969.
SENNLAUB, G.: Was ist aus der Wirtschaftsorientierung geworden? In: Grundschule, Heft 7/8, 1992, S. 15-17.
SERVE, H. J.: Das Unterrichtsprinzip der Übung. In: Seibert / Serve 1992 (siehe dort), S. 221-243.
SILBERER, G.: Einführung in die Grundschulpädagogik. Bochum 1976.
SILLER, R.: Einführung in die Grundschuldidaktik. Darmstadt (WBG) 1983.
SPANHEL, D. / HOTAMANIDIS, St. (Hrsg.): Die Zukunft der Kindheit. Weinheim 1988.
SPANHEL, D. / HÜBER, H.-G.: Lehrersein heute - berufliche Belastungen und Wege zu deren Bewältigung. Bad Heilbrunn 1995.
SPECK, O.: Systematische Heilpädagogik. München/Basel 1996.

STANGE, H.: Kindheit und Jugend zwischen Chancen und Risiken. In: Nyssen, E. / Schön, B. (Hrsg.): Perspektiven für pädagogisches Handeln. München 1995, S. 57-99.
STEINDORF, G.: Einführung in die Schulpädagogik. Bad Heilbrunn 1976.
STROTE, I.: Das Wochenplanbuch für die Grundschule. Heinsberg 1980.
STRUCK, P.: Die Schule der Zukunft. Darmstadt 1996.
SÜNKEL, W.: Schule mit Verspätung. In: Protext, Heft 3, Erlangen 1990, S. 14-18.
SÜNKEL, W.: Voraussetzungen theoretischer Grundlagenforschung in der Pädagogik. In: Leonhard / Liebau / Winkler (Hrsg.): Pädagogische Erkenntnis. Weinheim 1995.
SUSTECK, H.: Kindgerechter Schulanfang. Königstein 1982.
SUSTECK, H.: Gemeinsamer Schulbeginn. In: Pädagogische Welt, Heft 9, 1997, S. 421-425.

TERHART, E.: Lehr - Lern - Methoden. Weinheim/München 1997.
THIEMANN, F.: Schulszenen. Frankfurt/M. 1985.
THOMAE, H.: Entwicklungsbegriff und Entwicklungstheorie. In: Entwicklungspsychologie, Handbuch der Psychologie Bd. 3, Göttingen 1959.
THOMÉ, G.: „Schreiben durch Lesen" oder „Lesen durch Schreiben"? In: Grundschulunterricht, Heft 43, 1996, S. 14-16.
TULODZIECKI, G. u.a.: Handlungsorientierte Medienpädagogik in Beispielen. Bad Heilbrunn 1995.
TUMLIRZ, O.: Einführung in die Jugendkunde. Leipzig 1924.

ULONSKA, H. / KRASCHINSKI, S. / BARTMANN, Th.: Lernforschung in der Grundschule. Bad Heilbrunn 1996.

WAGENSCHEIN, M.: Ursprüngliches Verstehen und exaktes Denken. Stuttgart 1965.
WALLRABENSTEIN, W.: Offene Schule - Offener Unterricht. Reinbek 1991.
WEBER, E.: Das Schulleben und seine erzieherische Bedeutung. Donauwörth 1979.
WEBER, E.: Grundfragen und -begriffe der Pädagogik - Eine Einführung. Donauwörth 1981.
WEBER, H.: Frühes Fremdsprachenlernen. In: Lersch 1997 (siehe dort), S. 167-189.
WEGE, CHR.: Fremdsprachen in der Grundschule – Lust oder Frust? In: Grundschulmagazin, Heft 5, 1996, S. 40-42.
WEGENER-SPÖHRING, G.: Spiel ist die Freiheit der Kinder. In: Schäfer, G. E. 1994 (siehe dort), S. 209-224.
WEIGERT, E.: „Der sogenannte Ernst des Lebens": Schulpflicht, Einschulung, Erstunterricht. In: Haarmann Bd. 1, 1991 (siehe dort), S. 102-113.
WEIGERT, H. / WEIGERT, E.: Schuleingangsphase. Weinheim 1991.
WEINERT, F. E. (Hrsg.): Psychologie des Unterrichts und der Schule. Göttingen 1997.
WELLEK, A.: Ganzheitspsychologie und Strukturtheorie. Bern/München 1962.
WELSCH, W.: Künstliche Paradiese? In: Paragrana Band 4, Heft 1, 1995, S. 255-277.
WENDT, P.: Grundschulen im gesellschaftlichen Zwiespalt. In: Grundschule, Heft 12, 1997, S. 60.
WENZEL, A.: Grundschulpädagogik. Bad Heilbrunn 1970.
WENZEL, A.: Anfangsunterricht. München 1979.
WENZEL, A.: Freiarbeit in der Grundschule. Bad Heilbrunn 1983.
WENZEL, A.: Schule als Lern- und Lebensstätte für das Kind. In: Portmann 1988 (siehe dort), S. 131-140.
WIATER, W.: Schulkultur - ein Integrationsbegriff für die Schulpädagogik? In: Seibert 1997 (siehe dort), S. 21-41.
WINKELER, R.: Differenzierung (Workshop Schulpädagogik Mat. 14). Ravensburg 1975.

WITTENBRUCH, W.: Schulleben. In: Haarmann Bd. 1/1991 (siehe dort), S. 199-212.
WITTENBRUCH, W. (Hrsg.): Das pädagogische Profil der Grundschule. Heinsberg 1995 (a).
WITTENBRUCH, W.: Grundschule. Heinsberg 1995 (b).
WITTING, H.: Der Bildungsprozeß des Kindes im Übergang von der Familie in die Schule. Frankfurt/M. 1989.
WITTMANN, J.: Theorie und Praxis eines ganzheitlichen Unterrichts. Dortmund 1967.
WYGOTSKI, L. S.: Denken und Sprechen (1934). Frankfurt/M. 1969.

ZEIHER, H.: Kindheitsräume. In: Beck, U. / Beck-Gernsheim, E. (Hrsg.): Riskante Freiheiten. Frankfurt/M. 1994, S. 353-375.
ZIMMERMANN, G.: Das ist Freiarbeit. Donauwörth 1993.
ZINNECKER, J. / SILBEREISEN, R. K.: Kindheit in Deutschland. Weinheim 1996.